前言

党的二十大报告指出，实施科教兴国战略，强化现代化建设人才支撑。

客户关系管理一直是企业商务活动中的核心环节之一，也是企业商务活动能否成功实施的关键环节之一。自 20 世纪 90 年代初客户关系管理的概念提出至今，随着大数据分析、数据挖掘技术的发展，客户关系管理逐渐成为企业信息技术和管理技术的核心。"客户关系管理"课程也已成为高校市场营销、电子商务及其他管理类相关专业的专业核心课程。

本书从企业的实际应用出发，结合当前云计算与大数据融合发展的新形势，较为系统地介绍了客户关系管理的基本理论、方法与应用技术。大部分学生在走出校园后会进入职场，毫无例外地会面对各式各样的客户。发现客户、接近客户、使客户满意与忠诚、最终获得客户价值是每一位职场人终身学习和追求的目标。

本书为立体化教材，编者整合了与课程内容联系紧密的相关资源，对其进行加工与数字化处理；同时，本书配套了河南省一流本科课程"客户关系管理"慕课资源，引入最新的课程教学内容，有利于学生自学和教师教学使用。本书针对理论知识内容设计了包括 AIGC 应用在内的实训项目，力求实现基础知识讲解的单向传授到高阶能力培养的双向互动，将理论学习与实训项目相结合，从而锻炼学生的操作和执行能力。

本书的参考学时为 48～64 学时，各章的参考学时见学时分配表。

学时分配表

章	课程内容	学时
第一章	客户关系管理概述	6～8
第二章	客户关系管理系统	6～8

章	课程内容	学时
第三章	客户的发现与获取	6～8
第四章	客户关系的建立与维护	6～8
第五章	客户满意的获得与测量	6～8
第六章	客户价值的分析与获取	6～8
第七章	客户关系管理的实施	6～8
第八章	客户关系管理综合实训项目	6～8
学时总计		48～64

本书由张柯担任主编，崔小俊担任副主编，其中，张柯编写了第一章、第二章、第八章，崔小俊编写了第三章的第一节和第二节、第四章，宋艳萍编写了第五章的第一节、第三节、第四节及第六章，聂攀科编写了第七章，郭瑞强编写了第三章的第三节、第五章的第二节。由于编者水平有限，书中难免有欠妥之处，恳请读者批评指正。

编者

2025 年 3 月

河南省"十四五"
普通高等教育规划教材

高等院校
市场营销
新形态
系列教材

客户关系管理

慕课版

张柯／主编

崔小俊／副主编

MARKETING
MANAGEMENT

人民邮电出版社
北京

图书在版编目（CIP）数据

客户关系管理：慕课版 / 张柯主编. -- 北京：人民邮电出版社，2025.6
高等院校市场营销新形态系列教材
ISBN 978-7-115-63677-5

Ⅰ. ①客… Ⅱ. ①张… Ⅲ. ①企业管理－供销管理－高等学校－教材 Ⅳ. ①F274

中国国家版本馆CIP数据核字(2023)第254633号

内 容 提 要

本书共分 8 章，主要内容包括客户关系管理概述、客户关系管理系统、客户的发现与获取、客户关系的建立与维护、客户满意的获得与测量、客户价值的分析与获取、客户关系管理的实施及客户关系管理综合实训项目。

本书注重理论联系实际，配套有慕课、PPT、教学大纲、电子教案、实训指导书等资源，用书教师可登录人邮教育社区免费下载。

本书内容新颖、深入浅出、通俗易懂，教学资源丰富，既可作为本科、高职院校市场营销、电子商务及其他管理类专业相关课程的教材，也可作为企业管理人员的参考书。

- ◆ 主 编 张 柯
   副主编 崔小俊
   责任编辑 孙燕燕
   责任印制 陈 犇
- 人民邮电出版社出版发行　　北京市丰台区成寿寺路 11 号
   邮编 100164　电子邮件 315@ptpress.com.cn
   网址 https://www.ptpress.com.cn
   固安县铭成印刷有限公司印刷
- ◆ 开本：700×1000　1/16
   印张：12.75　　　　　　　　2025 年 6 月第 1 版
   字数：263 千字　　　　　　　2025 年 8 月河北第 2 次印刷

定价：49.80 元

读者服务热线：(010)81055256　印装质量热线：(010)81055316
反盗版热线：(010)81055315

目录

第一章 客户关系管理概述 ……… 1

理论框架 ……………………………… 1

学习目标 ……………………………… 1

第一节 客户关系管理的产生与
发展 ………………………… 2

一、客户关系管理产生的背景 …… 3

二、客户关系管理的历史演变 …… 5

第二节 客户关系管理理论的
演进 ………………………… 6

一、营销理论的演进 ……………… 7

二、管理理念的更新 ……………… 9

第三节 客户关系管理的内涵 …… 10

一、客户关系管理的关键概念 … 10

二、客户关系管理的概念 ……… 11

三、客户关系管理的作用 ……… 12

四、社会化客户关系管理 ……… 14

本章小结 …………………………… 16

思考与练习 ………………………… 16

实训项目 …………………………… 17

第二章 客户关系管理系统 ……… 19

理论框架 …………………………… 19

学习目标 …………………………… 19

第一节 客户关系管理系统
概述 ……………………… 20

一、客户关系管理系统的特点
及一般模型 ……………… 21

二、客户关系管理系统的技术
功能和作用 ……………… 25

第二节 呼叫中心 ………………… 28

一、呼叫中心概述 ……………… 28

二、呼叫中心系统的基本功能
与应用场景 ……………… 30

三、呼叫中心的建设路径 ……… 33

第三节 客户关系管理系统中
的信息技术 ……………… 34

一、数据库和数据仓库技术 …… 34

二、数据挖掘技术 ……………… 37

三、大数据和商业智能技术 …… 41

本章小结 ……………………… 42

思考与练习 …………………… 43

实训项目 ……………………… 44

第三章 客户的发现与获取 …… 46

理论框架 ……………………… 46

学习目标 ……………………… 46

第一节 客户选择 ……………… 47

一、识别谁是客户 ……………… 47

二、了解客户需求 ……………… 48

第二节 客户信息的收集与
处理 …………………… 51

一、客户信息的重要性 ………… 51

二、客户信息的类型 …………… 53

三、客户信息的收集渠道 ……… 55

四、客户信息处理 ……………… 57

第三节 客户分级管理 ………… 58

一、客户分级的必要性 ………… 58

二、客户分级的方法 …………… 60

三、如何管理各级客户 ………… 62

本章小结 ……………………… 65

思考与练习 …………………… 65

实训项目 ……………………… 67

第四章 客户关系的建立与
维护 …………………… 69

理论框架 ……………………… 69

学习目标 ……………………… 69

第一节 认识客户关系 ………… 70

一、客户关系概述 ……………… 70

二、客户关系的类型与选择 …… 71

第二节 客户关系的开发与
保持 …………………… 72

一、客户关系开发的策略与
方法 ……………………… 73

二、客户保持的策略与方法 …… 76

第三节 客户服务与沟通 ……… 78

一、客户服务概述 ……………… 78

二、客户沟通概述 ……………… 81

第四节 客户投诉与补救 ……… 84

一、客户投诉概述 ……………… 84

二、客户投诉补救的方法与
步骤 ……………………… 86

第五节 客户流失与赢返 ……… 91

一、客户流失概述 ……………… 91

二、客户赢返概述 ……………… 93

本章小结 ……………………… 96

思考与练习 …………………… 97

实训项目 ……………………… 98

第五章 客户满意的获得与
测量 …………………… 100

理论框架 ……………………… 100

学习目标 ……………………… 100

第一节 客户满意与客户忠诚 …101

一、客户满意 ·················· 101

二、客户忠诚 ·················· 103

三、客户满意与客户忠诚的

关系 ·················· 106

第二节 客户满意度指数及其

模型 ·················· 107

一、客户满意度指数概述 ······· 108

二、客户满意度指数模型 ······· 108

第三节 客户满意度指数测评 ··· 111

一、客户满意度指数测评指标

体系的构成 ·················· 111

二、客户满意度指数测评指标

的量化 ·················· 112

三、客户满意度指数测评指标

权重的确定 ·················· 113

四、客户满意度指数测评的

步骤 ·················· 116

第四节 获取客户满意与客户

忠诚 ·················· 118

一、获取客户满意 ············· 118

二、获取客户忠诚 ············· 121

本章小结 ·················· 125

思考与练习 ·················· 125

实训项目 ·················· 127

第六章 客户价值的分析与

获取 ·················· 129

理论框架 ·················· 129

学习目标 ·················· 129

第一节 客户价值 ·················· 130

一、客户价值概述 ············· 130

二、客户价值的分类 ··········· 132

第二节 客户生命周期 ·················· 135

一、客户生命周期概述 ········· 135

二、客户生命周期的模型 ······· 138

三、客户生命周期的模式 ······· 142

第三节 客户终生价值 ·················· 143

一、客户终生价值概述 ········· 143

二、客户终生价值的分析步骤

与分析意义 ·················· 146

本章小结 ·················· 148

思考与练习 ·················· 148

实训项目 ·················· 150

第七章 客户关系管理的

实施 ·················· 152

理论框架 ·················· 152

学习目标 ·················· 152

第一节 客户关系管理战略 ····· 153

一、客户关系管理战略概述 ··· 153

二、客户关系管理战略的实施

步骤 ·················· 156

三、客户关系管理产品的

选择 ·················· 157

四、客户关系管理实施的

误区 ·················· 158

五、促进客户关系管理成功

　　实施的关键因素 …………161

第二节　客户关系管理战略实施

**　　中的业务流程再造** ……165

一、业务流程再造的概念 ……165

二、营销自动化 ………… 166

三、销售自动化 ………… 168

四、服务自动化 ………… 171

第三节　客户关系管理战略实施

**　　中的企业文化变革** ……175

一、企业文化概述 …………175

二、客户关系管理与企业文化

　　的关系 …………… 177

三、客户关系管理中的企业文化

　　变革 …………… 178

第四节　客户关系管理实施效果

**　　及能力评价** …………181

一、客户关系管理实施效果

　　评价 …………181

二、客户关系管理能力评价 …184

本章小结 ……………… 188

思考与练习 …………… 188

实训项目 …………… 190

第八章　客户关系管理综合实训

**　　项目** ………………192

实训项目一：客户满意度测评 …192

实训项目二：客户关系管理系统

**　　模块认知** ………… 193

实训项目三：客户关系管理软件

**　　综合实训** ………… 194

第一章 客户关系管理概述

理论框架

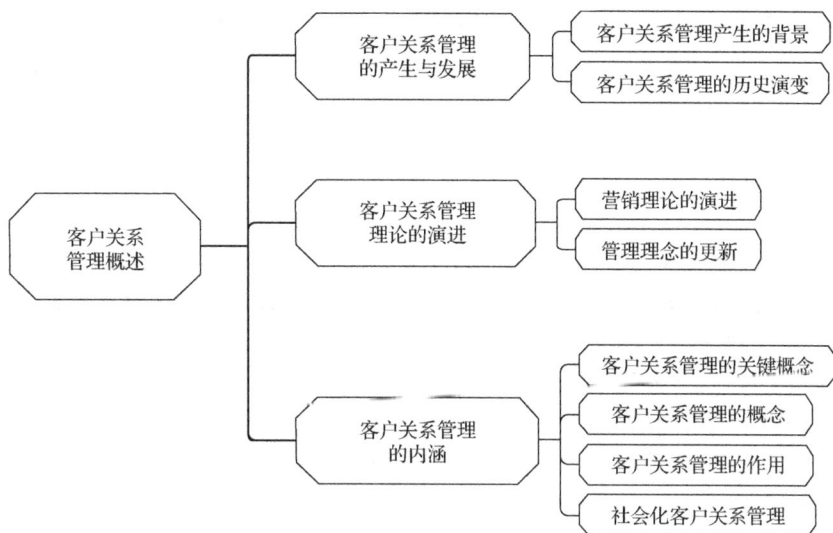

学习目标

【知识目标】

1. 了解客户关系管理的产生与发展。
2. 理解客户关系管理的历史演变。
3. 掌握客户关系管理的内涵。
4. 理解客户关系管理的作用。

【能力目标】

1. 树立客户关系管理的观念和态度。
2. 熟悉企业客户关系管理岗位的要求。
3. 能够表述企业进行客户关系管理的意义。

【素养目标】

1. 形成良好的客户观念，能够正确认识客户与企业的关系。
2. 培养良好的职业道德。

一份 8 页的"客户与员工发生争执事件的调查报告"

网络购物最火的那些年，社会上的主流观点是"实体店危险"，好像网络化、线上购物才是零售业的唯一出路。但谁能想到，在河南许昌，一个三线城市，有一家企业只做实体店，而且是很多人都不看好的零售实体店。它没有用零售业压缩成本、打折、促销的那一套，它有自己的选品和定价理念。它被大众热议与追捧跟它的规模和盈利没有关系，它靠极致服务、高工资、捐款出圈，这就是胖东来商贸集团有限公司。

胖东来商贸集团有限公司，河南省四方联采成员之一，是河南商界具有知名度、美誉度的零售企业巨头，总部位于许昌市，创建于 1995 年 3 月。胖东来商贸集团有限公司旗下涵盖专业百货、电器、超市。胖东来商贸集团有限公司在许昌市、新乡市等城市拥有 30 多家连锁店、7000 多名员工。胖东来商贸集团有限公司董事长于东来曾说："客户失望的时候，就像拿刀割我的心一样，我不想让客户失望。"

2023 年 6 月，一位客户在胖东来店内与员工发生争执，随后胖东来商贸集团有限公司公开出具了一份长达 8 页的"客户与员工发生争执事件的调查报告"引起热议。调查报告从封面、目录到处理方案都十分详细。报告表示，由于服务存在问题，胖东来商贸集团有限公司管理人员全部降级 3 个月，并携礼物与 500 元服务投诉奖上门向客户致歉。另外，根据"客户权益受损可通过投诉渠道反馈，但不能现场对员工大声呵斥、指责，不能做出伤害员工人格及尊严的严重行为"的原则，给予员工 5000 元的精神补偿。可以看到，在这次事件中，胖东来商贸集团公司不仅公开承认了服务中存在的问题，还在调查中发现了不同的问题，并且分别进行了调查、分析和处理。这种方式一是真实还原事件过程，二是分享公平、正义的思维方式和科学、严谨的做事方式。

胖东来商贸集团有限公司从 20 世纪 90 年代便开始打造细节化、专业化的优质客户体验，并不断进行迭代优化。与客户进行体验反馈的途径从一开始的面对面访谈、留言板、客户满意度走访调查到互联网时代更高效便捷的满意度调查、基于人工智能自然语言处理技术的电话访谈等方式，使客户体验完成从精确度量到及时优化的良性循环。

思考：胖东来商贸集团有限公司为什么要对日常服务争执出具调查报告？

第一节　客户关系管理的产生与发展

客户关系管理是在市场营销学基础上发展起来的。随着生产力、生产效率的提高，企业提供的产品与服务越来越趋于同质化，市场竞争也不断加剧，同时伴随着诸如电子商务等各类新业态的出现，客户在空间上越来越分散，其需求越来越多样化，客户对企业的选择更多取决于企业与客户之间关系的维护。

一、客户关系管理产生的背景

客户关系管理（Customer Relationship Management，CRM）最早由美国高德纳集团（Gartner Group）于 1999 年提出，该概念的产生源于以下几种原因。

（一）对客户关系管理的需求不断增加

如果将一个企业中所有员工每天的工作加以分析，各个岗位的目标最终都会指向客户，包括获得更多的客户、保留更多的客户、获得更多的客户价值、与客户共同成长等。无论是生产型企业，还是商业型企业，无论其规模大小、性质如何，都是如此。企业从没有像现在这样清楚地认识到客户的重要性。

> **课堂讨论**
>
> 什么人有管理客户的需求？为什么？

> **慕课视频**
>
> 观看视频 1.1.1 客户关系管理的产生——需求的推动。

随着企业的不断发展，客户数量的不断增加，企业中与客户直接接触的部门，如营销、销售、服务等，对客户关系管理的需求呈现不断上升趋势。怎样才能更好地了解潜在客户的需求？怎样才能做出打动客户的广告文案？怎样才能提供让客户满意的服务？传统的以企业为中心、以产品为中心的管理办法已经不能为这些部门提供有效的答案了。企业需要更加快捷、更加便利、更加精准、更加智能的方法和手段对客户进行研究，从而创建和巩固与客户之间的关系。

企业的所有者和高层管理者对客户关系的管理，更多的是将客户看作一种企业的核心资源。这种资源要牢牢掌握在企业手中，而不是放在某个员工身上。企业要尽量避免因为员工离职而造成的企业客户资源的流失，同时要考虑如何为各个部门提供高效、透明、及时的客户信息，促进各部门之间能够以客户为中心开展工作。企业需要一种管理客户关系的方法，帮助自身从传统的专注于销售或制造的模式转向专注于客户的模式，形成一种战略或持续变化的过程，同时增加当期及长期的收入和利润。

同时，随着企业间竞争的加剧，产品或服务的差异化程度逐渐减小，作为企业的客户，也更加注重寻求企业在提供产品或服务之外的吸引力。相较于不断更换产品或服务的供应商，客户更加希望能够拥有稳定、持久的供应商为自己提供具有差异化、个性化的产品或服务，以减少频繁更换产品或服务供应商带来的转换成本（Switching Cost）。

无论是企业的工作人员、企业的高层管理者，甚至是企业的客户本身，都对客户关系的管理有着自己的诉求，而这些诉求，推动着企业不断探索、追求更好的客户关系管理办法和技术，促使客户愿意为有着更好客户关系管理能力的企业的产品或服务买单，同时也推动了客户关系管理的发展。

（二）对客户资源价值的重视

获得和维持竞争优势是企业生存与发展的基本需求，企业的竞争优势从内容上看包括规模优势、绝对的低成本优势、差别化优势等。相较于将能够轻易从市场中获取的有形的机器设备、厂房、资本、产品等有形资源作为企业的优势来源，客户资源的价值更为重要。这是因为企业可以从市场中获取的有形资源，企业的竞争对手同样也很容易从市场中得到。而像管理、人才、技术、市场、品牌形象等无形资源，具有不易流动、不易被复制、交易频率低等特点，其他企业不容易从市场中得到，可使企业产生一定的垄断优势。客户资源就是这样一种重要的市场资源，相比其他无形资源，客户资源的优势更加明显。客户资源并不是简单的名字或代码，而是企业与客户关系的总和，即使企业的客户被其他企业获得，其他企业也需要再次建立与客户之间的关系。

客户资源对企业的价值除了市场价值，即客户购买企业的产品或服务，使企业的价值得以实现和被维护，还主要体现在以下几个方面。

1. 成本领先优势和规模优势

一方面，企业为新客户服务花费的费用，比起维护老客户要昂贵得多。这是因为为新客户服务需要更高的初始化成本。如果企业能够增加回头客的比例，那么总成本会呈现下降趋势。另一方面，如果企业的忠诚客户在企业的市场中占据较大的份额，那么就会为企业带来相应的壁垒，形成规模优势，也会降低企业的成本。一般客户从众心理很强，企业拥有大量的老客户群也会成为新客户考虑与其合作的重要因素，从而进一步增加其在获客成本上的优势。

2. 市场价值和品牌优势

从战略的角度讲，客户不仅是承兑收入流的资金保管者，更是提高市场价值的宝贵财富。

较大的市场份额本身代表着一种品牌形象。另外，客户的舆论宣传对企业的品牌形象也有重大的作用，特别是客户中的舆论领袖起的作用更大。需要注意的是，客户的舆论宣传有两种价值取向，一种是客户对企业的产品或服务很满意，就会正面宣传企业的品牌；另一种是客户不满意企业的产品或服务，就会对企业进行负面宣传。两方面的影响都非常大。企业只有提供高质量、令客户满意的服务，树立良好的企业形象，才能获得客户的正面宣传。

3. 信息价值

客户信息对企业来讲是最为重要的价值，它会直接影响企业的经营行为，以及对客户消费行为的把握。例如，连锁超市会分析会员客户的购买行为、消费习惯等信息来制定面向该类客户的产品或服务组合，并提供相应的企业关怀。

4. 网络化价值

客户的网络化价值是指有一个商业客户使用你的产品或服务，该商业客户的客户为了便于与该商业客户进行商业行为，也可能采用你的产品或服务。同理，该商业客户的其他上下游客户也可能采用你的产品或服务，从而形成一种网络化的消费行为。

基于以上对客户价值的认识，企业十分重视通过转变传统经营管理理念和利用现代科学技术，为客户提供更为满意的产品或服务来维持和发展与客户之间的关系。一些先进企业正在经历着从以产品为中心向以客户为中心的转变。

（三）技术发展的推动

随着信息技术的发展，企业核心竞争力对于企业信息化程度和管理水平的依赖程度越来越高，这就需要企业主动开展组织架构、工作流程的重组，同时有必要对面向客户的各项信息和活动进行集成，形成以客户为中心的企业管理模式，实现对客户活动的全面管理。在企业的信息化改造方面，企业资源计划（Enterprise Resource Planning，ERP）、供应链管理（Supply Chain Management，SCM）等应用正在帮助企业理顺内部的管理流程，削减成本，并实现事务处理自动化，为企业全面数字化运营打好基础。从这个意义来讲，企业不仅需要新的客户关系管理系统，更需要适应互联网时代企业发展的新管理理念和技术。近年来，数据仓库、商业智能、知识发现等技术的发展，使收集、整理、加工和利用客户信息的能力大大提高，信息技术和互联网成为日渐成熟的商业手段和工具，越来越广泛地应用于金融、证券、电信、电力、商业机构等各个行业领域的信息系统构建，应用种类也从传统的办公事务处理发展到在线分析、决策支持、内容管理、应用开发等。信息技术（Information Technology，IT）的支持使客户关系管理的实现成为可能。

客户关系管理正是在这样的需求背景下应运而生的。一些处于行业领先地位的企业，已初步感受到应用客户关系管理解决方案所带来的变化，它们正在采用客户关系管理解决方案，以创建面向客户的、先进的新商业模式。

二、客户关系管理的历史演变

随着商业社会对客户关系管理需求与企业对客户资源重视程度的不断增加，市场营销理念的持续变革与技术的飞速发展，客户关系管理理念产生了，其实现技术也在不断深化。最早发展客户关系管理的国家是美国，其在 1980 年便有所谓的"接触管理"（Contact Management），专门用于收集客户与企业联系的所有信息。到了20 世纪 90 年代，随着通信技术的普及，"接触管理"逐渐演变成以电话服务中心支持资料分析的"客户关怀"。

彼时为了降低成本、提高效率、增强竞争力，许多企业开始借助技术发展的力量优化业务流程，进行业务流程再造（Business Process Reengineering，BPR）。作为企业流程再造的重要工具之一，企业资源计划系统应运而生，该系统建立在信息技术的基础上，以系统化的管理思想，为企业决策层及员工提供决策运行的管理平台。企业资源计划系统的出现，提高了企业内部业务流程的自动化程度，使员工从日常事务中解放出来的同时，也对原有的业务流程进行了优化，提高了企业内部运作的效率和质量，使企业能够有更多的精力关注外部相关利益者，尤其是企业日趋重视的客户资源。同时由于企业资源计划系统并未很好地实现对供

应链下游客户端的管理，企业开始摸索将信息化系统应用在对客户的管理上，因此，客户关系管理系统应运而生。

　　最初的客户关系管理系统于 20 世纪 90 年代初期投入使用，主要是基于部门的解决方案，仍然有较大业务流程再造的影子，如应用于销售部门的销售力自动化系统（Sales Force Automation，SFA）和应用于服务部门的客户服务与支持系统（Customer Service and Support，CSS），这些基于部门的信息化解决方案虽然增强了与客户直接接触部门的业务能力，但却不能为企业提供完整的客户关系管理手段。于是，20 世纪 90 年代中期，整合交叉功能的客户关系管理系统被推出，它把内部数据处理、销售跟踪、国内外市场和客户服务请求融合成一体，不仅包括软件，还包括硬件、专业服务和培训，为企业提供全面、及时的客户数据，使企业在能够清晰地了解每个客户的需求和购买力的同时，预测客户的行为并提供相应的服务。

　　20 世纪 90 年代后期，互联网技术的迅猛发展加速了客户关系管理的应用和发展。在线客户自助服务和基于销售力自动化的电子邮件等进一步拓展了每一个客户关系管理系统应用者的服务能力。在该阶段，客户关系管理真正进入了推广期。该时期电子商务的兴起和发展，极大地促进了客户信息电子化的发展，为客户关系管理系统的使用提供了更为广阔的平台，客户关系管理进入了爆发期。

　　进入 21 世纪，客户关系管理在企业经营管理中的重要性日益凸显，人们对客户关系管理的研究和应用更加重视。由于客户关系管理满足了企业在客户导向时代的管理要求，因此它逐渐成为指导企业管理的主要思想之一。同时，电子商务的迅猛发展，使客户突破了时空的限制，促使更多企业重视对其客户资源的管理，企业对客户关系管理系统的需求迅速增加。此外，随着供应链管理、企业资源计划等管理理念和管理系统的不断成熟，企业意识到客户关系管理理念与系统只有与供应链管理、企业资源计划进行充分整合，才能增强自身的核心竞争力，为有效利用自身资源在市场竞争中取得胜利打下良好的基础。由此可见，商业模式的发展与新技术的出现，对客户关系管理的设计和应用都产生了重大的影响。

第二节　客户关系管理理论的演进

　　客户关系管理是市场营销理论演进发展的重要部分，客户关系管理的发展离不开营销理论的演进和管理理念的更新。

一、营销理论的演进

客户关系管理的产生和发展建立在现代营销学的基础上。企业营销理念的不断更新对客户关系管理的出现有着重要意义。企业的营销理念经历了从交易营销、关系营销、数据库营销到一对一营销的不断演变，其间企业与客户之间的关系强度在不断增加，管理客户关系的效率在不断提升。

（一）交易营销

交易营销（Trade Marketing）是指为了达成交易而开展的营销活动，企业关注的是此交易是否能够达成，较少强调客户服务，买卖双方在交易前后很少有互动行为，也几乎没有任何信任和承诺。交易营销的营销重点在于吸引新客户，而非保留老客户。

（二）关系营销

1985 年，美国著名学者、营销专家巴巴拉·本德·杰克逊（Barbara Bender Jackson）提出了关系营销（Relationship Marketing）的概念。他认为"关系营销就是指获得、建立和维持与产业用户紧密的长期关系"，即关系营销就是把营销活动看成一个企业与客户、供应商、分销商、竞争者、政府机构及其他公众发生互动的过程，其核心是建立、发展、巩固企业与这些组织和个人的关系。关系营销强调客户忠诚度，认为保持老客户比吸引新客户更重要，企业与客户保持广泛、亲密的关系时，价格不再是企业最主要的竞争手段，竞争者很难破坏企业与客户的关系。

> 慕课视频
> 观看视频 1.2.1
> 关系营销理论。

（三）数据库营销

> 慕课视频
> 观看视频 1.2.2
> 数据库营销理论。

为了实现接洽、交易和建立客户关系，随着信息技术、互联网与数据库技术的发展，数据库营销（Database Marketing）逐渐兴起，在企业市场营销行为中具备了广阔的发展前景。数据库营销不仅是一种营销方法、工具、技术和平台，更重要的是一种企业经营理念。数据库营销通过收集和积累客户大量的信息，建立数据库对其信息进行分析，从而预测客户的行为，给予客户更加个性化的服务支持和营销设计，缩短了企业与客户之间的距离，有利于培养和识别客户的忠诚度，与客户建立长期关系，使"一对一的客户关系管理"成为可能。

案例 1.1

网易云音乐的个性化歌单定制

近年来，流行的年度账单可以在年底为用户生成专属的个人报表，显示一年内该用户在应用程序上的各种使用行为。而这种精细化的个人报表实际上也使用了大数据技术。利用大数据技术收集用户的个人行为数据，并通过分类和计算生成。

网易云音乐十分重视在客户的积极参与中收集客户数据。网易云音乐的年度歌曲清单使用大数据来收集用户的收听信息和数据。每个用户收听最多的歌曲、发送的评论、收听的时间、收听的习惯等显示在其个人专属的歌曲清单中。它非常清楚地列出每个用户的收听喜好，并分析用户的心情、个性等，设置一个大概的标签，增加更多的个人情感内容，并让用户体验定制化服务。个性化的播放列表细致周到，让人对其印象深刻，并被进一步转发和共享以实现散布和刷新屏幕的最终效果。

大数据在网易云音乐客户关系的建立和维护中起着非常基础但是也很重要的技术作用。正是由于大数据，网易云音乐与用户才能形成深度的创意互动，并实时生成独家歌曲列表。然后借助情感视角，走心的内容所引起的情感和共鸣，与每个用户建立情感联系，从而增强用户对网易云音乐的信任和依赖。从网易云年度歌曲列表刷屏的案例中不难发现，最受欢迎和最受公众关注的是年度歌曲列表的独特性和特殊性，在使用年度歌曲的同时，给用户带来独特的优越感。歌曲列表回顾过去一年的心情也触动了许多用户的情感点。简而言之，在大数据的影响下，网易云音乐可以实现诸如年度个人播放列表之类的交互形式，并且可以通过为每个用户定制歌单来实现精细化营销的目的。

讨论：数据库营销的特点是什么？

慕课视频

观看视频 1.2.3
一对一营销理论。

（四）一对一营销

一对一营销（One-to-One Marketing）是指在数据分析工具的支持下，企业通过为客户提供具有针对性的个性化方案来满足客户的需求，从而提升客户忠诚度，并使客户终生价值达到最大化的营销理念。学界普遍认为，一对一营销是客户关系管理产生的基础。一对一营销的核心思想是以"客户份额"为中心，它强调企业应该从关注市场占有率转变到关注个体客户的"客户份额"上来，关注本企业产品在客户所拥有的所有该类产品中的份额，并努力提升这个份额的比例，最终实现客户价值最大化。

案例 1.2

中酒网的一对一营销

在电子商务领域中，用户行为的信息量十分庞大，根据专注于电子商务行业用户行为分析公司的不完全统计，一个用户在选择一个产品之前，平均要浏览 5 个网站、36 个页面，在社会化媒体和搜索引擎上的交互行为也多达数十次。企业不经过大数据分析，无法将如此庞杂的数据进行归纳总结。

互联网时代更多的是以用户为中心，大数据的存在让以用户为中心的服务有了更为准确的依据。不管什么行业，都会有一个标签，都需要精细化地整理自己客户的属性标签及商品属性标签，而且在大数据到来之后，这些标签必须能够细化到单个客户和单个商品。中酒网的内部大数据叫作中酒云，每个人都可以在上面检索，其中包括四十多个维度，并且通过对不同维度进行组合来满足经营需要，如在大学附近销售德国啤酒，在老年人比较多的地区销售黄金酒等。

电商网站每日都会收集大量的数据，由于有了大数据的协助，中酒网的线下经营变得更具特色，如在门店商品的选择上，酒品有 2000 多个种类，针对如此多的货物每个门店的商品陈列、陈列主次、销售结构都是不一样的，这样的经营方式大大提高了商品的转化率。另外，根据网络销售得出的区域用户行为节奏分布，对店面的选址也有帮助，中酒网可以知道选址周围人们的喜好分布，得出的促销侧重点也不同。

中酒网副总裁兼首席执行官表示："大数据的本质，从营销层面理解是实现产品的一对一营销，这也是营销的最高境界——专门为一个人定制的产品。此前，我们是一个产品对应一类人，随着大数据的不断发展，最理想的状态将是一个产品只对应一个人。"

讨论：如何实现一对一营销？

二、管理理念的更新

企业的管理理念随着企业发展目标、企业所处内外部环境的变化而变化，大致分为以下几个阶段。

（一）产值中心时期

在产值中心时期，生产力水平落后，生产效率低下，市场需求大于供给，由于企业生产技术和生产效率的限制，市场处于产品供不应求的状态，企业在该时期的主要管理理念就是产值管理，管理的核心目标是提高生产产值。为了提高生产产值，企业在不断延长工作时间和工作强度的同时，积极革新生产设备，改进生产技术。

（二）销售中心时期

随着现代化大生产的发展，生产技术与生产效率得到了极大的提升，对产值的关注使企业一味追求产品生产数量，而忽略了对市场需求的了解，产量持续保持在高位。产品的大量积压使企业陷入了销售危机和破产威胁，产值中心逐渐被企业抛弃，转而将销售作为企业管理理念的核心，此时企业的管理实质上就是销售额的管理。为了提高销售额，企业在外部强化推销观念，在内部则采用严格的质量控制来提高产品质量。

（三）利润中心时期

随着企业间同质化产品竞争的不断加剧，企业在产品促销宣传中投入越来越多的成本，这导致企业在销售额增加的同时，实际利润却在不断下降。为此，企业管理的重点由销售额转向了对实际利润的管理。企业对内不断优化业务流程，减少企业内部的沟通成本及损耗，对外进行上、下游供应链整合，以控制成本，提高利润。

（四）客户中心时期

利润中心的管理边界仍停留在企业自身框架内，因而忽略了对客户需求的了解和满足，导致了客户的不满和销售额的下降。企业在无法从控制成本中获得更大利润时，便自然而然地将逐利的目标投在了客户身上。企业期待从客户身上获得更多的利润，企业的管理由此进入了以客户为中心的管理时期。企业意识到，对客户及客户关系的管理，能够让企业与客户进入良性互动，客户的满意能够带来较低的价格敏感性和较高的包容度，客户对产品或服务的满意与否，成了企业发展的决定性因素，客户满意就是企业效益的源泉。

第三节　客户关系管理的内涵

　　企业对客户关系管理的认识是在其产生和发展的过程中逐渐形成的，在这个过程中，对客户、关系、管理及客户关系这些关键概念也随着客户关系管理的发展有了更加明确的界定。

一、客户关系管理的关键概念

慕课视频
观看视频 1.3.1
客户与客户关系。

（一）客户

　　客户（Customer）是指与企业进行交易的个人或者企业组织。

　　1. 客户的分类

　　从交易是否达成来看，客户分为现有客户，即过去或者现在正在与企业进行交易的客户；潜在客户，即还未与企业建立交易关系，但未来有可能与企业建立交易关系的客户。从客户的范围来看，客户分为广义的客户与狭义的客户。广义的客户包括供应商、消费者、企业所有者、企业员工、合作伙伴在内的所有与企业相互交易的个人和组织，广义的客户可以用 SCOPE 模型（见图 1-1）来表示。狭义的客户一般指企业为其提供产品或服务的终端消费者。

图 1-1　SCOPE 模型

　　2. 客户与其近似概念的区别

　　在日常工作中，客户、顾客、用户、消费者这些概念经常会混合使用，这些概念既有关联又有区分，要更好地理解客户的概念，就要厘清各个概念间的区别。

　　用户（User）是指产品或服务的具体使用者，用户使用的产品或服务可以是自己付费使用或免费使用的，也可以是别人赠与的，甚至是意外所得的。只要是使用产品或服务的对象，无论其是否付费，来源如何，都是企业的用户。

　　消费者（Consumer），国际标准化组织（ISO）认为，消费者是以个人消费为目的而购买和使用产品或服务的个体社会成员。消费者常常被称为终端消费者，是指为达到个人消费和使用目的而购买各种产品或服务的个人或最终产品的个人使用者。消费者购买产品的目的是个人使用而不是用于经营或销售。

顾客（Customer）与客户在英文中均可以使用 Customer 来表示，顾客更符合中文表达习惯，因为顾客中的"顾"字往往有企业"欢迎惠顾"的意味在其中，强调顾客"光临、光顾"商家，可以存在消费行为，也可以只是进店逛逛。而客户中的"客"字的意思更强调企业服务的对象，客户与企业间更强调交易与服务的关系。

（二）关系

📚 **课堂讨论**

如何衡量关系的强度？

关系（Relationship）指事物之间相互作用、相互影响的状态，当关系体现在社会意义上，则指人和人或者任何事物之间的某种性质的联系。客户关系就是指企业为达到经营目的与客户之间建立的相互作用、相互影响的联系状态。客户关系具有多样性、差异性、持续性、竞争性、博弈性、双赢性的特征。

（三）管理

管理（Management）是在特定的环境下，企业对其所有的资源进行有效的计划、组织、领导和控制，以达成既定的企业目标的过程。对客户及客户关系的管理，就是指企业对其所有的客户资源进行有效的计划、组织、领导和控制，以达成企业客户资源最大化目标的过程。

二、客户关系管理的概念

关于客户关系管理的概念，不同的研究机构有着不同的表述。最早提出该概念的高德纳集团（Gartner Group）认为：所谓的客户关系管理，就是为企业提供全方位的管理视角，赋予企业更完善的客户交流能力，最大化客户的收益率。

从管理科学的角度来讲，客户关系管理源于市场营销学。赫尔维茨集团（Hurwitz Group）认为：客户关系管理的焦点是自动化，不断改善与销售、市场营销、客户服务和支持等领域的客户关系有关的商业流程，它的目标是缩减销售周期和销售成本、增加收入、寻找扩展业务所需的新的市场和渠道，以及提高客户的价值、满意度、盈利性和忠实度。

而 IBM 则认为，客户关系管理包括企业识别、挑选、获取、发展和保持客户的整个商业过程。IBM 把客户关系管理分为三类：关系管理、流程管理和接入管理。

从解决方案的角度讲，客户关系管理是将市场营销的科学管理理念通过信息技术的手段集成在软件上面，得以在全球大规模地普及和应用。作为解决方案的客户关系管理，它集合了当今最新的信息技术，包括互联网和电子商务、多媒体技术、数据仓库和数据挖掘、专家系统和人工智能、呼叫中心等。作为应用软件的客户关系管理，凝聚了市场营销的管理理念。市场营销、销售管理、客户关怀、服务和支持构成了客户关系管理软件的基石。

因此，客户关系管理是指在以客户为中心的理念下，企业运用信息技术、软硬件集成方法不断创新管理模式和运营机制，优化再造业务流程，从而实现提升客户满意度、延长客户生命周期、最大化客户终生价值的目的。

课堂讨论

请你谈一谈企业的"资产"有哪些。

客户关系管理的核心思想就是将客户视为企业的一项重要资产，并对该项重要资产进行价值管理，通过使用信息技术收集、整理、智能化分析客户信息，与客户建立长期有效的业务关系，在与客户的每一个"接触点"上都更加接近客户、了解客户，实现对客户的个性化服务，提高客户忠诚度和保有率，实现客户价值持续贡献，从而全面提升企业的盈利能力。

三、客户关系管理的作用

客户关系管理的作用主要体现在提高效率、保留客户、提高收入这三个方面。

（一）提高效率

1. 信息技术提高分析效率

客户关系管理使企业拥有一个基于电子商务的面向客户的前端工具，企业通过客户关系管理，借助互联网、数据技术等手段，实现对客户信息的快速分析，缩短企业对客户需求的响应时间。

2. 整合企业资源，提高资源利用效率

客户关系管理系统承载着客户、企业、员工等各种资源。一方面，可以对资源分门别类地存放，另一方面，也可以对资源进行调配和重组，按照面向主题的数据仓库进行抓取和分析。这样就整合了客户、员工等企业内部的经营要素，对这些资源有效、结构化地进行分配和重组，使原本"各自为战"的销售人员、市场推广人员、电话服务人员、售后维修人员等真正地协调合作，更合理地利用以客户资源为主的企业外部资源，最大限度地改善、提高整个客户生命周期的绩效。

3. 优化企业业务流程，提高企业响应效率

客户关系管理可以优化企业业务流程。传统企业管理模式和软件应用系统都比较教条和僵化，要求企业人员必须遵从一种事先设置的、单一的业务流程，无法满足当前市场和客户主导的、快节奏的、灵活多变的、多种线程的工作方式的要求。而客户关系管理的成功实施，通过对业务流程的重组，使之更趋合理化，才能更有效地管理客户关系，使员工和企业在销售、服务、市场营销活动中，能够把注意力集中到改善客户关系、提升绩效的重要方面与核心业务上，提高员工对客户的快速反应和反馈能力。

（二）保留客户

1. 提高前台型业务的客户满意度

客户关系管理主要包含面向客户的前台型业务，如营销、销售和服务。企业

通过客户关系管理的营销模块，可以对市场营销活动进行计划、执行、监视和分析，通过调用企业外部的电信、媒体、中介机构和政府等资源，与客户发生关联。通过客户关系管理的销售模块，提高企业销售过程的自动化，随时随地进行订单处理和信息传递，并且通过客户关系管理的前端销售功能模块与后端企业资源计划系统的整合，协调企业其他经营要素，从而提高销售部门的整体反应能力和事务处理能力，强化销售效果，为客户提供更快速、周到的优质服务，吸引和保持更多的客户。客户关系管理使客户能够根据自己的需求迅速获得个性化的产品、方案和服务。

2. 做出更加智能的决策

客户关系管理注意收集各种客户信息，记录并管理客户的差别化需求，帮助企业识别客户价值的差别化和需求的差别化，使企业"比客户自己更了解客户"，采用最合适的方法对最具有价值的客户和最具有成长性的客户不断创收。

客户关系管理中的数据仓库和数据挖掘技术，将企业通过前台型业务收集到的客户信息进行抽取、清洗、转换和装载后，在客户关系管理软件中进行分析，发现具有普遍意义的客户需求，合理分析客户的个性化需求，从而挖掘具有市场需求，但企业尚未提供的产品或服务内容。同时企业通过客户关系管理系统的反馈信息可以检验企业已有内部管理体系的科学性和合理性，以便及时调整内部管理体系的各项政策制度。

（三）提高收入

1. 降低维系老客户和开发新客户的成本

客户关系管理使企业与老客户保持一种良好而稳定的关系，这就为企业节省了向老客户进行宣传、促销活动的费用。老客户对企业越信任，客户增量购买的可能性就越大，越有利于企业充分挖掘客户终身价值。好的关系会使老客户为企业进行有力宣传，通过老客户的示范作用与口碑效应，企业更容易开发新的客户，从而减少企业开发新客户的成本。

2. 降低客户交易成本

客户关系管理使客户与企业之间较易形成稳定的伙伴关系和信用关系，使双方的交易逐步程序化，从而大大降低搜寻成本、谈判成本、履约成本、时间成本等交易成本，最终降低企业与客户的整体交易成本。

3. 创造竞争优势

客户资产作为企业的一项重要的无形资产，其重要性已经受到广泛关注，成为企业市值的重要影响因素之一。客户关系管理关注与客户的长期关系，一旦企业与客户建立了长期持久的关系，那么这种客户关系就成了企业的竞争优势。企业所拥有的客户越多，就越可能获得规模效应。你的企业客户多了，就意味着其他企业的客户少了，如果能长期保持这种客户优势，企业就能保持长期的竞争优势。

四、社会化客户关系管理

随着社会化媒体的诞生、发展，越来越多的客户聚集在社会化媒体中，企业客户管理也随之发生了改变。传统的企业与客户是一对一的交互关系，而随着社交媒体的产生，客户之间、客户与企业之间的关系变得更为错综复杂。传统的客户关系管理需要适应这种变化。企业需要从来自社交媒体的大量声音中找到客户的需求、意见等内容。这时，企业就需要一个适应这种趋势的分析管理系统，从形色各异的社交用户中寻找企业的目标群体，实现客户之间、客户与企业之间、企业员工之间的多渠道无缝协作，社会化客户关系管理（Social Customer Relationship Management，SCRM）应运而生。

社会化客户关系管理具有以下特点。

1. 基于互动的关系管理

传统的客户关系管理更多是将客户的各种背景资料、消费情况等整理出来，然后通过系统的方式进行持续跟踪，包括进一步消费的记录归档；客户关系管理作为内部应用的部署用来提高内部工作效率、信息管理水平和能力；而社会化客户关系管理更强调客户的参与和互动；客户不再仅以单纯的物品（服务）的客户或产权拥有者静态存在，而更多是以品牌的关注者、聆听者、建议者、共同创造者存在；社会化客户关系管理让用户更加拥有归属感、趣味性和成就感；品牌和消费者形成互动的关系，让客户的需求和想法同品牌的定位和发展紧密结合；品牌和客户真正融为一体。

2. 客户之间的网状沟通

传统的客户关系管理并不关心 A 客户和 B 客户的关系和互动。但社会化媒体的兴起让客户之间的交流和互动日趋频繁。这种客户之间的网络交流沟通其实一直存在，其与企业、品牌及产品相关内容共同构成品牌口碑。社会化客户关系管理让品牌第一时间知道哪个、哪些客户对品牌发出声音，同时第一时间、实时地参与到这种网状沟通中去。品牌基于社会化客户关系管理搭建起品牌的交流圈，或者叫品牌社区，来提升客户对企业、品牌及产品的忠诚度。

3. 内容泛化

传统的客户关系管理主要还是销售导向的。但现在的竞争已经不允许企业通过吆喝或者告诉别人你要卖什么就可以达成交易了。随着买方市场的出现，以及消费市场更新换代的频次加快，企业推出新品的速度也越来越快，甚至有很多产品或服务的消费模式也发生了变化，"长期消费"成为一种趋势。社会化客户关系管理强调的是客户的参与，通过客户的参与来维持与客户长期的关系，交易反而成为附属品，成为结果的一个必然部分。在这样一种情况下，企业与客户互动的方面，不应简单地停留在企业、品牌及产品信息方面。适当地延展、拔高成为一种必要。例如，销售保健品，企业不仅要表达产品对客户的好处，更要去谈吃什么最健康，营造一个养生的氛围，在这种氛围中，客户会更加乐于参与、互动持久。

4. 规则透明

社会化客户关系管理邀请客户参与，鼓励客户之间进行良性互动。不同互动方，包括企业也包括客户，互动的内容不局限于交易，在这样一种类似熟人社会中，企业客户关系维护规则，客户对企业及其产品、服务的评价标准越来越透明。透明的要求也跟整个经济社会发展的程度、互联网在社会中的普及有关。如果说早期的企业经营理念是"酒香不怕巷子深"，只要东西好，不担心别人不知道。后来演变为"王婆卖瓜，自卖自夸"，别人说好不好先不管，自己先要不断宣传。那么现在则变成"人民的眼睛是雪亮的""公道自在人心"。

5. 开放式系统

在传统客户关系管理下，除了企业内部一定的相关人员可以进行信息的调出、录入，客户只是一条数据而已，没有任何能动性。社会化客户关系管理则不同，社会化客户关系管理要求企业跟外界的社交媒体打通，客户和品牌在品牌社区形成互动，开放式系统让品牌和客户的交流、对话更简单、通畅。

案例 1.3

腾讯高级执行副总裁谈客户关系管理行业的发展

我想就未来客户关系管理行业的发展趋势，跟大家分享三点我个人的理解和思考。

首先，客户关系管理产品体系从过去单点销售管理，转变为营销、服务、交易的客户全流程覆盖。

从传统意义上讲，大众对于客户关系管理的理解更多还是销售能力的自动化。但实际上，随着获客成本的不断攀升、渠道触点分散、需要更高效匹配供需、需要更及时响应客户等问题的出现，企业开始思考如何能够进一步挖掘客户价值，推动业务增长。

为了更好地帮助企业转变增长思维，培养长期的、精细化的客户运营思路，客户关系管理的内涵也在不断延伸和拓展。在我们看来，客户关系管理应该是一种以客户为中心，基于数据提升客户满意度的流程；是一套从客户关系入手，帮助企业优化收入和利润的商业策略。在此背景下，腾讯企点推出数智驱动的营销服务一体化客户关系管理，充分运用云计算、大数据、人工智能、实时音视频等技术，结合腾讯微信、QQ 等社交通路，覆盖公私域，提供从营销获客、销售转化、交易协同、售后服务到复购增购的全链路服务体系。

其次，客户关系管理从流程管理驱动提效，转变为以"数智化"技术驱动客户体验升级。

随着互联网技术的不断发展，用户数据量不断激增，并逐渐呈现复杂化、碎片化的趋势。虽然企业有了更庞大的数据，却发现管理挑战很大，要从大量信息中挖掘价值，并在合适场景及时应用起来就更难了。因此，企业需要一套更智能化的数字化工具，打造全触点、全场景、全渠道的用户运营模式。

与传统客户关系管理相比，腾讯企点在"连接智能""数据智能""业务智能"三个维度进行了核心能力的全面升级。连接智能，一方面，通过企业微信、QQ、小程序等社交通路，帮助企业管理分散的渠道和触点，打通公域私域，提升互动效率，提升用户全生命周期价值；另一方面，企点营销、企点客服、企点商通等产品连接上、下游商机与服务，驱动产业链效率提升。数据智能，集企点数据中台、企点分析引擎于一体的数智中台，能够满足企业跨组织、跨业态、跨系统的数据诉求，建立起对用户全方位的实时感知，助力企业高效决策。业务智能，通过企点业务中台，解决各部门及伙伴的协作问题，打通营销、销售、交易、服务、供应等环节业务流，实现以客户为中心，跨部门业务协同能力的提升。总体来看，全域的触达与增量、高质量的用户关系与价值、高效的协同与转化，将成为企业的全新增长引擎，帮助企业提质增效。

最后，客户关系管理服务理念将从以销售为中心回归以用户为中心。

对于当前客户关系管理市场发展面临的问题，高德纳集团指出，过去，企业寻求短期的业务增长，对于客户情绪感知不够重视等，让不确定性因素增多，用户黏性的重要性也在凸显。在我看来，做任何的事情、产品，都要立足真实的用户需求、解决用户真实的痛点。因此，客户关系管理的服务模式需要回归以用户为中心：从用户习惯出发、了解用户需求、提升用户体验。

——引自腾讯高级执行副总裁、云与智慧产业事业群 CEO 汤道生在 2022 年腾讯全球数字生态大会上的发言。

讨论：你认为未来客户关系管理行业的发展方向是什么？

本章小结

本章主要介绍了客户关系管理的产生与发展，客户关系管理理论的演进，客户关系管理的关键概念、内涵及作用，社会化客户关系管理的特点。

思考与练习

一、选择题

1. 客户关系管理是在（ ）基础上发展起来的。

    A. 管理学   B. 经济学   C. 市场营销学   D. 组织行为学

2. 客户关系管理概念的产生源于企业（ ）。

    A. 对客户关系管理的需求不断增加

    B. 对客户资源价值的重视

    C. 客户需求的不断升级

    D. 通信及数据技术的发展

3. （ ）的核心是建立、发展、巩固企业与这些组织和个人的关系。

    A. 交易营销   B. 关系营销   C. 数据库营销   D. 一对一营销

4. 客户关系管理将（   ）视为企业的一项重要资产。
   A. 客户　　　　B. 利润　　　　C. 技术　　　　D. 管理方法
5. 客户关系管理的作用不包括（   ）。
   A. 提高效率　　B. 保留客户　　C. 提高收入　　D. 促进创新
6. 企业面向客户的前台型业务包括（   ）。
   A. 营销　　　　B. 财务　　　　C. 销售　　　　D. 服务

二、名词解释

数据库营销　　管理理念　　客户关系管理　　社会化客户关系管理

三、简答题

1. 根据 SCOPE 模型，企业的客户包括哪些？
2. 客户关系管理的核心功能是什么？
3. 简述社会化客户关系管理的特点。

四、讨论题

1. 如何理解客户关系管理是理念、技术和项目实施的融合？
2. 不同营销理论在客户关系管理中如何体现？

五、案例分析

在"千人一面"标准化、规模化的逻辑下，企业特别关注客户的个体价值。"千人千面"并不意味着客户关系就是离散的，恰恰相反，智能商业提供了很多将客户的个体价值转变为群体价值的可能性。也就是说，通过叠加客户关系，在云技术里实现客户集合的新价值创造。

Nest 是一个智能恒温器的品牌。其通过记录用户的室内温度数据，同时连接空调、洗衣机、冰箱等家用电器，以及电价的动态变化，在充分了解用户使用习惯后，通过智能算法为每个家庭创建一个定制化、自动调整的能源管理方案，从而保证节能和成本效率。这才仅是个体家庭层面的价值，如果在同一区域内有上百万个家庭都使用 Nest，Nest 在云端就能够动态地了解整个区域家庭能源使用的数据，从而和供电企业一起更加高效地实现对区域能源的共同管理。

讨论：客户关系管理是否能够同时创造客户的个体价值与群体价值？为什么？

📖 **实训项目**

1. 设计一份企业社会化客户关系管理方案。
（1）实训内容：以某奶茶店为例，设计一份企业社会化客户关系管理方案。
（2）确定要求：我们可以借助 DeepSeek 来辅助设计社会化客户关系管理方案。
（3）发送要求：打开 DeepSeek 页面，在底部的文本框中输入要求并按"Enter"键发送，查看回复，如图 1-2 所示。

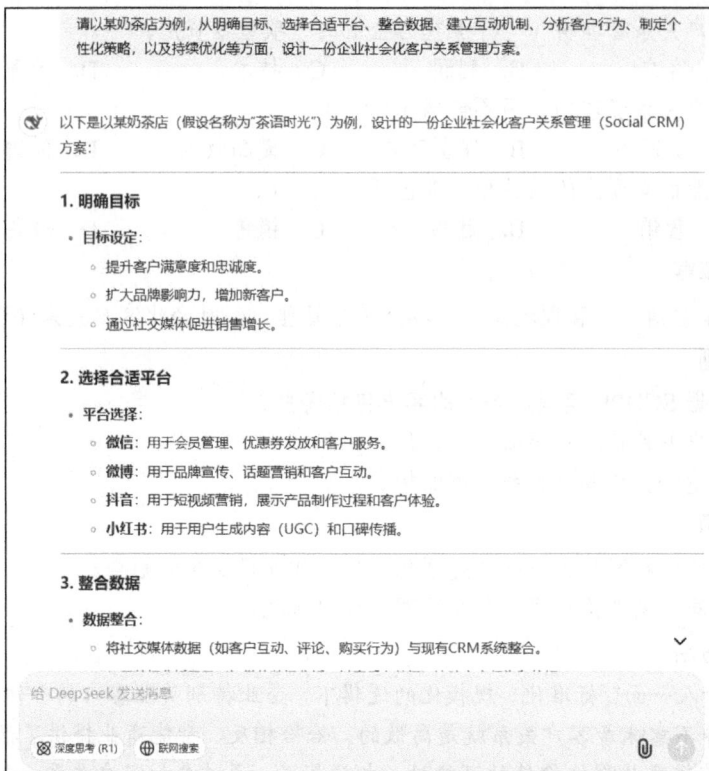

请以某奶茶店为例，从明确目标、选择合适平台、整合数据、建立互动机制、分析客户行为、制定个性化策略，以及持续优化等方面，设计一份企业社会化客户关系管理方案。

以下是以某奶茶店（假设名称为"茶语时光"）为例，设计的一份企业社会化客户关系管理（Social CRM）方案：

1. 明确目标

- 目标设定：
  - 提升客户满意度和忠诚度。
  - 扩大品牌影响力，增加新客户。
  - 通过社交媒体促进销售增长。

2. 选择合适平台

- 平台选择：
  - 微信：用于会员管理、优惠券发放和客户服务。
  - 微博：用于品牌宣传、话题营销和客户互动。
  - 抖音：用于短视频营销，展示产品制作过程和客户体验。
  - 小红书：用于用户生成内容（UGC）和口碑传播。

3. 整合数据

- 数据整合：
  - 将社交媒体数据（如客户互动、评论、购买行为）与现有CRM系统整合。

给 DeepSeek 发送消息

深度思考（R1）　　联网搜索

图 1-2　DeepSeek 回复企业社会化客户关系管理方案

2. 选择你熟悉的企业，根据 SCOPE 模型，完成以下内容。

（1）简要介绍该企业的基本情况。

（2）列出该企业的一家竞争对手，并简要介绍其竞争对手的基本情况。

（3）根据 SCOPE 模型，分别整理分析该企业及其竞争对手的客户构成，并进行对比。

3. 选择一个求职网站，完成以下内容。

（1）搜索与客户关系管理相关的至少两个工作岗位。

（2）列出岗位要求与任职资格。

（3）站在岗位求职者角度，分析自己的岗位胜任能力，并列出本门课程的学习计划和学习目的。

第二章　客户关系管理系统

理论框架

```
                              ┌─────────────────┐   ┌─────────────────────┐
                              │ 客户关系管理       │───│ 客户关系管理系统的      │
                              │ 系统概述          │   │ 特点及一般模型        │
                              │                 │   ├─────────────────────┤
                              │                 │   │ 客户关系管理系统       │
                              │                 │   │ 的技术功能和作用       │
                              └─────────────────┘   └─────────────────────┘
            ┌─────────┐       ┌─────────────────┐   ┌─────────────────────┐
            │ 客户关系   │       │                 │───│ 呼叫中心概述          │
            │ 管理系统   │───────│ 呼叫中心         │   ├─────────────────────┤
            │         │       │                 │───│ 呼叫中心系统的基本      │
            └─────────┘       │                 │   │ 功能与应用场景         │
                              │                 │   ├─────────────────────┤
                              │                 │───│ 呼叫中心的建设路径      │
                              └─────────────────┘   └─────────────────────┘
                              ┌─────────────────┐   ┌─────────────────────┐
                              │ 客户关系管理系统中  │───│ 数据库和数据仓库技术    │
                              │ 的信息技术         │   ├─────────────────────┤
                              │                 │───│ 数据挖掘技术          │
                              │                 │   ├─────────────────────┤
                              │                 │───│ 大数据和商业智能技术    │
                              └─────────────────┘   └─────────────────────┘
```

学习目标

【知识目标】

1. 掌握客户关系管理系统的一般模型与主要功能模块。

2. 了解主流客户关系管理系统。

3. 理解呼叫中心的基本功能和建设路径。

4. 掌握客户关系管理系统中主要信息技术的概念。

【素养目标】

1. 培养较强的数据分析思维能力。

2. 培养较为缜密、严谨的逻辑推理能力。

3. 了解客户关系管理系统的前沿发展。

【能力目标】

1. 能够根据功能模块的不同对客户关系管理系统进行评价。

2. 能够列举主流客户关系管理软件并比较优劣。

3. 能够描述呼叫中心在客户关系管理系统中的作用，能够说出信息技术在客户关系管理系统中的应用。

数字化系统助力客户引流

西单大悦城（JOY CITY）于 2007 年 12 月 28 日开业，是一座由中粮集团精心打造的"国际化青年城"。作为北京第一座大悦城项目，自 2007 年入市以来，西单大悦城一度是全国众多购物中心做年轻化改造的样本，但伴随入局者越来越多，年轻化客群不断被分流。从项目本身来看，此前的客群大多为"90 后"，品牌、策展商均围绕这部分客群进行调整。但从当前市场来看，消费的主力客群变为了"00 后"，想要巩固"青年潮流文化中心"的标签，西单大悦城还需要找到独特的发展优势。

为了更好地迎合年轻客户对数字化、智能化、便利化消费的需求，西单大悦城建立了基于手机移动应用、商场基站、商户信息三位一体的移动营销体系，使客户与西单大悦城之间实现了基于位置的实时、实地互动。西单大悦城部署了数以千计的信号基站，几乎遍及所有商户门口和重点公共区域，以采集店面客流的实时数据。西单大悦城引入了微信地图，实现购物行为在虚拟与现实之间实现自由转换，开启了虚拟逛街与线下购物相结合的模式。

客户可以通过微信应用浏览西单大悦城的所有店铺，发现感兴趣的商品时，客户可以随时随地点击查看商品介绍、品牌文化、店铺位置和价格展示等信息，客户可以通过摇一摇功能进入实时互动，还可以收集西单大悦城街景中发现的优惠券，通过无线定位直接导航至相应的品牌店。西单大悦城基于微信的场景化应用为客户带来了便捷的移动数字化体验，通过整合餐饮、休闲、购物和停车等商场资源，减少了客户以往餐饮排队等待的无效时间，增加了客户在店内的有效购物时间，增强了与到店客户的内容互动，明显提升了到店客户的体验感知，也促进了店内销售的转化。

2023 年"五一"期间，西单大悦城客流近 50 万人次，比 2021 年增长 3%，比 2019 年增长 18%。西单大悦城实现全场销售额超 7700 万元，比 2021 年增长 6%，比 2019 年增长 10%。

思考：西单大悦城是怎么吸引年轻客户的？

第一节　客户关系管理系统概述

客户关系管理系统（Customer Relationship Management System，CRMS）不仅是一种管理的理念，同时也是一种软件系统，是一种全新的、先进的，将客户作为核心的企业管理理念及商业经营模式。构建一个运行稳定、功能丰富且明确的客户关系管理系统对优化企业管理而言具有积极意义。因此如何利用客户关系管理系统了解当前市场信息、销售信息及服务信息等多项数据内容，进而调整管理策略，也成为许多企业关注的重点。

一、客户关系管理系统的特点及一般模型

经过多年的发展，目前客户关系管理系统已经有了较为清晰的概念，其系统一般模型也逐渐统一。

（一）客户关系管理系统的特点

客户关系管理系统是指利用软件、硬件和网络技术，为企业建立一个客户信息收集、管理、分析和利用的信息系统，以客户数据的管理为核心，记录企业在市场营销、销售和服务过程中和客户发生的各种交互行为，以及各类有关活动的状态，通过提供各类数据模型，为后期的分析和决策提供支持。

客户关系管理系统以先进的信息技术为手段，运用先进的管理思想，通过业务流程与组织上的深度变革，帮助企业最终实现以客户为中心的管理模式，具有如下特点。

1. 先进性

客户关系管理系统涉及种类繁多的信息技术，如数据仓库、数据挖掘、商业智能等。同时，为了实现与客户的全方位交流和互动，要与呼叫中心、销售平台、远端销售、移动设备及基于因特网的电子商务站点进行有机结合，这些不同的技术和不同规则的功能模块要结合成统一的客户关系管理系统，需要不同类型的资源和专门的技术支持。因此，客户关系管理系统具有先进性的特点。

2. 综合性

客户关系管理系统包含了客户合作管理、业务操作管理、数据分析管理、信息技术管理四个子系统，综合了大多数企业的销售、营销、服务行为的优化和自动化的要求，运用统一的信息库，开展有效的交流管理和执行支持，使交易处理和流程管理成为综合的业务操作方式。

3. 集成性

客户关系管理系统因具备强大的工作流引擎，可以确保各部门、各系统的任务都能动态协调和无缝连接。因此，客户关系管理系统与其他企业信息系统进行集成后，可以最大限度地发挥企业各个系统的组件功能，实现跨系统的商业智能，全面优化企业内部资源，提高企业整体信息化水平。

4. 智能化

客户关系管理系统的成熟，不仅能够实现销售、营销、服务等商业流程的自动化，减少大量的人力成本，还能为企业的管理者提供各种信息和数据的分析整合，为决策提供强有力的依据。同时，客户关系管理系统的商业智能对商业流程和数据采取集中管理，大大简化了软件的部署、维护和升级工作。基于因特网的客户关系管理系统，使用户和员工可随时随地访问企业，减少大量的交易成本。客户关系管理系统与其他企业管理信息系统集成后，将使商业智能得到更大的发挥，促使企业

发现新的市场机会、改善产品定价方案、提高客户忠诚度，进而提升企业竞争力和市场占有率。

（二）客户关系管理系统的一般模型

客户关系管理系统的一般模型（见图 2-1）阐明了客户关系管理系统在营销、销售和服务三部分业务流程信息化的基础上，将与客户进行接触所需要的各种渠道进行集成和自动化处理，并对产生的信息进行

加工处理，从而产生客户智能，为企业的战略及战术决策提供支持。根据客户关系管理系统的一般模型，我们可以将客户关系管理系统分为接触活动、业务功能及数据库三个组成部分。

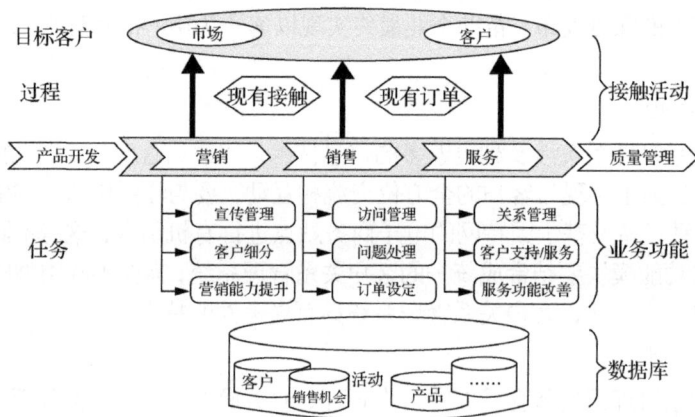

图 2-1 客户关系管理系统的一般模型

客户关系管理系统具有营销、销售和服务的综合支持能力。系统采用闭环设计，可以显著地改善企业在建立客户关系、执行业务交易、完成客户期望和提供服务等方面的处理能力。在市场营销过程中，目标客户位于中心地位。企业识别总体市场，将其划分为较小的细分市场，选择最有开发价值的细分市场，并集中力量满足和服务于这些细分市场。企业设计由其控制的四大要素（产品、价格、渠道和促销）所组成的市场营销组合。为找到和实施最好的市场营销组合，企业要进行市场营销分析、计划、实施和控制。通过这些活动，企业观察并应变于市场营销环境，从而提升营销能力。而销售的任务是执行营销计划，不断发现销售线索和机会，包括做好访问准备，进行问题处理与订单设定，以发现潜在客户，进行信息沟通、推销产品或服务、收集信息等，目标是建立销售订单，实现销售额。在客户购买企业提供的产品或服务的全过程中，包括售前、售中与售后过程，企业需要尽力维护好客户关系，为客户提供进一步的支持与服务，不断改善服务功能，这主要是客户服务部门的工作。产品开发和质量管理过程分别位于客户关系管理过程的两端，为客户关系

管理提供必要的支持。

在客户关系管理系统中，企业与客户之间进行接触的各种渠道的集成是非常重要的。客户关系管理系统要求企业真正以客户为导向，满足客户多样化和个性化的需求。而企业要充分了解客户不断变化的需求，必然要求企业与客户之间要有双向的沟通，因此拥有丰富多样的交流渠道是实现良好沟通的必要条件。

客户关系管理系统改变了企业前台业务运作方式，各部门之间信息共享，密切合作。位于客户关系管理系统一般模型核心的数据库作为所有客户关系管理系统过程的转换接口，可以全方位地为企业提供客户和市场信息。过去，企业前台各业务部门从自身角度去掌握企业数据，业务割裂，而对于客户关系管理系统的一般模型来说，建立一个相互之间联系紧密的数据库是最基本的条件。这个共享的数据库也被称为所有重要信息的"闭环"（Closed-Loop）。

客户关系管理系统不仅要使相关流程实现优化和自动化，还必须在各流程中建立统一的规则，以保证所有活动在统一的理解下进行。这一全方位的视角和"闭环"形成了一个关于客户及企业本身的一体化蓝图，其透明性有利于企业与客户之间的有效沟通。

（三）客户关系管理系统的主要功能模块

客户关系管理系统包含的内容十分丰富，包括直接销售、间接销售及互联网销售等多条营销渠道，协助企业优化包含有营销、销售及服务等多项内容在内的企业整体生产经营管理周期。企业在注重客户关系管理的同时，一般也代表着企业要对业务流程予以适当的调整，借助引进更为先进的企业管理理念及自动化设备，以达到企业的战略目的。客户关系管理系统便是建立了一套将客户视为核心的，关于客户、服务及销售等各类信息数据的信息库，协助企业明确管理渠道，并帮助企业构建及完善前端业务程序。

1. 客户信息管理模块

客户信息管理模块中的功能具体包含客户基本信息数据的登录、客户档案信息数据的编辑和修改、客户相关信息数据统计处理、潜在客户管理四项。借助客户信息管理模块，系统能够自行记录企业各渠道商同终端客户交易所产生的各类信息数据，并存储客户基本信息数据，同时统计和处理所记录的信息数据，以更为高效地鉴别有关客户，记录业务相关线索，针对存在需求的客户予以相应的跟踪及管理，帮助企业搜寻潜在的客户，并实现信息数据的共享及传输。另外，客户信息数据应使企业有关部门可以互相分享。这一模块能够实现多个部门登录，使企业市场部门、销售部门、财务部门等多个部门之间彼此沟通及协调，第一时间处理有关业务，同时及时处理和跟踪客户的有关业务，实现信息数据的同步反馈。

2. 营销活动管理模块

营销活动管理模块具体包含市场信息管理、营销费用管理、电子商务管理、营销规划管理和市场渠道管理五项功能。借助营销活动管理模块，企业可以开展市场信息数据的汇总及整理，讨论市场营销环境存在的问题，了解客户及同行业竞争企业相关信息，以加强对市场情况的掌控；针对市场实际需要进行分析和预估，企业可以确认后续经营的目的，设定相应的经营规划；同时针对目前营销规划的落实状况和营销费用进行进一步跟踪、评价及考核，企业可以针对落实状况进行分析和评价，以加强落实效果。不仅如此，营销活动管理模块还需要管理企业不同类型的分销渠道，管控分销费用，确保各分销渠道之间形成统一整体，以激发中间商的工作积极性，也令中间商变得更为满意。随着我国现代电子商务发展速度的不断加快及应用得更为广泛，营销活动管理模块也有助于电子商务所具有的优势得到更为充分的发挥，如更新相关信息数据、发布产品相关参数及客户自助服务等，提高企业品牌知名度，并树立一个健康良好的企业形象。

3. 销售业务管理模块

销售业务管理模块主要包含销售规划管理、订单追踪管理、回款跟进管理、产品相关数据管理、销售数据汇总与搜索管理五项功能。销售业务管理模块也能够为企业提供有关产品信息，使企业能够根据目前市场实际需求数据和现行营销规划，开展关于未来市场销售量的预估，设定企业未来的销售规划，同时在内部划分不同的分销机构，保证企业销售规划的实现。在企业确认销售合同之后，销售部门向其他部门发布订单，而生产部门则依照销售订单之中注明的交货时间合理安排生产活动。销售部门借助销售业务管理模块实现对订单的追踪，第一时间明确生产状况，响应客户提出的订单查询要求，同时编写提货单，安排货物运输。另外，企业还需要同财务部门进行交流，第一时间明确客户支付规划及支付状况，方便企业第一时间进行款项催付。除此之外，销售业务管理模块同时具有销售量汇总功能，以便相关部门掌控企业经营现状并合理调整营销规模，以及进行工作追踪、评估、考察操作。

4. 客户服务管理模块

客户服务管理模块包含售后客户档案、客户投诉管理、客户反馈管理、服务价格管理和售后服务管理五项功能，该模块为企业提供更为健全的客户服务功能。售后客户档案全方位记载了客户消费信息，并进行售后服务质量追踪。企业客服工作人员可以借助呼叫中心、网络平台等方式为客户提供全天候的服务及支持，帮助客户解决产品相关的问题。技术人员则可为客户供应高质量的现场服务，并了解产品的应用情况，以提高客户满意度。

客户关系管理系统可以协助企业实现对既有客户的管理，避免客户流失，也为企业经营管理工作提供参考，使各个部门之间形成良好的沟通与交流，优化企业组织结构及工作流程。故而，企业应明确客户关系管理系统的重要性，并灵活运用其系统模块，以提高企业管理效率。

5. 数据分析模块

利用客户关系管理系统中的数据分析模块，企业可以开展数据仓库、数据集市、数据挖掘等工作，在此基础上实现商业智能和决策分析。数据分析模块主要负责收集、存储和分析市场、销售、服务及整个企业的各类信息，对客户进行全方位的了解，为企业市场决策提供依据，从而理顺企业资源与客户需求之间的关系，提高客户满意度，实现挖掘新客户、支持交叉销售、留住老客户、发现重点客户、支持面向特定客户的个性化服务等目标。

数据库是客户关系管理系统的灵魂。首先，数据库将客户行为数据和其他相关的客户数据集中起来，为市场分析提供依据。其次，数据库将对客户行为的分析结果以联机分析处理（Online Analytical Processing，OLAP）、报表等形式传递给市场专家。市场专家利用这些分析结果，

制定准确、有效的市场策略。同时，市场专家利用数据挖掘技术，发现交叉销售、增量销售、保持客户和寻找潜在客户的方法，并将这些分析结果转化为市场机会。通过数据库的分析，客户关系管理中的数据挖掘工具可以产生不同类型的市场机会。针对这些不同类型的市场机会，企业分别确定客户关怀业务流程。根据这些客户关怀业务流程，销售或服务部门通过与客户的交流，达到关怀客户和提高利润的目的。最后，数据库将客户对市场机会的反应行为集中起来，作为评价市场策略的依据。可以这样说，数据库是客户关系管理思想和信息技术的有机结合。

二、客户关系管理系统的技术功能和作用

客户关系管理系统依托强大的技术功能，帮助企业在开拓市场、服务客户、获取价值方面发挥了重要的作用。

（一）客户关系管理系统的技术功能

赫尔维茨集团（Hurwitz Group）曾给出了客户关系管理系统的六个主要技术功能。

1. 信息分析的功能

尽管客户关系管理系统的主要目标是提高与客户打交道的自动化程度，并改进与客户打交道的业务流程，但强有力的商业信息分析能力对客户关系管理系统也是很重要的。客户关系管理系统有大量关于客户和潜在客户的信息，企业能够充分地利用这些信息，对其进行分析，使决策者所掌握的信息更全面，从而能更及时地做出决策。良好的商业信息分析功能能使客户关系管理系统和企业资源计划系统协同工作，这样企业就能把利润创造过程和费用联系起来。

2. 客户接触渠道的集成功能

客户关系管理系统中对与客户接触的多种渠道进行集成的功能十分重要。无论客户是通过网页（Web）与企业联系，与携带有销售自动化（Sales Force Automation，SFA）功能的笔记本电脑的销售人员联系，还是与呼叫中心代理联系，与客户的互动都应该是无缝的、统一的、高效的。如前所述，统一的渠道还能使内外部效

率提高。

3. 支持网络应用的功能

在支持企业内外部的互动和业务处理方面，网络的作用越来越大，这使得客户关系管理系统的网络功能越来越重要，以网络为基础的功能对一些应用（如网络自主服务、自主销售）是很重要的。为了使客户和企业员工都能方便地应用客户关系管理系统，企业应该提供标准化的应用程序，使客户只需要接受很少的训练或不需要接受训练就能使用客户关系管理系统。另外，业务逻辑和数据维护是集中化的，这减少了系统配置、维持和更新的工作量，同时较好地节省系统的配置费用。

📖 **课堂讨论**

你知道 IaaS、PaaS、SaaS 的区别吗？

目前更多的客户关系管理系统提供商选择使用软件即服务（Software as a Service，SaaS）方式提供服务。SaaS 是一种通过互联网提供软件的模式。SaaS 提供商为中小企业搭建信息化所需要的所有网络基础设施及软件、硬件运作平台，并负责所有前期的实施、后期的维护等一系列服务。企业不需要购买软硬件、建设机房、招聘互联网技术人员，只需前期支付一次性的项目实施费和定期的软件租赁服务费，即可通过互联网享用信息系统。服务提供商通过有效的技术措施，可以保证每家企业数据的安全性和保密性。企业采用 SaaS 服务模式在效果上与企业自建信息系统基本没有区别，但节省了大量用于购买互联网技术产品、技术和维护运行的资金，且像打开自来水龙头就能用水一样，能够随时随地方便地利用信息化系统，从而大幅度地降低了中小企业信息化的门槛与风险。

4. 建设集中的客户数据库的功能

客户关系管理系统采用集中化的客户数据库，这样所有与客户接触的业务部门都可以获得实时的客户信息，使各业务部门和功能模块间的信息能统一起来。

5. 对工作流进行集成的功能

工作流是指把相关文档和工作规则自动化地（不需要人的干预）安排给负责特定业务流程中的特定步骤的人。客户关系管理系统具有很强的为跨业务部门工作提供支持的功能，使这些工作流能动态、无缝地集成。

6. 与企业资源计划系统集成的功能

客户关系管理系统要与企业资源计划系统在财务、制造、库存、分销、物流和人力资源等业务领域连接起来，从而提供一个闭环的客户互动循环。这种连接不仅包括低层次的数据同步，还包括业务流程的集成，这样才能在各系统间维持业务规则的完整性，工作流才能在各系统间流动。这二者的集成还使企业能够在各系统间收集商业情报。

〰️ **案例 2.1** 〰️

华为的客户关系管理系统

1998 年，华为的全球业务还没有全面展开，但是，华为已经树立"用全球的资源，服务全球的客户"的架构。因此，华为开始搭建其客户关系管理系统，以此来提升华为服务客户的能力。

后来，华为公司不断成长，全球化业务高速增长，面对越来越多时空上的不确定性，如100多种货币，这里就有汇兑问题、结算问题；20多个时区，这里就涉及客户办公时间、合同签署时间问题；各类语言语种，这里就会出现产品参数、标签、物流信息统一等问题。这个时候，客户关系管理系统开始发挥极大的作用。它可以支撑华为公司全球的销售人员、服务人员，都按照客户公司和所在国家的法律法规做生意。

讨论：浅谈客户关系管理系统在跨国公司中的作用。

（二）客户关系管理系统的作用

1. 维护老客户，寻找新客户

研究表明，开发一个新客户所付出的成本是维护一个老客户的 5 倍，而企业通过建立客户关系管理系统能够对客户信息进行收集、整理和分析，并实现内部资源共享，能有效提高服务水平，保持与老客户的关系。并且，客户关系管理系统依托先进的信息平台和数据分析平台，能够帮助企业分析潜在客户群和预测市场发展需求，有助于企业寻找目标客户、及时把握商机和占领更多的市场份额，是企业不断开拓新客户和新市场的重要帮手。

2. 避免客户资源过于分散引起的客户流失

很多企业的客户资源是分散积累的，这直接导致客户信息记录不完整，价值不高。同时由于销售人员的流动，客户资源会不断流失。而客户关系管理系统能够帮助决策者准确得知客户整体推进状况和存在的问题，从而及时开展业务指导和策略调整，避免客户无故流失。

3. 提高客户忠诚度和满意度

客户关系管理系统可以帮助企业详细地了解客户的资料，促进企业与客户的交流，协调客户服务资源，给客户最及时和最优质的服务。同时客户关系管理系统能够帮助企业建立起与客户长久且稳固的互惠互利关系，对提高客户忠诚度和满意度作用明显。

4. 降低营销成本

企业通过客户关系管理系统对内能够实现资源共享，优化合作流程，对外能够增加对市场的了解，有效预测市场发展趋势，不仅能够提高企业运营效率，而且能极大地降低运营成本。

5. 掌握销售人员工作状态

移动客户关系管理系统能够使企业负责人准确掌握销售人员的位置、工作状态，防止出现偷懒、做私事的情况，有利于企业进行绩效考核，提高销售人员的工作效率。

第二节 呼叫中心

一、呼叫中心概述

呼叫中心（Call Center）又称客户服务中心，它是一种基于计算机电话集成（Computer Telephony Integration，CTI）技术、充分利用通信和计算机网络的多项功能集成，并与企业连为一体的一个完整的综合信息服务系统，利用现有的各种先进的通信手段，有效地为客户提供高质量、高效率、全方位的服务。初看起来呼叫中心好像是企业在最外层加上了一个服务层，实际上它不仅为外部用户，也为整个企业内部的管理、服务、调度、增值起到非常重要的统一协调作用。

（一）呼叫中心的起源和进化

1956 年，美国泛美航空公司建成了世界上第一家呼叫中心，在 20 世纪 80 年代，呼叫中心在欧美等发达国家的电信企业、航空公司、商业银行等领域得到了广泛的应用。20 世纪 90 年代中后期，随着中国经济的发展，呼叫中心的概念被引入国内。今天，呼叫中心在银行、航空、铁路、保险、股票、房地产、旅游、公共安全等众多的行业中搭建起了企业与客户、政府与百姓之间的一座座桥梁。呼叫中心技术的发展可以分为以下几个阶段。

1. 第一代呼叫中心：人工热线电话系统

第一代呼叫中心最早出现在民航服务领域，用于接受旅客的机票预订业务。第一代呼叫中心也被称为热线电话，其全部服务由人工完成，包括电话转接中心和人工问答中心。第一代呼叫中心硬件设备为普通电话机或小交换机（排队机），造价低、功能简单、自动化程度低，一般仅用于受理用户投诉和咨询。第一代呼叫中心由于基本为人工操作，对人工坐席的要求相当高，而且劳动强度大、功能差，已明显不适应时代发展的需要。因此，随着计算机技术和通信技术的发展，功能完善的第二代呼叫中心应运而生。

2. 第二代呼叫中心：交互式语音应答系统

交互式语音应答（Interactive Voice Response，IVR）系统的出现，标志着第二代呼叫中心的开始。呼叫中心中利用交互式语音应答系统可以将大部分常见问题交由系统设备通过语音播放、按键交互解决。例如，我们在日常生活中常用 114 查询电话，通过电话银行进行的余额查询、转账等业务都是通过交互式语音应答系统自动实现的。交互式语音应答系统的大量使用，可以大大减少人工业务的受理数量和人工坐席的工作强度，同时可以为客户提供 7×24 小时全天候、不间断的服务。但因缺少互联网及数据库的广泛使用，在第二代呼叫中心，坐席无法知道用户信息，用户多次来电均需重复说明个人信息，且此时呼叫中心无法记录用户问题和工单信息，不便于后期管理工作。

3. 第三代呼叫中心：计算机电话集成系统

计算机电话集成技术的诞生与应用，标志着第三代呼叫中心的应用开始。计算机电话集成技术实现了电话交换机系统与计算机系统的集成，即实现了语音与数据的同步。客户信息与资料采用数据库方式存储，坐席代表可以在处理电话服务的同时，从计算机系统中调取和修改客户信息数据，为客户提供个性化的服务。计算机

📚课堂讨论

你是否使用过移动通信供应商的呼叫中心？主要使用了哪些功能？

电话集成技术的使用，推动了呼叫中心更大范围地使用。与此同时，呼叫中心中出现了专门用于电话录音的录音设备，对坐席代表与客户的通话进行录音、存储和查询。相比第二代呼叫中心，计算机电话集成技术的使用使呼叫中心大部分功能实现了自动化。从客户电话接入到最终问题的解决，整个过程被完整地记录了下来。

4. 第四代呼叫中心：网络多媒体呼叫中心

前三代呼叫中心均是以电话为主要的服务渠道。在 2000 年，伴随着互联网和移动通信的发展与普及，将电子邮件、互联网、手机短信等渠道接入呼叫中心，成为第四代呼叫中心的标志。第四代呼叫中心引入了语音自动识别技术，可自动识别语音，并实现文本与语音自动双向转换，即可实现人与系统的自动交流。第四代呼叫中心是一种基于网络的呼叫中心，能够实现网络电话、独立电话、文本交谈、非实时任务请求。

呼叫中心历来属于成本中心。对于呼叫中心的成本管控一直是各个公司的重头戏，为了减少呼叫中心的投入，各个公司逐渐形成各自的管理体系，制定一系列管理指标。各个公司在各自的呼叫中心加入各自的营销体系，通过呼叫中心向客户推荐产品，并结合客户行为形成客户画像，形成以客户为中心的营销体系。第四代呼叫中心的出现为呼叫中心带来盈利体系并形成呼叫中心的自我价值体系。

5. 第五代呼叫中心：全渠道智能呼叫中心

第五代呼叫中心是在第四代呼叫中心的基础上，更多地融入依托于互联网技术的媒体渠道与沟通渠道，强调提供全渠道客户体验。第五代呼叫中心开始集成人工智能技术，如自然语言处理和机器学习，以提供智能化服务，如智能客服机器人。第五代呼叫中心还会集成物联网技术，通过智能设备收集数据，提供更加智能化和个性化的服务，利用数据分析和预测模型，更好地理解客户的需求和行为，从而提供更优质的服务。

（二）呼叫中心的分类

1. 按呼叫类型分类

（1）呼入型呼叫中心。这种类型的呼叫中心不主动发起呼叫，其主要功能是应答客户发起的呼叫，其应用的主要方面是技术支持、产品咨询等。

（2）呼出型呼叫中心。这种类型的呼叫中心是呼叫的主动发起方，其主要应用是市场营销、市场调查、客户满意度调查等。

（3）呼入/呼出混合型呼叫中心。单纯的呼入型呼叫中心和单纯的呼出型呼叫

中心都比较少，大量的呼叫中心既处理客户发出的呼叫，也主动发起呼叫。

2. 按规模分类

（1）大型呼叫中心。一般将超过100个人工坐席的呼叫中心称为大型呼叫中心。它至少需要有足够容量的大型交换机、自动呼叫分配设备、自动语音应答系统、计算机电话集成服务器、人工坐席和终端、呼叫管理系统或数据库。

（2）中型呼叫中心。人工坐席为50～100个的呼叫中心被称为中型呼叫中心。中型呼叫中心用户交换机、计算机电话集成服务器与人工坐席直接相连，人工坐席又与应用服务器相连，客户资料存储在应用服务器中，应用服务器实时地将打入电话的客户的资料在计算机屏幕上弹出，使坐席人员能及时获得相应信息。计算机电话集成服务器一般由计算机电话集成硬件开发商的板卡和计算机组成。

（3）小型呼叫中心。人工坐席为50个以下的小型呼叫中心的系统结构与中型呼叫中心类似，不过其主要部分如用户交换机、计算机电话集成服务器、人工坐席、应用服务器在数量上均可做相应减少。

3. 按功能分类

呼叫中心按功能可以分为电话呼叫中心、网络呼叫中心、多媒体呼叫中心、视频呼叫中心、统一消息处理中心等。

4. 按使用性质分类

呼叫中心按使用性质可以分为自建自用型呼叫中心、外包服务型呼叫中心（在呼叫中心的建设路径中会具体介绍）和应用服务商（Application Service Provider，ASP）型呼叫中心。应用服务商型呼叫中心是指由应用服务商提供呼叫中心的设备和技术平台，企业租用平台后自己招募坐席员并进行日常运营管理的呼叫中心。

5. 按分布地点分类

呼叫中心按分布地点可以分为单址呼叫中心、多址呼叫中心。

单址呼叫中心是指只有单一工作场所的呼叫中心。多址呼叫中心是指工作场所分布于不同地点，甚至分布于不同城市的同一个呼叫中心。无论在处理呼出还是呼入的过程中，分布于不同地点的子中心给客户的感觉都是同一个呼叫中心，分布于不同地点的子中心之间的信息交互可以通过企业的广域网技术或互联网技术实现。

二、呼叫中心系统的基本功能与应用场景

（一）呼叫中心系统的基本功能

1. 交互式语音应答

交互式语音应答（Interactive Voice Response，IVR）实际上是一个自动的"客服代表"。通过IVR模块，客户可以利用双音频话机，通过电话按键从该系统中获得预先录制的数字语音信息，或得到系统通过从文本到语音（Text To Speech，TTS）技术动态合成的语音信息。交互式语音应答功能可以实现全天候自助式服务，通过系统的交互式应答服务，客户可以很容易地通过电话机键盘输入自己的选择，从而得到24

小时不间断的服务。

2. 自动呼叫分配系统

自动呼叫分配（Automatic Call Distributor，ACD）系统是呼叫中心有别于一般热线电话系统的重要部分，在一个呼叫中心中，ACD 系统能够成批处理来话呼叫，并将这些来话呼叫按指定的转接方式传送给具有相关职责或技能的人工坐席。ACD 系统提高了系统的效率，减少了呼叫中心系统的开销，并使公司能更好地利用客户资源。

3. 人工坐席应答

系统根据客户的需要，将进行交互式语音应答的话路转接到人工坐席上，人工坐席将和客户进行一对一的交谈，接受客户预订、解答客户的疑问或输入客户的信息等。另外，人工坐席也可以将查询的结果采用自动语音播报给客户。

4. 呼叫同步转移

当人工坐席在为客户提供服务时，如遇到无法解决的问题，人工坐席就会选择将电话转给相关部门负责人，在电话转出的同时，客户的基本资料及此次通话记录概要也同步转移至受话者，免去不必要的问询时间，既提高了效率，又节省了客户的宝贵时间，从而增强了客户的满意度，更提升了公司的服务形象。

5. 电话回访

电话回访系统主要用于客户电话回访，系统可自动进行外拨队列处理，选定客户名单由系统自动进行外拨操作，如选定部分客户电话号码后，系统将自动、逐个、反复拨号直到拨通为止。人工坐席也可在地址簿中选定客户双击直接拨号，省去人工拨号操作，节省大量时间，从而大大提高工作效率。

6. 客户资料的计算机查询与录入

人工坐席可以询问客户问题，然后运行人工坐席计算机上的专用查询软件，到数据库中查找相应数据，客户代理可以参考找到的结果，和客户进行轻松交流，同时也可以将查到的数据转化成语音，让客户自己倾听所需资料。此部分同时提供数据采集功能，当坐席人员和客户通话时或通话后，根据系统的提示，将必要的通话结果输入数据库，留作将来的数据挖掘之用。

7. 数据查询统计及分析

呼叫中心能够对呼叫及响应的时间和内容进行实时的存储、查询、统计、输出，并在分析后形成各种报表。强大的数据处理功能包括根据客户自动查询时查询的内容、查询的时间，生成节点查询数据表，积累客户喜好数据；企业统计各时期（实时、天、月、年）的话务特征；统计各时期、各专项的业务特征；对各人工坐席工作特征的实时或历史的统计分析，如统计每个人工坐席的话务量、通话时长，以此分析人工坐席的服务质量等。

（二）呼叫中心系统的应用场景

1. 客服部门

在高度竞争的市场中，各行各业都面临着严峻的考验，企业必须有的放矢地改变自身的服务内容、服务范围、服务方式、服务对象、服务质量、服务意识，才能保持企业的市场竞争力。建设以呼叫中心为主体的客服部门是顺应大趋势做出的最为积极的举措。目前，无论是大型国际集团，还是小到只有几个人的企业都在积极建设这样的系统，目的就是提高客户服务的质量，提高客户服务的水平。

2. 销售部门

电话的普及使得电话成为销售的重要工具。越来越多的企业选择电话销售来拓展业务的同时，企业也发现管理电话销售的难度在不断增加。如何提高电话销售的效率，如何更好地利用电话资源，成为企业管理者需要思考的问题。建设以呼叫中心为主体的电话销售部门，是解决这个问题的关键。这样的呼叫中心系统尤其适用于中小型的以电话销售为主要模式的企业，它能把售前咨询、售中技术支持、售后回访等各个销售环节整合在一起，形成强大、功能多样的销售平台。

3. 技术维修部门

在技术维修部门，呼叫中心也发挥着重要作用。技术维修部门涉及的问题通常很专业，问题的答案以固定形式居多，问题的解决常常又涉及责任、利益等重要方面，所以提高解决问题的效率和分清当事人的责任就显得相当重要，呼叫中心能全程跟踪，并能记录相关数据，能够更容易地解决问题。

4. 物流部门

随着经济的发展，贸易的开展变得更加广泛，随之而来的是物流企业和物流部门的迅速发展和壮大。物流不是简单的货物流转，现代物流是对货物流转进行系统化、总体化管理的过程，信息的传递是物流管理能够实施的重要前提，因此对物流的管理主要是对信息的管理。呼叫中心能够保证物流企业和物流部门与客户之间信息传递的顺畅，而客户是物流业存在的基础，所以对于物流企业和物流部门来说，如果欲在激烈的竞争环境中生存，必须建立一套完整的呼叫中心。

案例 2.2

小牛电动呼叫中心的应用

小牛电动成立于 2014 年，是国内知名的智能电动车品牌。作为国内锂电电动车的引领者，小牛电动致力于为全球客户提供更便捷、更环保的智能城市出行工具和更安全、更智能的锂电出行体验。2020 年，小牛电动全球售出 60 多万辆两轮电动车，较 2019 年增长约 43%，同时进入境外 46 个国家和地区，已为全球多个国家的共享电动车运营商提供了基于 SaaS 的两轮电动车智能共享业务解决方案。其自主研发的新一代智能锂电科技，具备续航、能量、安全、动力等方面的优势，从车辆内置的智能芯片，到手机 App 端的智能应用，再到基于背后的云服务，都让客户拥有了更加智慧的出行体验。

智慧出行不仅体现在小牛电动车本身，也体现在小牛客户的全生命周期的旅程中。为了让客户享受更好的智慧服务，2020 年，小牛电动与智齿科技签约，引入智齿在线客服机器人、人工在线客服、呼叫中心、工单、呼入机器人、外呼机器人等全客服产品，借助智齿科技一体化客户联络解决方案，为小牛电动客户提供全渠道、全方位的智慧服务。

1. 全渠道服务的连贯与统一

小牛电动接入智齿人工在线客服平台后，打通了 App 端与微信公众平台两端的服务渠道，客服在工作过程中无须切换多个后台，即可在统一工作台完成全渠道接待。小牛电动可以在服务过程中精准触达客户，提升服务效率。客服和客户建立对话后，可以在工作台同步查看客户画像，包括来源、浏览轨迹，以及与其他人工/机器人客服的聊天记录等信息，打破信息断层，使客服对客户有更清晰、全面的认知，从而提升服务的精准度。

2. 客服机器人，7×24 小时智能服务在线

小牛电动具有庞大的客户群体，每天会有无数的问题需要客服解答。为保障客户咨询的积极响应，实现 7×24 小时全天在线需求，小牛电动引入了智齿在线客服机器人，保障了人工客服不在线时段的客户接待，随时为客户提供服务。在线客服机器人的多轮对话能力，使一些常见的高频、热点咨询问题都可以通过机器人独立解决，大大提升自助问题解决率。

3. 改善通话体验，一体化管理提升效率

小牛电动的售后服务团队每天要处理大量电话咨询。小牛电动率先拥抱智能化，通过智齿云呼叫中心提供稳定、可靠的线路，为客户带来稳定、清晰的通话体验。来电弹屏、来电转接等多个智能模块，为精准化、个性化服务设置打下基础。人和机器的高效协同，使前端服务更智能化，后端服务更人性化。

目前，智齿外呼机器人、呼入机器人、呼叫中心与小牛电动的工单系统已实现打通，服务系统与业务系统之间实现了无缝对接、一体化管理。小牛电动不仅实现了智能外呼的拨打、记录、分析全流程自动化，并达成服务数据和业务数据的全面融合，有助于将高品质服务赋能于整体运营策略，也有效提升了业务运营效率。

讨论：呼叫中心是否是客户关系管理系统中不可或缺的部分？

三、呼叫中心的建设路径

企业呼叫中心的建设路径有两种模式："外包"模式与"自建"模式。

1. "外包"模式

在"外包"模式中，首先要有一个独立的呼叫中心业务运营商，它有自己的、较大运营规模的呼叫中心，并可以将自己的一部分人工坐席或业务承包给有关的其他企业。这样，企业就可以将有关业务需求直接建立在这种业务运营商的基础之上，不用自己添置单独的硬件设备，仅需提供有关的专用服务信息，而由呼叫中心业务运营商为自己的用户提供服务。这种方式的优点是节约成本，而且能够提供一个较专业的服务，但需要对有关的坐席人员进行培训。

"外包"模式多种多样，有的公司选择在业务高峰期补充业务人员开展呼叫中心业务；有的公司选择将如回访、接单、派单等简单重复性业务进行外包；有的公司按照季节性需求选择与呼叫中心业务运营商合作；有的公司选择将下班后的电话业务进行外包，以保障客户体验；有的公司选择全部外包，将呼叫中心业务和管理工作均外包至呼叫中心业务运营商，全部外包的模式对呼叫中心业务运营商的要求更高，呼叫

中心业务运营商应具备较高的管理水平以完成人员和业务管理。

2."自建"模式

"自建"模式，即由企业自己购买硬件设备，并编写有关的业务流程软件，直接为自己的客户服务。该模式能够提供较大的灵活性，而且能够及时了解用户的各种反馈信息。

在建立具体的呼叫中心系统时，主要有两种实现技术可供参考：基于交换机方式或基于计算机方式。这两种方式的区别主要是在语音接续的前端处理上：交换机方式由交换机设备完成前端的语音接续，即用户的电话接入；计算机方式由计算机通过语音处理板卡，完成对用户拨入呼叫的控制。前者的处理能力较强，性能稳定，适于构建规模超过 100 个人工坐席、较大的呼叫中心系统，但同时成本也较高，一般的企业无法承担；后者的处理能力较弱，性能不太稳定，适于构建规模较小的系统，其优点是成本低廉、设计灵活。

> **课堂讨论**
>
> 谈一谈哪些公司适合采用"自建"模式建设呼叫中心？

自建呼叫中心主要考虑成本、选址、规模、系统、人员、运营模式等要素。成本是呼叫中心建设中的关键因素，其他要素都是围绕成本而变化的。选址的城市、区域、人口密度等都决定成本。呼叫中心规模的大小往往是决定公司能否自建的关键要素，依赖呼叫中心程度高的公司往往选择自建呼叫中心，包括保险、金融、银行、航空公司等。呼叫中心对信息系统的并发量要求较高，往往需要昂贵的信息系统支持，所以系统是呼叫中心占用成本比例较大的一部分。随着信息系统技术的发展变化，业务部门需求也在不断变化，信息系统更新迭代费用也对呼叫中心运营产生额外压力。人力成本占呼叫中心总体成本的 60%～70%，薪资水平在不同国家、省份、城市区别较大，发达国家会建立跨国呼叫中心以降低员工费用。运营模式与人员工作模式、薪资费用等关联，所以呼叫中心会根据业务模式和成本综合考虑呼叫中心运营模式。完全自建呼叫中心的灵活性较高，且可以随着业务发展对各自的系统开展优化。部分自建呼叫中心会通过选取租赁场地、租赁系统、租赁人员开展呼叫中心相关工作，以降低成本。

第三节 客户关系管理系统中的信息技术

客户关系管理系统离不开信息技术的应用，目前主流客户关系管理系统中主要用到数据库和数据仓库技术、数据挖掘技术、大数据和商务智能技术。

一、数据库和数据仓库技术

数据是客户关系管理系统运行的"根基"，对数据的各项处理和分析至关重要，常用到的是数据库与数据仓库技术。

（一）数据库和数据仓库的概念与联系

1. 数据库

数据库是被长期存放在计算机内、有组织的、可以表现为多种形式的可共享的数据集合。这里"共享"是指数据库中的数据，可为多个不同的用户、使用多种不同的语言、为了不同的目的而同时存取，甚至同一块数据也可以同时存取；"集合"是指某特定应用环境中的各种应用的数据及数据之间的联系（联系也是一种数据）全部集中地按照一定的结构形式进行存储。

2. 数据仓库

数据仓库之父比尔·恩门（Bill Inmon）在 1991 年出版的 *Building the Data Warehouse*（《建立数据仓库》）一书中所提出的概念被广泛应用，数据仓库是一个面向主题（Subject Oriented）的、集成（Integrate）的、相对稳定（Non-Volatile）的、反映历史变化（Time Variant）的数据集合，用于支持管理决策。

从数据源的数据筛选、数据存储和管理、数据分析挖掘到数据应用，整个数据仓库的应用模型（见图 2-2）体现了数据仓库是一个过程而不是一个项目。数据仓库为用户提供基于决策支持的当前和历史数据，这些数据在传统的操作型数据库中很难或不能得到。数据仓库技术是为了有效地把操作型数据集成到统一的环境中以提供决策型数据访问的各种技术和模块的总称。其所做的一切都是为了让用户更快、更方便地查询所需要的信息，提供决策支持。

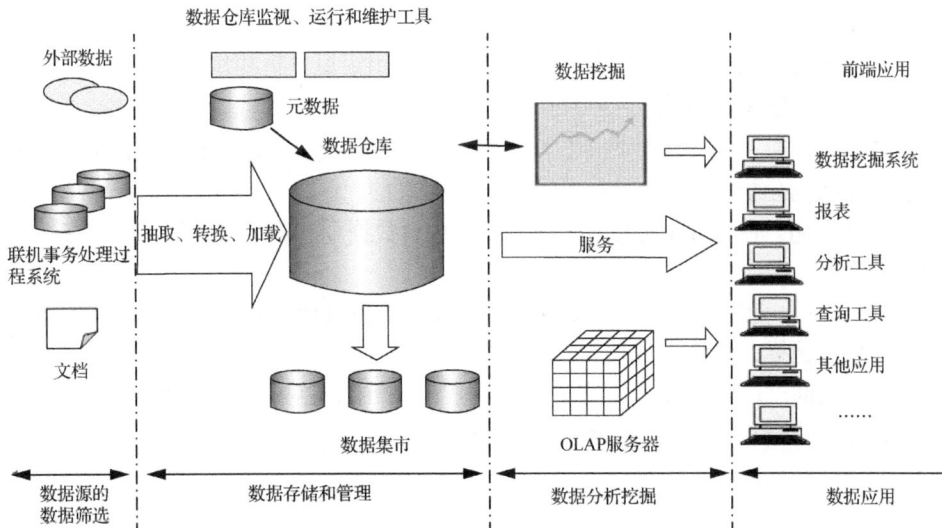

图 2-2　数据仓库的应用模型

数据库主要用于事务处理，即联机事务处理（On-Line Transaction Processing，OLTP），也就是我们常用的面向业务的增、删、改、查操作。常用的数据库有 MySQL、Oracle、PostgreSQL。

数据仓库主要用于数据分析，即联机分析处理（On-Line Analytical Processing，OLAP），供上层决策，常见于一些查询性的统计数据。

数据仓库的出现，并不是要取代数据库。大部分数据仓库还是用关系数据库管理系统来管理的。可以说，数据库和数据仓库相辅相成、各有千秋。

（二）数据仓库的特点与功能

1. 数据仓库的特点

（1）面向主题。操作型数据库的数据组织面向事务处理任务，各个业务系统之间各自分离，而数据仓库中的数据是按照一定的主题域进行组织的。这里的主题，是指用户使用数据仓库进行决策时所关心的重点方面，如收入、客户、销售渠道等。所谓面向主题，是指数据仓库内的信息是按主题进行组织的，而不是像业务支撑系统那样是按照业务功能进行组织的。

（2）集成。数据仓库中的数据是在对原有分散的数据库数据进行抽取、清理的基础上经过系统加工、汇总和整理得到的，消除源数据中的不一致性，以保证数据仓库内的信息是关于整个企业的一致的全局信息。

（3）相对稳定。数据仓库的数据主要供企业决策分析之用，所涉及的数据操作主要是数据查询。某个数据进入数据仓库以后，一般情况下将被长期保留，也就是数据仓库中一般有大量的查询操作，但修改和删除操作很少，通常只需要定期进行加载、刷新。

（4）反映历史变化。数据仓库中的数据通常包含历史信息，系统记录了企业从过去某一时点（如开始应用数据仓库的时点）到目前的各个阶段的信息，通过这些信息，系统可以对企业的发展历程和未来趋势做出定量分析和预测。

2. 数据仓库的功能

数据仓库是一种分析数据库，用于存储和处理数据，以便对数据进行分析。数据仓库是数据分析管道的核心，它有三个主要功能。

（1）存储。在合并（提取和加载）步骤中，数据仓库将接收和存储来自多个数据源的数据。

（2）处理。在处理（转换和建模）步骤中，数据仓库将对转换步骤生成的数据进行分析和建模，以便更好地支持决策分析。

（3）访问。在生成报告（可视化和交付）步骤中，首先需要在数据仓库中收集报告，然后将其可视化并交付给最终用户。

二、数据挖掘技术

（一）数据挖掘的概念

1. 技术角度的概念

数据挖掘（Data Mining）就是从大量的、不完全的、有噪声的、模糊的、随机的实际应用数据中，提取隐含在其中的、人们事先不知道的、但又是潜在有用的信息和知识的过程。这个概念包括三层含义：数据源必须是真实的、大量的、含噪声的，发现的是用户感兴趣的知识，发现的知识要可接受、可理解、可运用。

慕课视频

观看视频 2.3.3 数据挖掘的概述。

2. 商业角度的概念

数据挖掘是一种新的商业信息处理技术，其主要特点是对商业数据库中的大量业务数据进行抽取、转换、分析和模型化处理，从中提取辅助商业决策的关键性数据。分析这些数据不单纯是为了研究的需要，更主要的是为商业决策提供真正有价值的信息，进而获得利润。因为企业数据量非常大，而其中真正有价值的信息却很少，因此从大量的数据中经过深层分析，获得有利于商业运作、提高竞争力的信息，就像从矿石中淘金一样，数据挖掘也因此而得名。

因此，企业进行数据挖掘是指企业按既定业务目标，对大量的企业数据进行探索和分析，揭示隐藏的、未知的或验证已知的规律性，并进一步将其模型化的过程。

（二）数据挖掘的功能

数据挖掘通过预测未来趋势及行为，帮助企业做出前瞻的、基于知识的决策。数据挖掘的目标是从数据库中发现隐含的、有意义的知识，主要有以下四类功能。

1. 自动预测

数据挖掘自动在大型数据库中寻找预测性信息，使以往需要进行大量手工分析的问题，如今可以迅速直接地由数据本身得出结论。一个典型的例子是市场预测问题，数据挖掘使用过去有关促销的数据来寻找未来投资中回报最大的用户，其他可预测的问题包括预警客户流失，以及认定对指定事件最可能做出反应的群体。

2. 关联分析

数据关联是数据库中存在的一类重要的可被发现的知识。若两个或多个变量的取值之间存在某种规律性，就称为关联。关联可分为简单关联、时序关联、因果关联。关联分析的目的是找出数据库中隐藏的关联网。有时我们并不知道数据库中数据的关联函数，即使知道也是不确定的，因此关联分析生成的规则带有可信度。

3. 概念描述

概念描述就是对某类对象的内涵进行描述，并概括这类对象的有关特征。概念描述分为特征性描述和区别性描述，前者描述某类对象的共同特征，后者描述不同类对象之间的区别。生成一个类的特征性描述只涉及该类对象中所有对象的共性。生成区别性描述的方法有很多，如决策树方法、遗传算法等。

4. 偏差检测

数据库中的数据常有一些异常记录，从数据库中检测这些偏差很有意义。偏差包括很多潜在的知识，如分类中的反常实例、不满足规则的特例、观测结果与模型预测值的偏差、量值随时间的变化偏差等。偏差检测的基本方法是寻找观测结果与参照值之间有意义的差别。

（三）数据挖掘的流程

跨行业数据挖掘标准流程（Cross-Industry Standard Process for Data Mining，CRISP-DM）是业界流行的数据挖掘工作流程模型（见图 2-3），1999 年由欧盟机构联合起草。CRISP-DM 模型为一个数据库知识发现（Knowledge Discovery from Data，KDD）工程提供了一个完整的过程描述。该模型将一个 KDD 工程分为 6 个顺序并非完全不变且可以循环的阶段：商业理解、数据理解、数据准备、建模、评估和模型发布。这些步骤并不是一成不变的，也可以根据需要调整顺序。

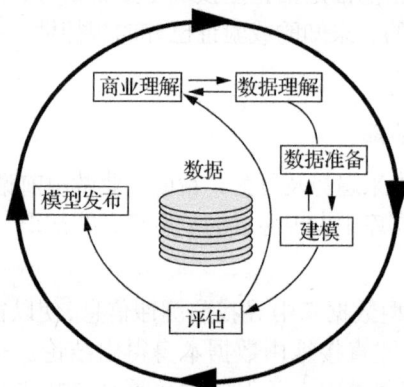

图 2-3　跨行业数据挖掘标准流程

1. 商业理解

在商业理解（Business Understanding）阶段，我们必须从商业的角度明确要通过数据挖掘解决什么问题。针对具体的数据挖掘与建模的工作任务，首先要做的就是明确任务目标，然后将任务目标进行拆分，构建各子目标，为后续工作确定一个良好的方向，避免误入歧途，陷入数据分析的漩涡。我们要精准地明确数据挖掘与建模的目标，要求作业人员掌握应用中的各种知识和应用目标，了解相关领域的情况，熟悉背景知识，明确用户需求。

2. 数据理解

数据理解（Data Understanding）阶段主要是收集相关数据，并检查解决问题所需要的数据是否收集齐全。

3. 数据准备

数据准备（Data Preparation）阶段主要是从原始粗糙数据中构建最终数据集（将作为建模工具的分析对象）的全部工作。数据准备工作有可能被实施多次，而且其实施顺序并不是预先规定好的。根据与挖掘目标的相关性、数据质量及技术限制，选择在分析中使用的数据，并进一步对数据进行清理转换。

4. 建模

在建模（Modeling）阶段，我们要选择建模方法，并通过构建和评估模型对参数进行校准。对于同一个数据挖掘的问题类型，我们可以选择使用多种建模方法，但对于每一个要使用的技术要分别对待。建模的过程包括：一是选择要使用的算法/技术；二是选择训练数据和测试数据；三是指定输入属性集；四是选择学习的参数值；五是执行数据挖掘工具。

5. 评估

到此为止，一个或多个高质量的模型已经建立。但在进行最终的模型部署之前，有必要彻底评估（Evaluation）模型，确保模型达到业务目标。可以使用测试数据对模型进行测试，得到准确率、精度、召回率等指标，这些指标可用来评估模型的好坏。

6. 模型发布

模型发布又称模型部署（Deployment），建立模型本身并不是数据挖掘的目标，虽然模型使数据背后隐藏的信息和知识显现出来，但数据挖掘的根本目标是将信息和知识以某种方式组织和呈现出来，并用来改善运营和提高效率。当然，在实际的数据挖掘工作中，根据不同的企业业务需求，模型发布的具体工作可能简单到提交数据挖掘报告，也可能复杂到将模型集成到企业的核心运营系统中去。

（四）数据挖掘在客户关系管理中的主要应用

1. 客户分类

根据客户往年的消费记录数据及客户档案资料，分析客户的消费能力、消费习惯、需求倾向和消费心理及信誉度；确定客户对企业的利润贡献度；了解零售企业在某一商圈内客户的居住区域、文化层次、年龄段、平均月收入等，对客户进行分类，然后针对不同类型的客户提供个性化服务，从而提高客户的满意度和忠诚度，帮助企业有针对性地实施市场战略，为企业赢得市场机遇。

2. 改善客户关系

数据挖掘通过收集、整合、分析和挖掘客户在各交易平台上产生的各种数据，如个人信息、购买历史、浏览记录、评价反馈等，以及从其他渠道获取的数据，如社交媒体、搜索引擎、地理位置等，构建一个全面、准确、实时的客户画像，包括客户的基本属性、偏好、需求、行为、心理等方面。数据挖掘通过运用机器学习、深度学习等人工智能技术，对客户画像进行分类、聚类、预测等操作，识别出不同类型、层次、价值的客户群体，根据他们的特点和需求，制定相应的营销策略和方案，如个性化推荐、动态定价、优惠券发放等，并通过合适的渠道和时机，向客户传递有效的信息。数据挖掘通过运用自然语言处理、语音识别等人工智能技术，建立一个智能的客服系统，能够与客户进行自然、流畅、友好的对话，根据客户的问题和情绪，提供及时、准确、满意的解决方案和建议，及时收集和反馈客户的意见和评价，并根据其进行改进和优化。

课堂讨论

你认为数据挖掘还能在客户关系管理的哪些方面进行应用？

3. 预测客户行为

数据挖掘根据消费记录及客户档案资料进行客户群分析，以及对他们的消费能力、消费习惯、消费周期、忠诚度、盈利能力、促销情况等进行分析，从而帮助企业更准确地理解客户的行为和趋势、挖掘潜在客户、制定相应的促销和服务策略、争取和保持客户。

案例 2.3

赛富时推出销售 GPT 和服务 GPT 业务

客户关系管理的全球领导者赛富时（Salesforce）推出了面向销售云（Sales Cloud）和服务云（Service Cloud）的生成式人工智能（Artificial Intelligence，AI）功能，以改变卖家和服务团队与客户的工作和互动方式。

销售 GPT（Sales GPT）将在工作流程中嵌入生成式人工智能，自动生成客户电子邮件、呼叫摘要、客户研究等。服务 GPT（Service GPT）将自动生成服务回复，自动将客户互动汇总为服务团队易于访问的知识文章，并在现场服务代表到达服务地点之前做好准备。

销售 GPT 的实际应用和新功能

销售 GPT 是 Salesblazers（卖家、销售领导者和销售运营人员社区）的完整平台，提供可信的生成式 AI，以实时数据为支持，帮助卖家改变他们的工作方式，更快、更智能、更高效地销售，从而加速增长。

（1）销售邮件（Sales Emails）。根据客户的客户关系管理数据，为每次客户互动自动生成个性化电子邮件，其中包含"Introduce me"和"Follow Up on Prior Engagement"等选项。

（2）通话摘要（Call Summaries）。自动记录和总结通话，并设置跟进措施，帮助销售人员提高工作效率。

（3）销售助手（Sales Assistant）。从客户研究和会议准备到起草合同条款，同时自动保持客户关系管理的更新。

服务 GPT 的实际应用和新功能

服务 GPT 和现场服务 GPT 将使卖家能够使用生成式 AI 和实时数据将服务体验从呼叫

中心扩展到现场，同时降低成本。

（1）服务回复。根据相关的实时数据源自动生成个性化回复，使服务坐席能够更快地解决客户的问题。

（2）工作总结。根据个案数据和客户历史创建服务个案和客户参与的总结摘要。

（3）知识篇章。根据支持交互的最新实时数据自动生成和更新文章。

（4）移动工作概述。在现场服务团队到达之前汇总关键信息，为每次服务做好准备，帮助团队成员更高效地工作。

讨论： 你如何看待赛富时推出的销售 GPT 和服务 GPT 业务？

三、大数据和商业智能技术

商业智能能够将数据转化为有价值的信息和知识，为企业管理和决策提供强有力的支持，是企业迎接变革和商业创新的关键决胜因素之一。而其核心目标就是要让企业中的每个人都有效利用数据，并形成数据思维，从而跟上工具的发展。

（一）大数据

大数据由巨型数据集组成，这些数据集的大小常常超出人类在可接受时间下收集、应用、管理和处理它们的能力。大数据的大小经常改变，单一数据集的大小从数太字节（TB）至数十兆亿字节（PB）不等。

具体来说，大数据具有 5 个基本特征，可以用"5V"来概括。一是数据体量巨大（Volume）。大数据的体量巨大，一般以 PB（1PB=1024TB）为单位进行计算。二是数据类型多样（Variety）。数据类型不仅是文本形式，更多的是图片、视频、音频、地理位置信息等多类型的数据，个性化数据占绝对多数。三是数据处理速度快（Velocity）。数据处理遵循"1 秒定律"，可从各种类型的数据中快速获得高价值的信息。四是数据价值密度低（Value）。以视频为例，一小时

> **课堂讨论**
> 怎样理解大数据的"大"？

的视频，在不间断的监控过程中，有用的数据可能只有一两秒。五是数据的真实性（Veracity）。数据的质量和准确性是大数据应用的关键，它直接影响到数据分析的结果和决策的质量。

（二）商业智能

商业智能（Business Intelligence，BI）又称商业智慧或商务智能，是用现代数据仓库技术、线上分析处理技术、数据挖掘和数据展现技术进行数据分析来实现商业价值。商业智能的关键是从许多来自不同企业运作系统的数据中提取有用数据并进行清理，以保证数据的正确性，然后经过抽取（Extraction）、转换（Transformation）和加载（Load），即 ETL 过程，合并到一个企业级的数据仓库里，从而得到企业数据的一个全局视图，在此基础上利用合适的查询和分析工具、数据挖掘工具等对其进

行分析和处理（这时信息变为辅助决策的知识），最后将知识呈现给管理者，为管理者的决策过程提供支持。

商业智能具有以下特点。

1. 商业智能用户的多样性

商业智能服务于各类企业决策者。传统应用中的商业智能主要支持中高层管理人员决策的制定。目前，商业智能平台的用户包括一线的业务人员、各级管理者，甚至外部的客户和商业伙伴。这是因为业务经营决策的范围发生了扩展，包括操作层、战术层和战略层的决策。

2. 商业智能数据处理的层次性

商业智能根据业务需要收集数据，并进行提炼和加工，最终产生对企业有价值的知识，提高企业的绩效。商业智能需要整合企业的业务系统数据，从而保证足够的"原料补给"。商业智能对企业资源计划、客户关系管理和供应链管理等业务系统中生成的运营数据进行分析并给出报告，帮助管理者认识企业和市场的现状，预测发展趋势，做出正确的决策。

3. 商业智能的技术多样性

随着信息化的发展，商业智能已成为企业充分利用数据资产的重要方法之一，它从不同的数据源中提取有用的数据，通过数据仓库、在线分析处理和数据挖掘等技术，实现企业的决策、考核、分析的有机结合和量化，以达到为企业提供经营管理、决策支持的目的。最新的商业智能还涉及其他一些新技术，如内存中的分析处理、面向服务的软件架构（Service Oriented Architecture，SOA）、文本挖掘和元数据存储等。商业智能在这些技术的支持下，可以发现数据背后隐藏的商机或威胁，获得洞察力，了解企业和市场的现状，把握趋势，识别异常情况，明确企业业务的推动力量，认清正在对企业的业务产生影响的行为及其影响程度。

📕 **本章小结**

　　本章主要介绍了客户关系管理系统的概念、特点、作用，客户关系管理系统的一般模型、技术功能，呼叫中心的基本功能、应用场景与建设路径，客户关系管理系统中的数据仓库、数据挖掘与商业智能。

📖 思考与练习

一、选择题

1. 客户关系管理系统的特点包括（　　　）。

    A. 先进性　　　　B. 综合性　　　　C. 集成性　　　　D. 智能化

2. 客户关系管理系统的一般模型包括（　　　）部分。

    A. 接触活动　　　B. 业务功能　　　C. 数据仓库　　　D. 数据库

3. SaaS 指的是（　　　）。

    A. 平台即服务　　B. 软件即服务　　C. 基础即服务　　　D. 订阅即服务

4. 客户关系管理系统的主要功能模块包括（　　　）。

    A. 客户信息管理模块　　　　　　B. 营销活动管理模块

    C. 销售业务管理模块　　　　　　D. 客户服务管理模块

    E. 数据分析模块　　　　　　　　F. 信息技术管理模块

5. 呼叫中心的技术基础是（　　　）。

    A. ASP　　　　　B. IVR　　　　　C. CTI　　　　　D. ACD

6. 人工坐席为 50～100 个的呼叫中心被称为（　　　　）。

    A. 小型呼叫中心　　　　　　　　B. 中型呼叫中心

    C. 大型呼叫中心　　　　　　　　D. 超大型呼叫中心

7. 数据仓库的特点包括（　　　）。

    A. 面向主题　　　B. 集成　　　　C. 相对稳定　　　D. 反映历史变化

8. 大数据的特点包括（　　　）。

    A. 数据体量巨大　　　　　　　　B. 数据类型多样

    C. 数据处理速度快　　　　　　　D. 数据价值密度低

9. （　　　）能够将数据转化为有价值的信息和知识，为企业管理和决策提供强有力的支持，是企业迎接变革和商业创新的关键决胜因素之一。

    A. 数据分析　　　B. 客户管理　　C. 商业智能　　　D. 数据挖掘

二、名词解释

    客户关系管理系统　　　呼叫中心　　　数据挖掘　　　商业智能

三、简答题

1. 简述客户关系管理系统的作用。

2. 简述呼叫中心的发展过程。

3. 呼叫中心系统的建设路径有哪些？各有什么特点？

4. 数据库与数据仓库有什么异同？

5. 简述数据挖掘的流程。

四、讨论题

1. 如何理解客户关系管理系统离不开信息技术的应用？
2. 商业智能在客户关系管理中如何应用？
3. 人工智能的发展会如何影响客户关系管理的发展？

五、案例分析

截至 2023 年 9 月，麦当劳在全球 100 多个国家有 1198 家门店。这些门店的数据，每 15 分钟一次，同步到全球总部的商业智能中心。每一家店都有三类数据。第一类是财务数据，进、销、存。第二类是经营数据，400 电话投诉、长周期检查、短周期检查、陌生用户拜访等。第三类是营销投放数据。

根据这些数据，麦当劳创建了一个模型叫典型市场，全球有几十种典型市场。例如，北京就会有好几个典型市场，在北京王府井中心的店，和在巴黎市中心、纽约市中心的店就属于同一个典型市场。同样是北京，开在郊区的店，就有可能和山西大同的店或者泰国清迈的店一样，属于另一个典型市场。

麦当劳会把这些不同的市场特性概括成一个又一个的典型市场，把每一个店放进符合它的典型市场里，进行横向比较。这样，当同一典型市场的店，在同样营销投放的情况下，呈现不同的经营结果时，就可以判断出管理水平的差异。所以，麦当劳的信息是全球不同的店透视到典型市场里的相对表现，以 15 分钟为单位汇总到全球总部，直接给到首席运营官（Chief Operating Officer，COO）。

讨论： 结合案例，分析商业智能的运用在客户关系管理中的作用有哪些？

📖 实训项目

1. 设计一份企业社会化客户关系管理方案。

（1）**实训内容：** 以零售业为例，撰写一份客户关系管理系统行业应用分析报告。

（2）**确定要求：** 我们可以借助 DeepSeek 来辅助分析该行业的特点、客户需求以及 CRM 系统的应用场景。

（3）**发送要求：** 打开 DeepSeek 页面，在底部的文本框中输入要求并按 "Enter" 键发送，查看回复，如图 2-4 所示。

2. 选择两个客户关系管理系统，查阅资料，完成以下内容。

（1）简要描述系统的基本情况。

（2）使用思维导图，画出两个系统的功能模块。

（3）根据客户关系管理系统的一般模型，对比分析两个系统的差异。

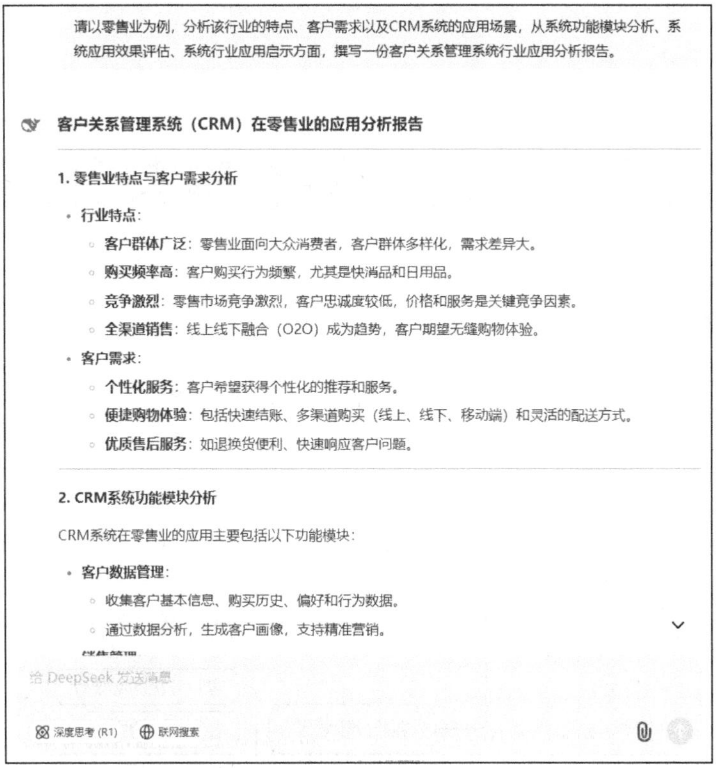

请以零售业为例，分析该行业的特点、客户需求以及CRM系统的应用场景，从系统功能模块分析、系统应用效果评估、系统行业应用启示方面，撰写一份客户关系管理系统行业应用分析报告。

客户关系管理系统（CRM）在零售业的应用分析报告

1. 零售业特点与客户需求分析

- **行业特点：**
  - **客户群体广泛**：零售业面向大众消费者，客户群体多样化，需求差异大。
  - **购买频率高**：客户购买行为频繁，尤其是快消品和日用品。
  - **竞争激烈**：零售市场竞争激烈，客户忠诚度较低，价格和服务是关键竞争因素。
  - **全渠道销售**：线上线下融合（O2O）成为趋势，客户期望无缝购物体验。
- **客户需求：**
  - **个性化服务**：客户希望获得个性化的推荐和服务。
  - **便捷购物体验**：包括快速结账、多渠道购买（线上、线下、移动端）和灵活的配送方式。
  - **优质售后服务**：如退换货便利、快速响应客户问题。

2. CRM系统功能模块分析

CRM系统在零售业的应用主要包括以下功能模块：

- **客户数据管理：**
  - 收集客户基本信息、购买历史、偏好和行为数据。
  - 通过数据分析，生成客户画像，支持精准营销。

给 DeepSeek 发送消息

深度思考 (R1) 联网搜索

图 2-4　DeepSeek 回复客户关系管理系统行业应用分析报告

第三章　客户的发现与获取

理论框架

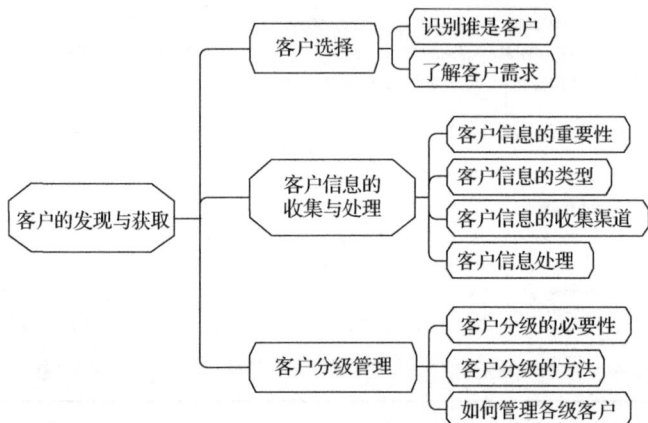

学习目标

【知识目标】

1. 理解客户的需求。
2. 理解客户信息的收集与处理的方法。
3. 掌握客户分级的方法。

【能力目标】

1. 能够识别企业的客户。
2. 能够收集客户信息。
3. 能够对客户进行分级和管理。

【素养目标】

1. 树立信息安全意识。
2. 提升信息收集与处理的能力。
3. 提高逻辑思维能力与分析问题的能力。

情景导入

开市客：经营客户的会员制超市

　　开市客（Costco）是美国最大的连锁会员制仓储量贩店，定位为客户服务商而非零售商，不是靠低买高卖商品赚取差价，而是实行会员制，帮助会员以低成本买到高品质商品，收取会员服务费。公司全部活动都是为了服务好会员，并吸引更多人成为会员。

　　由于商品品质好、价格低、服务好，客户愿意成为开市客会员。会员费分为两档：白卡

60 美元/年；黑卡 120 美元/年，外加 2%的返现，上限为 1000 美元。为开市客的利润贡献最大的，就是客户预先支付的会员费。

2023 年的财报数据显示，第四季度开市客营收 789.4 亿美元，同比增长 9.5%；开市客的全球付费家庭会员约 7100 万名，同比增长 8%，会员费收入为 15.09 亿美元，净利润为 21.6 亿美元，会员费收入占到了总利润的 70%。

开市客的商业模式是对商品的严格数量把控、质量要求和低利润，同时提供超高质量的服务来权力讨好其全球超过 7100 万的会员，依靠会员收入盈利。开市客拥有 90%以上的会员续费率，是基于它想尽各种办法来取得客户的信赖。最后形成的用户关系是：客户认为只要成为开市客的会员，只要愿意信任开市客，它就可以让你无后顾之忧。会员对其彻底建立起了价格低、品质高的认知，可以说是："闭着眼睛买，件件都物美价廉。"开市客的会员卡相对来说并不便宜，但是只要是在会员卡有效期内，只要客户不满意，任何时候都可以取消会员卡，并且全额返还会员费。在开市客，除了计算机、数码相机和投影仪等一些电子产品需要在购买后 90 天内进行退换，其他商品没有退货期限，即不需要提供购物收据，没时间限制，无理由退换。2021 年《财富》杂志世界 500 强企业中，开市客位列第 27 位。在全球零售业都在经受挑战的情况下，2021 年开市客依旧保持销售额增长，其全球销售额达 1921 亿美元，同比增长 18%，高级会员 2560 万名。即使面对亚马逊金牌会员的竞争，开市客会员续费率仍接近 92%。

思考：近年来，当大部分实体店面临电商冲击而没落的时候，开市客为什么能逆势抵住冲击？

第一节　客户选择

客户是企业的重要资源，企业要想在激烈的市场竞争中发展壮大，就需要不断获取客户，与客户建立长期、良好的关系。但事实上，并不是所有的客户都能成为企业的客户，也不是所有的客户都会给企业带来效益。企业要善于识别谁是客户，这是客户关系管理的前提。

一、识别谁是客户

识别谁是客户，就是要识别目标客户。目标客户即企业提供产品、服务的对象，是企业在市场细分的基础上，对各细分客户群的发展潜力等进行分析和研究，选择和确定的一个或几个客户群。目标客户是市场营销工作的前端，企业只有确立了消费群体中的某类目标客户，才能有效展开具有针对性的营销活动。

MAN 法则认为，潜在客户是由购买资金（Money）、购买决策权（Authority）和购买需求（Need）这三个要素构成的。

一是该潜在客户是否有购买资金，即是否有钱，是否具有消费此产品或服务的经济能力，也就是有没有购买力或筹措资金的能力。

二是该潜在客户是否有购买决策权，即你所极力说服的对象是否有购买决策权。在成功的销售过程中，能否准确地了解真正的购买决策人是销售的关键。

三是该潜在客户是否有购买需求。一方面，需求是指存在于人们内心的对某种目标的渴求或欲望，它由内在的或外在的、精神的或物质的刺激所引发。另一方面，客户需求具有层次性、复杂性、无限性、多样性和动态性等特点，它能够反复地激发每一次的购买决策，而且具有接收信息和重组客户需求结构并修正下一次购买决策的功能。

> **课堂讨论**
>
> 如果客户只具备三个要素中的两个，企业是否应该放弃该客户？如果只具备一个要素呢？

只有同时具备购买资金、购买决策权和购买需求这三个要素的客户才是合格的客户。现代推销学中把对某特定对象是否具备上述三个要素的研究称为客户资格鉴定。客户资格鉴定的目的在于发现真正的推销对象，避免推销时间的浪费，提高整个推销工作的效率。

二、了解客户需求

客户需求是客户有能力购买并愿意购买某种产品或服务的消费需要。美国 IBM 公司曾做过关于老客户为什么选择离开的调查，结果发现 68% 的老客户是由于需求得不到关注，投诉得不到及时处理而选择离开。可见，企业要及时了解客户的需求，据此有针对性地采取相应的措施，才能不断提升客户满意度。

案例 3.1

丽晶饭店的胡萝卜汁

十年前一位客户在香港丽晶饭店用餐时无意间说起自己最喜欢喝胡萝卜汁，大约六个月后，他再次住进丽晶饭店时，在房间的冰箱里竟意外地发现有一大杯胡萝卜汁。

十年来，不管这个客户什么时候住进丽晶饭店，丽晶饭店都会为他准备胡萝卜汁。他说，在最近一次旅行中，飞机还没在香港机场降落，他就想到丽晶饭店为他准备好的胡萝卜汁，顿时兴奋不已。十年间，尽管丽晶饭店的房价涨了三倍多，但他还是住丽晶饭店，就因为丽晶饭店每次都为他准备了胡萝卜汁。

丽晶饭店之所以能培养出这样忠诚的客户，是因为它详尽掌握了客户的数据（如收集和储存客户爱喝胡萝卜汁的数据）。丽晶饭店建立了一个数据量非常大的数据库，它将客户的姓名、生日、家人情况、工作单位、工作性质、爱吃的东西、爱听的歌、喜爱的颜色、什么时间来的饭店、住了几天、每次住宿的价位范围是什么、每次都住什么类型的房间、房间是向阳还是背阴、喜欢的温度和湿度是多少、喜欢什么样的环境等数据输入到数据库里，这样丽晶饭店就对客户的数据了如指掌，进而就可以为客户提供更好的服务，使客户满意。

讨论：企业为什么要了解客户的需求？

（一）客户需求的特点

1. 目的性

客户的需求总是和满足需求的目标紧密相连的，这一联系具体体现为想要得到某种产品的意念。

2. 可诱导性

对于多数客户来说，他们对产品缺乏一定的专门知识。在购买时，他们会凭借个人的感情和以往的经验进行决策。企业的服务活动和促销活动会对其购买产生影响。客户原来并不打算购买某一产品，受到某一刺激后就会采取购买行为。随着大数据技术的发展，企业可以从消费数据中提取信息，形成客户偏好数据分析报告，从而针对不同特质的客户进行定制化的营销策略，增强对客户的需求诱导。

3. 多样性

从需求所表达的内容方面来看，同一客户对产品的需求表达是从多方面的角度，包括产品的功能、结构、性能等方面；而不同类型的客户存在着个人爱好、经济水平、消费理念的差异，所表达的方式和所叙述的需求展示了差异性与多样性的特征。

4. 层次性

根据马斯洛需求层次理论，人的需求从低到高依次为生理需求、安全需求、社交需求、尊重需求和自我实现需求。只有当最底层的需求得到满足后，人们才会产生高层次的需求。客户总是根据自己的收入状况、支付能力等逐步满足其各种消费需求。

5. 易变性

客户需求随着市场在不断地发生变化，即客户需求呈现动态性。客户需求具有求新、求异和求变等特点，希望产品能在品种、款式和包装等方面有所变化。在互联网背景下，随着电商平台的迅速发展及零售行业竞争的日益加剧，区域壁垒逐渐减少，客户选择产品的余地随之变大。同时，随着可进行实时互动的产品信息传播方式（如短视频直播等）的兴起，客户更容易受到其他网络用户对产品评论的影响，这些都导致客户在产品之间进行转换的成本不断降低，使数字化时代客户的注意力难以集中，忠诚度极大降低，导致客户需求易变性愈加突出。

（二）客户需求的类型

按照不同的标准，客户需求可划分为不同的类型。

1. 按照需求是否在购买行为中表现出来划分

客户需求按其是否在购买行为中表现出来，分为显性需求和隐性需求。显性需求是指客户意识到，并有能力购买且准备购买某种产品的有效需求。例如，客户直接表达要点餐的需求。企业要重点把握客户的显性需求，争取做到让其满意消费。隐性需求是客户没有直接提出、不能清楚描述的需求。隐性需求来源于显性需求，和显性需求有着紧密的联系，隐性需求是显性需求的延伸。企业要深入了解客户的

课堂讨论

怎样识别客户的隐性需求？

真实购买想法，清楚地识别客户的隐性需求，有的放矢地满足客户需求。

2. 按照需求的层次划分

KANO 模型是由东京理工大学教授狩野纪昭（Noriaki Kano）提出的，以其姓氏命名，根据该需求模型，客户需求被定义为三个层次：基本型需求、期望型需求和兴奋型需求。对于该模型我们将在后面章节具体介绍。

第一，基本型需求。指客户认为产品"必须有"的属性或功能。如果产品不能够满足客户的基本需求，该产品就是不符合要求的。对于这类需求，企业的做法应该是不要在这方面失分。

第二，期望型需求。指客户对企业产品所持有的一种期望，客户的满意状况与需求的满足程度成正比例关系的需求。期望型需求又叫作线性需求，这类需求越多越好。

第三，兴奋型需求。兴奋型需求通常指不会被客户过分期望的需求，但兴奋型需求一旦得到满足，客户表现出的满意程度也会非常高。

随着产品的推广，以及同类产品性能的普遍提高，客户的期望型需求会随着时间的推移，逐渐转化为基本型需求，而兴奋型需求也会逐步转化为期望型需求。

3. 按照满足客户需求的价值元素划分

贝恩公司合伙人埃里克·阿姆奎斯特（Eric Almquist）与同事在《用价值要素发现客户的真正需求》（载于《哈佛商业评论》中文版 2016 年 9 月刊）中指出，基于满足客户需求类型与产品价值元素不同（见表 3-1），可以将客户需求归纳为功能价值需求、情感价值需求、生活提升价值需求、社会影响价值需求。

表 3-1　客户需求类型与产品价值元素匹配表

需求类型	产品价值元素
功能价值	质量、多样性、降低成本、感官吸引力、提供信息、省时、简单化、赚钱、降低风险、组织、整合、联系、省力、避免麻烦
情感价值	减轻焦虑、给我奖赏、怀旧、设计/审美、标志价值、健康、安抚价值、乐趣/消遣、吸引力、提供途径
生活提升价值	改变生活、带来希望、自我实现、动力、财富传承、附属/从属
社会影响价值	自我超越

一般而言，产品所拥有的价值元素越多，满足的需求类型越多，客户忠诚度就越高，从而市场竞争力就越强、企业收入增长就越快。例如，京东提供的 PLUS 会员服务，向客户提供降低成本、降低风险、避免麻烦（如自营免运费、退换无忧等）、给我奖赏（如购物回馈、10 倍返京豆等）、标志价值（如专属客服、专享商品等）。

客户是企业一切活动的起点和归宿，为客户创造价值是客户经营的前提。要为客户创造价值，企业需要洞察社会消费变化的趋势，首先要满足客户的基本需求，然后要满足客户多元化、个性化的需求，逐步发展到引导客户需求，最终目标是重构与创造客户需求。

第二节　客户信息的收集与处理

客户信息的收集与处理是客户关系管理的基础和前提，没有准确、足量的信息，就没有科学、有效的决策，因而掌握客户信息是企业进行客户关系管理的一个必不可少的关键步骤。

一、客户信息的重要性

客户信息是包含客户联系方式、职业、喜好、消费习惯、消费需求等在内的一些基本资料。客户信息对企业至关重要，充分了解客户信息有助于企业开展后期的经营决策活动。

（一）客户信息是企业经营决策的基础

数字时代，客户信息是企业的战略性资产和核心竞争力，数据的收集、存储和利用具有巨大的商业价值。信息是决策的基础，企业只有掌握了真实、充分的客户信息，才能全面掌握客户需求，在此基础上组织生产经营等活动，从而满足客户需求。例如，某航空公司的客户信息库中存有 60 万名客户的资料，平均每名客户每年要搭乘该公司的航班达 15 次，收入占该公司总营业额的 60%。据此该公司可举行重点针对这些客户的促销宣传活动，并积极改进服务，满足客户的需求，进而使他们成为公司的忠实客户。如果企业对客户的信息掌握不全面、不准确，决策就会出现失误，企业将可能因不能有效满足客户需求而失去他们。

案例 3.2

王永庆卖米的故事

王永庆年轻时曾开了一家米店。每当给新客户送米，王永庆就带上厚厚的记事本，记录下客户家里有多少人、一个月吃多少米、吃什么样的米、何时发薪等。估计客户米快吃完的时候他就打电话问要不要送米，得到客户的应允，他就能把符合需求的大米送到客户家中。王永庆送米也有一绝，他不是把米送到门口就算了，而是每次都帮客户将米倒进米缸。若米缸里还有米，他会把米倒出来，先将米缸刷干净，再把新米倒进去，将旧米放在上面，这样一来，旧米就不会因存放过久而变质。更为重要的是，他因此摸清了客户家中米缸的大小，借此推测、修正客户下一次购米的时间和购买数量。此外，他还借这个机会和客户攀谈，从而搜集关于客户更多的需求信息。这样，他的生意越来越好，客户越来越多。

后来，王永庆谈到开米店的经历时，感慨地说："虽然当时谈不上什么管理知识，但是为了服务客户、做好生意，就认为有必要掌握客户需要。没想到，这样一个小小的构想，竟能作为事业起步的基础，逐渐扩充演变成为事业管理的逻辑。"

讨论： 王永庆卖米的做法对你有什么启示？

（二）客户信息是客户分级管理的基础

任何一个企业都需要在特定的客户环境中决定与之相适应的经营战略和决策，通过收集全面的客户信息，分析与掌握客户为企业创造的商业价值的大小和贡献的不同，并以此对客户进行分级管理。例如，当客户呼叫运营商的客服热线时，系统能迅速甄别客户的价值高低，把客户转接到不同的人工坐席，提供不同等级的服务。

（三）客户信息是满足客户个性化需求的基础

真正了解客户，明白客户的期望与需求，为客户提供独特的、个性化的产品，是保持企业竞争优势的有效策略。随着互联网电商、新媒体的普及，企业与客户交互的数字化，企业与客户之间的渠道触点越来越丰富，如社交媒体、电商平台、网站浏览、智能硬件交互等，留下了客户行为的"蛛丝马迹"。企业可以通过全方位地收集客户数据，建立储存客户海量信息的数据平台，通过对海量客户数据进行挖掘和分析，快速、准确地把握客户的个性化需求，提供"千人千面"的个性化体验。例如，京东、天猫、亚马逊等电商平台利用与客户交互形成的大数据，实现个性化商品推荐。

~~~ **案例 3.3** ~~~

喜茶的数字化运营

喜茶成功的秘诀在于打造"数字化奶茶"，实现智能化运营，具体做法有以下几种。

第一，广泛收集用户数据信息，包括姓名、性别、出生日期、联系电话、电子邮箱、偏好语言、第三方平台（如微信）的用户名、所在省/区/市、会员等级、卡内余额、使用会员服务的日期与频率、购买或接受卡券的名称与频率、线上点餐时的收件人姓名、送餐地址、购买的产品名称/金额/日期、登录时客户的地理位置信息、设备信息，以及在互动中可能向用户收集其收入、婚姻状态、职业与身份、教育背景等人口统计相关信息，以及客户可能感兴趣的主题相关信息……喜茶通过这些数据，开展数字化经营，从供应链管理、产品研发、营销推广到售后服务，实现全链路智能化。

第二，根据用户数据洞察，进行精准的用户喜好预测。从喜茶披露的报告来看，其中有许多给人以"灵感"的数据结论：女性用户更爱温暖（热/温/去冰的占比高于男性）；在"80后""90后""00后"三代人中，越年轻越爱"正常冰"，越年长越爱"温"；"00后"选择正常糖的比例是41.8%，而"80后"选择正常糖的比例仅为17.1%……这些数据经过解读，就能进一步指导企业决策。例如，提到的不同年龄段客户对糖分的选择，实质是对健康的顾虑，为此喜茶就在行业中率先推出了可降低90%热量的"甜菊糖"。

第三，推出个性化的产品、服务与权益。喜茶基于详细的信息数据对会员精准画像，提供专属的定制化服务、灵活的奖励政策，提升会员体验。例如，根据客户在打开小程序时的定位，喜茶会自动为客户分配距离最近的门店；根据门店数据，将目前最热销的、存量较多的产品，优先展示给客户；实施灵活的折扣策略，如根据不同的时间段为客户推荐早餐、下午茶等不同的组合……自动化的"千人千面"营销，不仅可灵活控制库存，还能有效提高销量。

　　讨论：在管理客户信息方面，传统零售企业需要进行哪些改进？

二、客户信息的类型

　　不同的企业，因所处的行业环境与市场环境不同，其经营战略也不同，对信息的要求和关注重点也会有所差异。一般来讲，按照企业的服务对象，客户信息主要分为个人客户的信息和企业客户的信息。

慕课视频
观看视频 3.2.1
客户信息的概述。

（一）个人客户的信息

　　个人客户的信息主要包括个人客户的基本信息、行为信息、态度和心理信息等。

　　1. 基本信息

　　对于个人客户，企业收集的基本信息包括客户姓名、性别、年龄、电话、地域、家庭状况、受教育程度、职业、收入等，以及与其相关的描述。这些基本信息与客户的消费需求与偏好有一定的联系，企业应尽量详细记录客户的基本信息，充分利用客户的基本信息展开营销活动。例如，有学龄孩子的家庭更关注教育培训、儿童体能训练、亲子旅游等项目，相关企业需要弄清楚客户的家庭信息。

　　2. 行为信息

　　行为信息是客户与企业交往的历史，对企业来讲，是比较容易获取的信息。从行为信息中可知客户购买过什么、购买偏好等，它是客户信息收集中重要的一类信息，是客户在消费过程中的动态交易数据和交易过程中的辅助信息，需要企业实时记录和采集。行为信息具体包括：企业与客户接触的时间、方式，如电话沟通、在线沟通、人员拜访沟通、参加展销会、邮件沟通等；客户的购买习惯、品牌偏好、媒体偏好、购买地点、购买数量、购买频率、购买时间、支付方式、评价与反馈意见等；客户的抱怨及其解决的记录、售后服务的记录等。

　　客户的行为信息反映了客户的消费选择或决策过程，对这些信息进行科学、深入的分析，往往能得到对企业营销活动有价值的资料。例如，零售商可以根据客户的消费种类、消费频率、消费数量等信息，预测客户未来需要的产品，进而制订促销计划。

　　3. 态度和心理信息

　　态度和心理信息主要关注客户对企业的满意程度、对品牌的偏好、未满足的需求、个人的观念及各种喜好等。企业可以通过关联性信息了解客户的态度和心理，以便制定合适的客户关系管理策略。有研究者调查发现，判断客户对商店的服务是否满意的最重要因素就是等待时间。一些商家通过与客户交流、告知客户等待时间是有限和可控的、提供额外服务等方式减少客户感知的等待时间。例如，绿茶餐厅推出等餐沙漏：在客户点完餐后，服务人员在桌子上放一个沙漏，如果沙子全部漏完时菜还没有上齐，客户就享有相应的优惠；海底捞在客户排队等待时，提供免费水果、零食及美甲服务等，这些都在无形中提升了客户购物体验。

案例 3.4

杂货店的客户关系管理

这是一个农村的小杂货店。因杂货店老板就是村里人，所以他和邻居们有非常密切的私人关系。他记得李大婶除了蜂蜜不喜欢吃其他甜食；记得隔壁村赵大叔的儿子每天上学的早饭都是饼干加牛奶，牛奶还得是纯牛奶；甚至还知道周围有多少家食堂，各家食堂每月什么时候进货，进货的档次、数量。杂货店老板清楚知道客户的口味与特点，知道哪些客户能够给自己创造价值。

这种杂货店式的经营建立在一种私人关系或者友谊的基础上，大家互相信任，而不是一种简单的商业交易。这种以"友好关系"为中心的交易，使得交易的双方都能从中得到满足。客户买到了想要的东西，而且觉得物有所值；杂货店老板既赚到了钱，又赢得了友谊。

讨论：在杂货店发生的很多看似平凡的小事情，其中蕴含了客户关系管理的哪些深刻道理？

（二）企业客户的信息

1. 基本信息

对于企业客户，企业收集的基本信息包括企业名称、所在地址、创立时间、联系电话、企业规模、经营领域、经营状况等，同时也包括企业的经营理念、形象和声誉等。这些信息对企业具有非常大的价值，企业客户每次交易的量较大，掌握客户的基本信息，能从中获得一些有价值的信息。

2. 业务信息

企业客户的业务信息包括企业的销售能力、销售业绩、发展潜力和优势、存在的问题等。这些信息的收集有助于企业针对不同企业客户制订有针对性的销售计划，对于目前销售业绩良好，并且有发展潜力的企业客户，企业应重点关注，制定相应的"大客户"策略。

3. 财务信息

对于企业客户，企业需要清楚它们能否支付货款及是否愿意付款，收集的信息包括客户类型、资金状况、盈利能力、首次订货（购买）日期、最近一次订货（购买）日期、平均订货（购买）价值、平均付款期限、信用状况等级等财务信息。这些信息对企业是非常重要的，企业要关注财务状况良好的企业客户，与其建立良好的关系。

4. 联系人信息

在企业客户的信息收集中，企业需要关注联系人的信息，包括企业所有者、高层管理者、业务对接人员的姓名、性别、年龄、学历、兴趣爱好、性格等，这些都会影响企业客户的购买行为。

三、客户信息的收集渠道

熟悉客户信息收集渠道是客户信息收集工作的关键，企业可以从直接和间接两个渠道获得相关信息。

（一）直接渠道

客户信息收集的直接渠道主要指企业与客户接触过程中收集信息的途径。直接渠道主要包括以下几种。

1. 通过市场调查收集客户信息

企业可以通过访谈法、观察法、问卷调查法等方法获取有关客户的第一手资料。访谈法是企业通过直接交谈来了解客户行为和心理的基本研究方法，这种方法灵活多样，方便可行，可通过提前设计访谈流程等提高调查信息的真实性和可靠性。观察法是观察者直接或通过仪器设备在现场观察调查对象的行为方式并加以记录来获取信息的一种方法，观察法是企业进行客户信息收集的重要方法，具有灵活性、直接性和可靠性等特点。问卷调查法是企业通过设计结构化的调查问卷来收集客户信息的方法，具体包括网络调研、电话调研、短信调研、电子邮件调研等方式。

案例 3.5

干扰效应

帕科·昂德希尔（Paco Underhill）被称为"零售界的福尔摩斯"。帕科团队穿梭并潜伏于各个消费领域，诸如百货商场、快餐店、超市及网络购物商店等，他以独到的调查手法和敏锐的观察力，记录了人们在购物时的种种行为特征和消费习惯，并在此基础上分析了决定这些购物习惯的购物心理、价值观及社会影响因素等。为研究在百货公司购物高峰期购物者在门口的避让情况，帕科团队将摄像机安装在百货公司一层的一个主入口处，镜头恰好对着入口附近的领带货架。通过录像带回放，帕科团队注意到领带货架边的情况有点奇怪。购物者会来到货架边，停下来挑选，当被来来往往的人流碰到一次或两次的时候，他们会继续购物；但如果再被碰几次，大多数购物者会离开这个通道，不再选购领带。帕科团队反复观看录像带，发现这种现象十分普遍。帕科团队和百货公司核实此事时，得知门口附近领带货架的销量确实要比远离通道的固定夹具上的领带销量少很多，帕科团队将这种现象总结为"干扰效应"影响了销量。

当帕科团队把这个发现告知百货公司经理时，经理告诉一楼的工作人员立即移动领带货架使其远离主干道。几周后，百货公司规划部经理致电帕科团队，说那个领带货架的销量在迅速增长。

讨论：帕科团队在市场信息收集中应用了什么方法？这个方法的优缺点有哪些？

2. 通过营销活动收集客户信息

企业可以从各类营销活动中收集信息，如广告发布、客户参与、促销活动等。有些企业利用官方网站、论坛、App、微博或微信等工具汇聚目标客户，激发客户积极参与对话，向客户征集产品或服务创新的点子，集思广益，确保产品符合客户的需求，降低进入市场的风险。例如，乐高在网站社区上发布新品，收集客户的新产品创意，鼓励客户对新产品创意进行评论和投票，公司对好评数达到10000 的新产品创意实施产品开发。有些企业通过促销活动收集客户购买情况、消费偏好、客户对促销活动的反应及客户满意度等信息。目前，也有很多企业利用会员管理系统收集有关客户信息，使会员营销更具针对性，大幅提升营销活动的效果。

3. 通过客户服务收集客户信息

很多企业设立客户服务部门专门为客户提供服务，包括售前、售中和售后环节中各种信息沟通，在沟通过程中可以收集客户沟通交流、客户需求、客户投诉、服务历史等信息。

4. 通过网站、网络销售平台等收集客户信息

随着信息技术的飞速发展和广泛应用，客户会通过企业网站、企业网络销售平台等了解、咨询、购买企业的产品或服务，企业可以通过客户信息注册的方式建立客户基本档案资料，并通过客户购买活动了解其购买行为和偏好。

（二）间接渠道

客户信息收集的间接渠道是企业不直接收集客户信息，而是通过查询、购买等方式从其他机构或组织获取所需要客户信息的途径。

1. 从公开出版物中收集客户信息

公开出版物包括各种权威报纸、杂志、图书、行业的发展报告、统计报告等，企业可以从公开出版物发布的信息中收集对企业有用的客户信息。例如，1997 年，国家主管部门研究决定由中国互联网络信息中心（CNNIC）牵头组织开展中国互联网络发展状况统计调查，并于每年年初和年中定期发布《中国互联网络发展状况统计报告》，这是了解中国互联网发展状况的重要参考。报告发布的有关网民规模、城乡规模、性别结构、年龄结构等状况，有关网络支付、网上购物、网上外卖等商务交易类的应用等信息，是从事电子商务业务和服务的企业需要关注的重要内容。这些从公开出版物中收集的客户信息比企业直接收集来的信息更加广泛和全面，有利于企业宏观了解客户，具体应用时需要经过筛选加工才能使用。

2. 通过专业咨询公司及市场研究机构收集信息

许多从事市场研究或咨询业务的公司会定期收集某一群体客户的信息或者对特定行业或领域进行分析和预测，为相关需求者提供信息业务。这类企业的信息有的是收费的，有的可以免费获取，企业可以根据需要收集客户信息。

3. 通过企业销售渠道中间商收集信息

企业销售渠道中间商往往更加了解客户的需求等信息，企业可以加强与中间商的沟通，收集需要的客户信息。通过这类渠道收集的客户信息往往比较具体、针对性较强、价值较高。

4. 通过网络搜索收集信息

在互联网时代，企业可以通过搜索引擎、行业网站、电商平台、社交平台等渠道收集客户相关信息。例如，企业通过电商平台的评论了解客户对相关产品或服务的需求、客户的喜好等。企业通过网络收集信息速度快、信息量大、覆盖面广，但需要鉴别使用。

客户信息的收集有很多途径，越来越多的企业建立了比较完善的营销信息系统，从多渠道收集与企业发展相关的客户信息。企业在具体使用时要根据需要灵活选择，根据收集信息的目的和需求，决定具体采用哪些渠道进行收集。

案例 3.6

麦德龙的客户信息收集

麦德龙是一家实行会员制的企业。客户申请办理会员时，应填写"客户登记卡"。主要项目包括客户名称、行业、地址、电话、传真、地段号、邮编、税号、账号和授权购买者姓名。将此会员卡记载的资料输入计算机系统，就有了客户的初始资料，当购买行为发生时，系统就会自动记录客户的购买情况。这样麦德龙就收集到了客户的基础信息和交易信息，在以后促销活动的安排和组织中，就会根据收集到的客户相关信息进行有针对性的促销或营销活动，大大提高了营销效率，提升了客户的满意度和忠诚度。

讨论：谈谈你对麦德龙客户信息收集的看法。

了解客户信息固然重要，但企业在收集客户信息时要注意获取信息的合法性。随着数字技术与人们生活的不断融合，个人信息的收集和应用更为广泛，因此，国家层面在不断出台个人信息保护相关的法律法规，企业应该关注并遵守相关规定。在客户信息收集的过程中，企业应遵循客户授权、同意原则；在客户信息保存和使用过程中，企业要确保信息安全。

四、客户信息处理

客户信息处理是企业有效利用客户信息的关键环节，企业对客户信息的处理主要包括客户信息存储和客户信息分析两个步骤。

（一）客户信息存储

企业收集到的客户信息中，一些比较分散，分布在不同的业务部门；另一些是通过不同渠道收集而来的同一客户信息，但存在偏差等情况，企业需要经过筛选、整合，提升客户信息的完整性和准确性。完成信息筛选后，企业需要将信息按照一定的格式和顺序存储在特定的载体中，便于信息的查找和应用。

（二）客户信息分析

企业应将客户信息收录到客户信息库，客户信息库能够帮助企业有效分析客户信息。企业要充分利用客户信息库，对客户信息进行分析，以便制定相应的客户管理策略。

1. 基本信息分析

基本信息分析是企业利用客户的基本情况，如年龄、性别、受教育程度、收入、购买类型、购买金额和数量等，以此分析客户的消费偏好和消费特点等。例如，某电商企业想了解不同地区的女性对背包款式的偏好，可以先将客户按地区的不同进行划分，然后分析每个地区客户购买不同款式背包的数量，以此确定下一步的促销策略。

2. 交易信息分析

交易信息分析是企业将客户的所有交易信息进行统计，并分析每位客户的交易额及其在总交易额中的占比，以及企业客户的业务信息、财务信息等。企业可以从这些信息中掌握客户对企业的贡献、客户的发展潜力等。例如，企业想要知道本年度对企业利润贡献最大的客户，就可以先统计每个客户的交易额，然后计算每个客户的交易额在总交易额中的占比，占比最大的客户就是本年度对企业利润贡献最大的客户，以此类推。

3. 趋势及关联分析

趋势分析是企业利用某个时期的客户业务信息，利用一定的分析方法对企业长期或短期业务状况进行的预测和分析。例如，企业可以结合近三年客户购买产品或服务的情况、同行业企业经营情况及当下市场因素综合分析预测企业下一年的业务状况。

关联分析是从大量数据中，发现对象之间的隐含关系与规律的过程。关联分析的一个典型例子就是购物篮分析。通过发现客户放入其购物篮中的不同产品之间的联系，分析客户的购买习惯，帮助零售商制定营销策略。

第三节　客户分级管理

虽然客户是企业的重要资源，但现实中客户是有差别的，有大客户也有小客户，有关键客户也有普通客户，为保证资源的有效利用，企业有必要对客户进行分级管理。

一、客户分级的必要性

课堂讨论

你认为客户分级是企业的"主动为之"还是"无奈之举"？

客户分级是企业依据客户对企业的不同价值和重要程度，将客户区分为不同的层级，从而为企业的资源分配提供依据的过程。

（一）区分客户对企业贡献差异性的需要

19 世纪末 20 世纪初，意大利经济学家维尔弗雷多·帕累托（Vilfredo Pareto）提出了在社会、经济及生活中无处不在的"二八法则"。

在任何一组事物中，最重要的事物只占其中一小部分，约 20%，其余 80% 的事物尽管是多数的，却是次要的。对于企业而言，80% 的收益总是来自 20% 的高贡献度的客户。美国学者威廉·谢登（William Sherden）进一步延伸了"二八法则"，将其修改为 80/20/30 规则，即在顶端 20% 的客户创造了企业 80% 的利润，但其中一半的利润被底部 30% 的没有盈利的客户抵消掉了。由此可见，我们需要有"以客户为中心"的经营思想，但要针对不同级别的客户采取不同的管理方法。

案例 3.7

张经理的困惑

作为销售经理，张经理带领自己的团队努力开拓市场，公司产品的知名度越来越高，业务越来越多，也有不少新客户慕名咨询业务。这时，出现了一些客户投诉公司解决问题效率低、服务不及时，而将订单转给竞争对手的情况。张经理快速招聘新员工，以保证第一时间解决客户的问题。年底时，忙碌了一年的张经理认为今年业务繁忙，业绩肯定不错。但是公司的财务报表却显示今年的利润与去年相比不但没有增加反而减少了。张经理陷入困惑，为什么是这样的结果呢？

团队经过认真分析，发现了问题所在。原来，在这一年中，公司确实增加了新客户，但为给这些新客户介绍企业的产品和销售政策花费了销售人员大量的时间，而新客户的采购量较少，未能给企业带来更多销售额。还有部分新客户的回款不及时，拖欠公司货款。而老客户对企业的产品和销售业务流程都比较熟悉，销售人员与他们沟通和交流的成本较低。同时，老客户对公司的产品比较信赖，一般采购量较大，总体来看，老客户带来的利润更多。

讨论：怎么解决张经理的困惑？

（二）合理配置企业有限资源的需要

尽管每个客户的重要性都不容低估，但是由于不同的客户实际对企业的贡献不同，企业的资源又是有限的，因此把企业资源平均分配到每个客户上的做法既不经济也不切合实际。也就是说，企业没有必要为所有的客户提供同样品质的产品或服务，否则，往往"事倍功半"，造成企业资源的浪费。

现实中也有企业对其所有客户一视同仁。无论是大客户，还是小客户，无论是能带来盈利的客户，还是根本无法带来盈利甚至造成亏损的客户，都平等对待。让带来价值少甚至不带来价值的小客户享受与带来高价值的大客户同样的待遇，不仅会出现大客户得不到更优质的关注而流失的情况，还会在一定程度上导致企业成本的增加、利润的降低。

因此，对于不分大客户和小客户而一视同仁的客户关系管理的做法，最后不仅会挫伤大客户的积极性，也不会带来真正忠诚的客户。

（三）满足客户需求和期望差异性的需要

每个客户为企业带来的贡献不同，他们对企业的需求和期望也会有差别。一般来说，为企业带来更大贡献的客户期望得到与普通客户不一样的待遇。例如，京东商城的 PLUS 会员付出了一定的会员费，可得到比普通会员更优惠的价格、VIP 服务等。如果企业能够集中优势资源满足为企业带来更多价值的客户，这些客户就有可能转化为忠诚客户。

总之，基于企业资源的有效性，合理区分客户之间的差异是非常必要的。企业应依据客户对企业的不同价值和重要程度，将客户分为不同的层级，牢牢抓住最有价值的客户。对客户进行区分既是有效管理客户关系的前提，也是提高客户关系管理效率的关键，更是对客户实施有效激励的基础。

二、客户分级的方法

作为企业，盈利是其首要任务。因此，当前无论是学术界还是企业界，大多是根据客户给企业创造的利润和价值的大小来对客户进行分级的。我们可以利用客户金字塔模型和 RFM 模型对客户进行分级。

（一）基于客户金字塔模型的分级方法

美国著名营销学者瓦拉瑞尔·A.泽丝曼尔（Valarie A.Zeithaml）、罗兰·T.勒斯特（Roland T.Rust）和凯瑟琳·N.兰蒙（Katherine N.Lemon）认为，企业可以根据从不同的客户那里获得的经济收益，把客户划分为几个不同的类别。理解不同类别客户的需要，为不同类别的客户提供不同的服务，可明显提高企业的经济收益。据此，他们于 2002 年提出了客户金字塔模型。

客户金字塔模型是根据客户盈利能力的差异为企业寻找能创造盈利的客户，盈利能力最强的客户层级位于客户金字塔模型的顶部，盈利能力最差的客户层级位于客户金字塔模型的底部。80/20 分布的客户金字塔模型是最常用的以层级划分的客户金字塔模型。扩大的客户金字塔模型将客户层级划分为四种：铂金层级、黄金层级、铁质层级和铅质层级。位于最顶层的铂金层级的客户人数最少，位于黄金层级的客户人数稍多，位于铁质层级的客户数量更多，位于最底层的铅质层级的客户数量最多。

1. 铂金层级

铂金层级的客户代表那些盈利能力最强的客户，是典型的重要用户。他们对价格不是十分敏感，愿意尝试企业的新产品或新服务，对企业比较忠诚，是企业应重点对待的客户。

2. 黄金层级

黄金层级的客户代表盈利能力较强的客户，他们希望获得价格折扣，对企业较为忠诚，不过通常与多家同类企业进行交易，有可能成为企业的重要客户，是企业需要重点关注的客户。

3. 铁质层级

铁质层级的客户代表盈利能力一般的客户。他们数量很大，能消化企业的产能，但他们的消费支出水平、忠诚度、盈利能力一般。对于这类客户，企业给予适当关注即可。

4. 铅质层级

铅质层级的客户是给企业带来的价值少甚至不能给企业带来价值的客户。有时他们是问题客户，向他人抱怨，消耗企业的资源。企业应减少对这类客户的关注，避免浪费企业资源。

客户金字塔模型不仅是依据消费额对客户进行分级的，同时，它还考虑了许多与利润相关的其他变量。尽管这些变量因行业而异，但客户金字塔模型对大多数行业，尤其是服务业都适用。因为在服务业中，企业更易于了解客户的信息，从而更容易根据客户的详细资料确定客户层级。

（二）基于 RFM 模型的分级方法

RFM 模型是衡量客户价值的重要工具和手段，该模型通过客户的最近一次消费间隔、消费频率、消费金额三项指标来描述客户价值并划分等级。R（Recency，最近一次消费间隔）：表示客户最近一次消费距离现在的时间。消费时间越近的客户一般价值越大。1 年前消费过的客户没有 1 周前消费过的客户价值大。F（Frequency，消费频率）：是指客户在统计周期内消费产品的次数，经常消费的客户也就是熟客，其价值会比偶尔来一次的客户价值大。M（Monetary，消费金额）：是指客户在统计周期内消费的总金额，体现了客户为企业创利的多少，自然是消费越多的客户价值越大。基于这三个维度，将每个维度分为高、低两种情况，即可构建三维的坐标系，如图 3-1 所示。

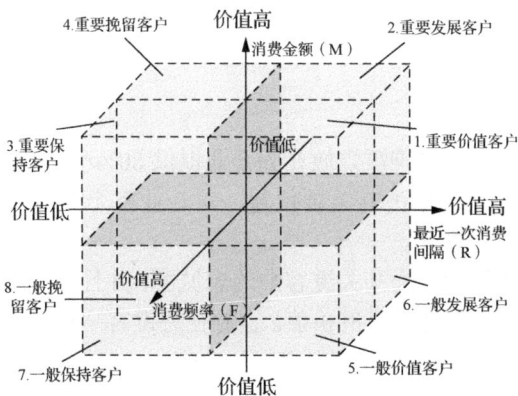

图 3-1　基于 RFM 模型的客户分类

如果某个客户最近一次的消费时间距今比较久远，没有再消费了，但是累计消费金额和消费频次都很高，说明这个客户曾经很有价值，也就是 RFM 模型中的重要保持客户，我们不希望他流失，所以运营人员就会专门针对此类型的客户设计召回策略，这就是 RFM 模型的核心价值。

通过图 3-1 可以很直观地发现，我们把客户分成了 8 个群体，形成了基于 RFM

模型的客户分类（见表 3-2）。

表 3-2　基于 RFM 模型的客户分类表

划分群体类型	R（消费间隔）	F（消费频率）	M（消费金额）	客户等级
重要价值客户	高	高	高	高
重要发展客户	高	低	高	高
重要保持客户	低	高	高	高
重要挽留客户	低	低	高	高
一般价值客户	高	高	低	低
一般发展客户	高	低	低	低
一般保持客户	低	高	低	低
一般挽留客户	低	低	低	低

　　RFM 模型较为动态地体现了一个客户的全部轮廓，这为个性化的沟通和服务提供了依据。RFM 模型适用于生产多种产品的企业，而且这些产品单价相对不高；RFM 模型也适合在一个企业内只有少数耐久产品，但是产品中有部分属于消耗品的情况；RFM 模型对于电信运营商、航空公司、保险公司、物流公司、餐饮酒店等服务行业也很适用。

三、如何管理各级客户

　　企业依据客户为企业带来的价值，在对客户分级的基础上，要对其加以有效管理。企业可以根据客户层级的不同，设计不同的客户服务和关怀项目，以使客户资源价值得到充分实现。

（一）关键客户管理

　　客户分级管理的核心是把重点放在为企业提供 80% 利润的关键客户身上。关键客户管理在客户关系管理中占有重要位置，对企业整个业绩的提升有决定性的作用，因此也是一种投资管理。

　　关键客户管理的目标是提高关键客户的忠诚度，并且在"保持关系"的基础上，进一步提升关键客户给企业带来的价值。企业在关键客户管理方面可以采取相应的措施。

1. 成立专门机构服务关键客户

　　为有效服务关键客户，企业可以成立专门机构。第一，要专门研究关键客户信息，了解其对产品或服务的需求，及时向相关部门提供相应信息，全员树立"以客户为中心"的理念，满足客户个性化的需求；第二，企业高层管理者参与关键客户关系维护的工作，为重要关键客户安排优秀客户经理，长期固定地为其服务；第三，服务机构要强化对关键客户的跟踪管理，及时了解客户的动态，保持信息畅通，对其经营提出合理化建议，建立合作伙伴关系。

2. 集中优势资源服务关键客户

关键客户对企业的价值贡献最大，是企业客户群中的龙头客户，因此企业要为企业创造 80%利润的 20%的关键客户优先配置资源，根据行业和客户需求，保证对关键客户的足够投入。采取特殊政策加强对关键客户的营销工作，如采取为关键客户优先安排生产和供货，提供令其满意的产品；提供超出客户预期的售前、售中、售后全程专属服务；为客户提供优惠的价格和折扣、灵活的支付条件和安全便利的支付方式；与客户建立合作伙伴关系等，提升其满意度和忠诚度。

案例 3.8

宝洁与沃尔玛的合作

宝洁与沃尔玛的合作堪称企业与关键客户合作的典范。1977 年，沃尔玛成为宝洁的零售商，两家公司的高层主管经过会晤，提出双方的主要目标和关注的焦点应该始终是：不断工作，提供良好的服务和丰富优质的产品，保证客户满意度。

此后，宝洁安排了一个战略性的客户管理小组与沃尔玛总部的工作人员一起工作，双方制定了长期合约。宝洁还向沃尔玛透露了各类产品的成本价，保证沃尔玛有稳定的货源和尽可能低的价格，沃尔玛还把连锁店的销售和存货情况向宝洁传达。双方还共同讨论了运用计算机交换每日信息的方法，宝洁每天将各类产品的价格信息和货源信息通过计算机传给沃尔玛，沃尔玛每天也通过计算机把连锁店的销售和存货信息传给宝洁。

宝洁与沃尔玛的亲密合作是建立在先进的信息技术和营销思想基础之上的，这种合作关系让宝洁高效地管理存货，因而节约了约 300 亿美元的资金，而且毛利大约增加了 11%。另外，这种合作也使沃尔玛能自行调整各商店的产品构成，做到价格低廉、种类丰富，从而使其客户受益。可见，企业借助先进的技术手段和营销理念可以有效提升和维护客户关系。

讨论：宝洁和沃尔玛是如何管理客户的？

3. 加强与关键客户的沟通，建立密切的关系

根据美国营销协会的研究，不满意的客户有三分之一是因为产品或服务本身有问题，其余三分之二的问题都出在企业与客户的沟通不畅上。因此，企业应利用一切机会加强与关键客户的沟通和交流。

（1）有计划地拜访关键客户。拜访客户有助于了解客户的发展和需求动态，有助于发现问题和解决问题，建立与客户的良好互动关系。对于关键客户，企业要制订拜访计划，对拜访人员、拜访内容、拜访方式等提前安排，以保证拜访效果。

（2）定期举行专题研讨。专题研讨的主题既包括双方都比较关注的问题，如行业发展趋势、企业新产品开发、双方深度合作等；也包括听取客户对企业产品、服务、经营等方面的意见和建议。这些都有助于企业与客户建立长期、稳定的战略合作伙伴关系。

（3）高效处理关键客户的不满。企业的客户需求是不断变化的，因此客户不满

是企业经常遇到的现象。当监测到关键客户的投诉或抱怨时，企业要快速寻找问题产生的原因并第一时间去处理，尽快消除客户的不满情绪。

（4）利用各种方式与关键客户沟通。与客户沟通是维护客户关系的基础，是实现客户满意的基础，企业应充分利用包括网络在内的各种手段与关键客户建立快速、双向的沟通渠道，主动与关键客户进行有效沟通，真正了解客户的需求。企业还可以借助一切能与客户建立感情交流的机会，以此加深企业与关键客户之间的感情。当关键客户遇到问题和困难时，及时助其一臂之力，也能提升关键客户对企业的感情。

（二）普通客户管理

根据"二八法则"，企业比较关注 20% 少数集中的客户，忽视 80% 大众的客户。随着营销手段的不断更新和电子商务的飞速发展，研究者开始重新审视被运用 100 多年的"二八法则"，开始关注占 80% 的多数客户。我们将长尾理论运用到客户关系管理当中会发现，相对于关键客户而言的普通客户，虽然他们的购买力并不强，消费行为并不活跃，但是将他们全部集中起来却能够创造出比单一大客户更大的价值，为企业创造巨额利润。因此，企业应该重视并且运用更有效的手段来管理普通客户，从而为企业带来更大的利润。长尾理论提示我们要重视包含大量中小客户的利基市场，而且还应具有相匹配的充足服务能力，在为关键客户提供特殊照顾的同时，也要重视普通客户的集体贡献。

1. 识别有升级潜力的普通客户，并进行培养

企业根据普通客户的消费习惯、消费心理等识别其未来的消费潜力，对有升级潜力的普通客户给予更多的关注，通过有针对性地宣传、改变业务模式、创新产品等方式提高客户黏性，使这些客户能够深入了解企业，对企业产生好感。

案例 3.9

招商银行的大学生客户管理

招商银行的信用卡业务部一直把在校大学生作为业务推广的重点对象之一。尽管在校大学生当前的消费能力有限，信贷消费的愿望不强烈，银行盈利的空间非常小，但招商银行还是频频进驻大学校园进行大规模的宣传促销活动，运用各种优惠手段刺激大学生开卡，并承诺每年只要进行六次刷卡消费，无论金额大小，都可以免除信用卡年费。甚至还推出了各种时尚、炫彩版本的信用卡，赢得了广大年轻客户群体的青睐。通过前期的开发和提升，当大学生毕业以后紧随而来的购房、购车、结婚、生子、教育等大项消费需要分期付款和超前消费时，由此给招商银行带来的巨大利润空间开始显现。

讨论：银行在资源有限的情况下，如何平衡对关键客户与普通客户的管理？

2. 针对没有升级潜力的普通客户，降低服务成本

对没有升级潜力的普通客户，企业不能简单地予以淘汰，可以采取提高服务价格、降低服务成本的办法来获取普通客户的价值。具体做法主要包括：向普通客户收取服务费用或取消以前属于免费的服务项目；降低为普通客户服务的成本，适当限制为普通客户服务的内容和范围，压缩为普通客户服务的时间；运用更经济、更省钱的方式提供服务。

虽然一些普通客户给企业带来的利润少，但他们为企业创造了规模优势，在互联网快速发展的今天，保持一定数量的低价值客户是企业实现规模经济的重要保证，也是企业取得竞争优势的基础。

本章小结

本章着重讨论了客户选择、客户信息的收集与处理、客户分级管理三个方面。首先，通过 MAN 法则讨论谁可以成为企业的客户，并在普遍意义上分析客户需求的特点和类型。其次，站在企业角度深入了解客户的信息，明晰收集个人客户和企业客户的具体信息内容，通过直接渠道和间接渠道获取客户信息，并对收集到的信息进行科学整理。再次，为保证客户资源的有效利用，企业有必要对客户进行分级管理。客户分级的方法有客户金字塔模型、RFM 模型等。在对客户分级的基础上，企业对关键客户和普通客户采用不同的措施进行管理。

思考与练习

一、选择题

1. 根据 KANO 需求模型，需求分为（　　　）。
    A. 基本型需求　　B. 期望型需求　　C. 兴奋型需求　　D. 以上均是
2. MAN 法则的主要构成要素有（　　　）。
    A. 金钱　　　　　B. 权力　　　　　C. 需求　　　　　D. 信息
3. 客户信息收集的内容包括（　　　）。
    A. 人口信息　　　B. 地址信息　　　C. 财务信息　　　D. 行为信息
4. 以下属于客户信息收集外部来源的是（　　　）。
    A. 专业调查公司　　　　　　　B. 客户研究机构
    C. 社交平台　　　　　　　　　D. 政府机构
5. 企业对客户进行分级的原因是（　　　）。
    A. 不同客户对企业的贡献不同
    B. 企业根据客户的不同贡献分配不同的资源
    C. 不同客户有不同的需求和期望
    D. 企业与客户之间是服务与被服务的关系

6. 在客户关系管理中，对于客户价值的分析与评价，常说的"二八法则"是指（　　）。

    A. VIP 客户与普通客户通常呈 20:80 的比例分布

    B. 企业利润的 80% 来自 20% 的客户，企业利润的 20% 来自 80% 的客户

    C. 企业内部客户与外部客户的分布比例为 20:80

    D. 企业利润的 80% 来自 80% 的客户，20% 的客户给企业带来 20% 的收益

7. 按照客户金字塔模型，客户可分为（　　）。

    A. 铂金层级　　　　B. 黄金层级　　　C. 铁质层级　　　　D. 铅质层级

二、名词解释

客户分级　　　　　RFM 模型　　　　　　关键客户

三、简答题

1. 随着信息技术的发展，企业可以从哪些渠道获取客户信息？

2. 客户需求有哪些特点？

3. 简述 RFM 模型。

4. 如何对关键客户进行管理？

5. 如何对普通客户进行管理？

四、讨论题

1. 客户金字塔模型理论与长尾理论是否矛盾？

2. 企业要对所有的客户一视同仁吗？

五、案例分析

日本资生堂的客户关系管理

自 1996 年 2 月起，日本资生堂积极导入与销售终端（Point of Sale，POS）互相联动的客户管理系统 "SCOPE2"，以强化对零售业的支援。从资生堂的转变可以看到 21 世纪名牌产品的竞争实力将由制造及研究实力转变成信息实力的必然趋势。1989 年，资生堂曾实施过这套系统。经过改革，资生堂的效率得到提升，无论是各零售店所能管理的会员数或是可登录的产品数量，都比过去扩张 2 倍之多，处理速度也比过去高出 2~5 倍。资生堂之所以积极导入这套系统，在于各品牌化妆品的价格竞争战越来越激烈，资生堂希望通过强化信息管理，使零售店显出特色。

位于东京江东区的一家资生堂化妆品专卖店，运用这套系统对客户进行了有效分析。例如，对 2021 年消费金额达到 3 万日元以上的客户进行检索，发现其中有 259 人属于会员；通过系统检索过去一年未曾来店购物者，经检索之后有 37 人，将这些人的住址印出来后，可立即做成广告传单进行邮寄；新产品推广时，企业可以快速找出对该类产品有偏好的品牌忠诚者。

整体而言，SCOPE2 具有两大功能：一是通过 POS 系统可以用网络连接下单者及接单者，进而便于企业对产品进行管理；二是类似哪位客户在什么时候购买了什么产品等信息，一切均可以纳入资料库进行管理，再以 POS 的资料为基础，进行更精密的产品需求预测。因此，各家零售店除了设有基本的 POS 收银机，还设有

管理客户的计算机系统及印表机。零售店的产品销售信息与 POS 收银机相连接，储存到计算机网络里，通过通信网络，零售店将下单的信息传到资生堂设于各地的物流中心。之后资生堂通过这套系统配送产品及对未来的产品需求进行预测。

讨论：资生堂是如何收集客户信息的？资生堂是如何进行客户管理的？

实训项目

1. 设计一份餐饮企业客户分析方案。

（1）实训内容： 以餐饮企业为例，对其进行客户分级并制定差异化营销方案。

（2）确定要求： 我们可以借助 DeepSeek 来辅助对该企业的客户进行分级并制定差异化营销方案。

（3）发送要求： 打开 DeepSeek 页面，底部的文本框中输入要求并按"Enter"键发送，查看回复，如图 3-2 所示。

图 3-2　DeepSeek 回复客户分级与差异化营销方案

2. 王薇大学毕业后，在某写字楼密集的商业区开了一家奶茶店。为深入了解客户，王薇计划建立一个客户信息库，现需要收集客户信息。请你帮助王薇设计客户信息收集的方法（至少三个）和主要内容。

3. 按照 RFM 模型给定条件（见表 3-3、表 3-4），完成以下内容。

表 3-3　RFM 模型客户分类表

按价值打分（分数）	消费间隔（R）	消费频率（F）	消费金额（M）
1	20 天以上	2 次以内	100 元以内
2	11～20 天	2～5 次	100～149 元
3	6～10 天	6～9 次	150～299 元
4	3～5 天	10～20 次	300～500 元
5	3 天以内	20 次以上	500 元以上

表 3-4　5 位客户数据情况

客户	R/天	F/次	M/元
张三	2	5	200
李四	14	8	165
王五	9	10	370
赵六	21	6	60
钱七	6	3	510

（1）对照 RFM 模型客户分类表，判定 5 位客户的类型。

（2）根据判定的客户类型，制定 5 位客户的分级管理策略。

第四章　客户关系的建立与维护

理论框架

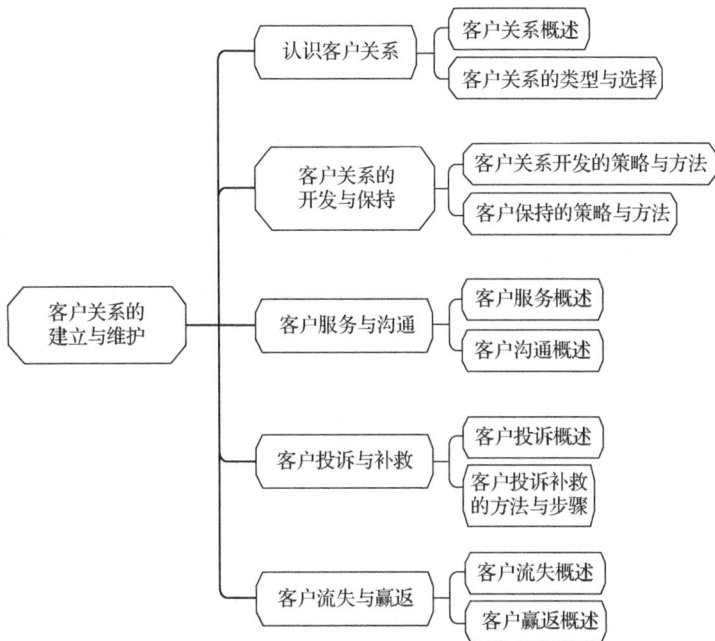

客户关系的建立与维护
- 认识客户关系
  - 客户关系概述
  - 客户关系的类型与选择
- 客户关系的开发与保持
  - 客户关系开发的策略与方法
  - 客户保持的策略与方法
- 客户服务与沟通
  - 客户服务概述
  - 客户沟通概述
- 客户投诉与补救
  - 客户投诉概述
  - 客户投诉补救的方法与步骤
- 客户流失与赢返
  - 客户流失概述
  - 客户赢返概述

学习目标

【知识目标】

1. 了解客户关系的概念、类型和选择。

2. 掌握客户关系的开发、保持和赢返策略。

3. 掌握客户服务与沟通的技巧。

【素养目标】

1. 建立"客户中心"思维。

2. 形成以人为本、服务群众、诚实守信、奉献社会的职业素养。

【能力目标】

1. 能够识别客户关系的类型。

2. 能够对客户关系进行开发和挽救。

孩子王极致化会员的客户体验

为了提升客户体验，线下的场景体验是必不可少的，强调线上和线下融合越来越成为零售企业实践升级转型的共识。

围绕着客户体验和强化客户关系，孩子王在场景的打造上也颇费工夫，线下门店已经升级迭代到第六代。孩子王 G6 智慧门店实行"降维零售"：大幅减少产品展示，转而增加互动空间。虽然其产品展示空间减少，但是选品的精准度却大幅提升，通过科学、精准的品类管理，孩子王门店比一般母婴商店节约 30% 的货架，留出更多的互动空间，以确保更好的娱乐体验。孩子王大胆地将"产品+服务+体验+文化+社交+O2O"整合为一体，从一家售卖母婴用品的零售商，转型为新家庭的全渠道服务商。

为了满足消费升级下客户的需求，G6 智慧门店在产品品质区间的分配上也做了相应调整，中高端产品 8000 余种，占比超 45%，其中进口品牌 130 个，附属 102 个产品分类。门店还为会员推出专属及定制产品，倾情打造独有产品，以稳定客户关系，提升客户黏性和忠诚度。

G6 智慧门店是孩子王一直倡导的"单客经济"的具体体现。孩子王 CEO 表示，商业零售正在从价格型消费向价值类消费、体验式消费、个性化消费转变。通过基于人性服务的数字化精准营销，孩子王的单客产值是资本市场同行业企业的 2～7 倍，这也是新零售下以客户关系经营为核心，实现服务效率最大化的市场表现。

在新零售的实践中，孩子王其实就干好了一件事——经营客户关系，具体包含三种关系：人和产品之间的关系、客户和客户之间的关系、客户和员工之间的关系。通过构建以人性服务为核心的社区商务模式，借助数据赋能和消费场景打造，深入重塑客户关系，极致化客户体验，最大化挖掘会员消费的价值，并反作用于供应链，孩子王为每一位会员提供个性化育儿解决方案。这颠覆了传统零售业的商业逻辑，重构了"人、货、场"三大关键要素，围绕客户关系发起了一场零售革命。在竞争如此激烈的红海市场——母婴行业，目前，孩子王市值已超过 140 亿元，找到了自己的新零售商业模式，成了行业龙头。

思考：请分析孩子王在提升客户服务能力、经营客户关系方面做出了哪些努力？

第一节　认识客户关系

对企业来说，客户关系是企业的战略资源，是企业的核心资产。客户关系价值的大小取决于客户关系的数量和质量。要想拥有或者保持这项核心资产，提高客户关系价值，企业需要对客户关系进行重新理解和认识。

一、客户关系概述

关系是指两个人或两组人之间相互的行为及相互的感觉。客户关系是指企业为实现其经营目标，主动与各类客户建立起的联系。在客户关系管理中，企业与客户存在进一步合作的可能，而且稳定的关系可以降低交易中的成本。当然，关系的建立和维持需要成本的投入，在引入关系变量之后，企业可以将客户关系作为企业的资产。在今天，企业之间的竞争已不再局限于产品、服务之间的竞争，更要关注客户关系之间的竞争。客户是企业的重要资源，要留住客户，企业需致力于长期与客户进行互动。

为理解客户关系的内涵，我们需要把握以下几点。

1. 关系的特征

人与人之间的关系、企业与客户之间的关系，都表现为行为和感觉两个方面的特征。行为特征是一种显性特征，能够展示客户对企业及企业所提供产品的认知，如重复购买、交叉购买等，在一定程度上表现了忠诚度。感觉特征是一种隐性特征，它是指客户与企业关系程度的态度表现，如偏爱与推荐消费、口碑传颂等。企业在加强客户关系的时候，不仅要关注关系的行为特征，也要关注关系的感觉特征。

2. 关系的长度

任何关系都可能有一个生命周期，即从关系建立、关系发展、关系破裂到关系恢复或关系结束，客户关系也不例外。这种从企业与客户建立关系到完全终止关系的全过程，是客户关系水平随时间变化的发展轨迹，它动态地描述了客户关系在不同阶段的总体特征，被称为客户生命周期。有学者认为，客户生命周期可以分为考察期、形成期、稳定期和退化期四个阶段，并分析了每个阶段企业的客户关系策略。

3. 关系的投入和产出

投入产出比是指全部投资与产出的增加值总和之比，其值越小，表明经济效益越好。企业进行客户关系投入也应该考虑投入产出比。在客户生命周期的不同阶段，企业与客户建立、发展和维持关系，需要投入的人力、物力、财力和时间肯定是不同的，所能获得的收益肯定也不一样。

二、客户关系的类型与选择

企业应根据产品与客户的情况，确定合适的客户关系类型，并针对不同关系类型的客户提供差异化的客户策略。

（一）客户关系的类型

菲利普·科特勒（Philip Kotlor）将客户关系划分为表 4-1 所示的几种类型。

表 4-1　客户关系的类型

类型	特征描述
基本型	销售人员把产品销售出去后就不再与客户接触
被动型	销售人员把产品销售出去后，同意或鼓励客户在遇到问题或有意见时联系企业
负责型	产品销售完成后，企业及时联系客户，询问产品是否符合客户的要求，有何缺陷或不足，有何意见或建议，以帮助企业不断改进产品，以更加符合客户的需求

类型	特征描述
能动型	产品销售完成后，企业不断联系客户，提供有关改进产品的建议和新产品的信息
伙伴型	企业不断地协同客户，努力帮助客户解决问题，实现共同发展

课堂讨论

伙伴型客户关系是否优于基本型客户关系？

需要指出的是，以上各种客户关系并无好坏、优劣之分，不同企业甚至同一企业在对待不同客户时，都有可能选择不同的客户关系类型。例如，家电生产企业与客户之间常会建立一种被动型的客户关系，企业的客户服务部门主要是听取客户意见，处理客户遇到的问题。同时，这家企业可能和诸如京东商城等家电卖场建立伙伴型客户关系，实现产销之间的互惠互利。

（二）客户关系的选择

菲利普·科特勒认为，企业可以根据其客户的数量及产品的边际利润水平，根据图 4-1 所示的思路，选择合适的客户关系。

由图 4-1 可知，企业在面对少量客户时，提供的产品或服务的边际利润水平相当高，这时应当采用伙伴型的客户关系，力争在实现客户满意的同时自己也获得丰厚的回报；但如果产品或服务的边际利润水平很低，客户数量极

图 4-1　客户关系的选择

其庞大，这时企业应倾向于采用基本型的客户关系，否则可能因为售后服务的成本较高而出现亏损；其余的类型则可由企业自行选择或组合。因此，一般来说，企业对客户关系进行管理或改进的趋势应当是朝着为每个客户提供满意服务并提高产品的边际利润水平的方向转变。

由于企业将全部客户按照一定的标准进行区别，从而根据具体的情况建立不同类型的客户关系，因而，企业用于区别不同客户的标准在某种程度上体现了企业经营管理的指导思想，这也是进行客户关系选择的关键所在。对于确立了客户导向的企业，选择的标准应当围绕如何帮助企业建立高质量的客户关系，即与企业建立长期稳定的合作关系、愿意为产品和服务承担合理的价格来最终确定。根据实践，这一标准应当主要考虑客户忠诚度和销售额两个方面。

第二节　客户关系的开发与保持

客户关系价值的大小首先取决于客户数量，而挖掘和获取新客户是企业增加客

户关系数量的重要途径。因此，企业开展客户关系管理的首要工作就是客户关系的开发。

一、客户关系开发的策略与方法

客户关系的开发是指企业将目标客户转化为现实客户的过程。对新企业来说，要想在激烈的竞争中站稳脚跟，首要任务就是吸引新客户；而对于老企业来说，也要在努力提高客户忠诚度的同时，不断加强开发新的优质客户。这样，一方面可以弥补客户流失的缺口，另一方面可以壮大客户队伍，增强企业的盈利能力，实现可持续发展。

（一）客户关系开发的策略

1. 增强对潜在客户的吸引力

客户关系开发的第一种策略就是增强对潜在客户的吸引力。企业可以采取多种不同的手段，依靠企业本身的产品、价格、渠道和促销等特色，积极吸引潜在的目标客户，使其最终成为现实客户。

（1）适当的产品或服务。适当的产品或服务是指企业提供给客户的产品或服务能满足客户的实际需要，不仅包括功能、质量、外观、规格，还包括品牌、商标、包装及相关服务保证等。

（2）适当的价格。客户在购买产品或服务时，一般都有一个期望价格，当市场价格高于期望价格时，会有更多的客户因高价放弃购买产品或服务。而当市场价格低于期望价格时，客户又可能认为便宜没好货而不购买产品或服务。企业应通过制定适当的价格来吸引客户，如折扣定价、高价策略、心理定价、差别定价、招徕定价、组合定价、关联定价、结果定价等。

（3）适当的分销渠道。企业通过建立适当的分销渠道使客户能容易、方便地购买到企业的产品或服务。例如，寿险公司为了吸引和方便客户购买寿险，面对新的市场情况和技术情况，采用了寿险超市、网上寿险、银行寿险等形式。

（4）适当的促销。适当的促销是指企业利用各种适当的信息载体，将企业及其产品的信息传递给目标客户，并与目标客户进行沟通的传播活动，旨在引起客户注意，刺激客户的购买欲望。例如，借助节日，如春节、国庆节等开展打折促销活动、满减活动等。

2. 提供个性化服务

提供个性化服务也是企业开发新客户常用的策略。企业应了解潜在客户的不同需求，提供个性化服务，从而有效地实现潜在客户的转化。

个性化服务也称定制服务，就是按照客户需要提供的特定服务。个性化服务的方式和内容都必须是个性化的（针对个人的）。如果一项服务的内容是非个性化的、大量生产的、规格和标准都统一的，那么这项服务就不能称为个性化服务。

做到礼貌和客气，客户还是不满意

"为了让客户得到惊喜，你必须先为自己是一个富有爱心的人而惊喜。做一个真正关心别人的人，真诚、热情、充满感激之心……"很多有关客户服务的书籍和培训课程，都建议按"问候—微笑—感谢"的标准程序进行客户服务。

可是这样做是远远不够的，这样做只能让客户感到舒服，而不是高兴和满意。

例如，某客户致电电信服务中心，电话因无人接听处在计算机服务中，客户等得不耐烦时，终于听到："您好，我是77号，竭诚为您服务，有什么可以帮助您？"

可是，仅是礼貌和客气，客户还是不满意。

讨论： 案例中客户不满意的原因是什么？

然而，企业在为客户提供个性化服务的时候，要注意以下问题。首先，要保护客户的个人资料，不能随意泄露，更不能贪图小利而将其出售。如果企业侵犯了客户的隐私权，不但会招致客户的反对和敌意，甚至可能导致客户的报复和起诉。其次，也要注意所提供的个性化服务是否能真正符合客户的需要。最后，个性化服务还涉及许多技术问题，因此企业必须在技术上保证个性化服务的稳定性和安全性，否则就可能弄巧成拙。

（二）客户关系开发的主要方法

企业开发客户关系的方式或者方法也被称为客户关系开发途径。在开发客户关系的过程中，企业要熟练掌握和灵活运用以下几种方法。

1. 面对面开发法

面对面开发法是指企业派出营销人员深入一线，直面客户，以发现潜在客户并实施开发的方法。常见的有以下四种面对面开发方法。

（1）人际关系网开发法，即营销人员将自己接触过的亲戚、朋友列出清单，然后拜访，争取在其中寻找自己的客户。每一个人都有一个关系网，如同学、同乡、同事等，因此可以依靠人际关系进行客户关系开发。例如，做金融理财产品的业务员，很多就是利用人际关系网寻找大客户。

（2）会议开发法，即营销人员到目标客户出席的各种会议中，如订货会、采购会、交易会、展览会和博览会，捕捉机会与目标客户建立联系，从中寻找开发客户的机会。例如，出版社利用"全国书市"聚集全国各地的大小书店、图书馆等，与它们接触、交谈，争取把它们培养成为自己的客户。再如，一些房产中介利用展会，在会场里寻找客户，效果极好。运用会议开发法时要注意技巧，运用不当容易引起客户的反感。

（3）特定场所开发法，即营销人员进入目标客户的社交圈开发客户。例如，打高尔夫球的可能是中高收入人士，而高收入人士的保险意识比较强，是保险业务的重点开发对象，于是有些保险推销员为了能够接触到这类人士，加入一些高尔夫球俱乐部，使自己有机会经常与高收入人士交流球技，成为朋友，从而能签到许多大的保险单。

（4）逐户开发法，即营销人员在所选择的目标客户群活动区域内，对目标客户进行挨家挨户地访问与开发，采用此法成功开发客户的数量与访问人数成正比，要想获得更多客户，就得访问更多的人。

2. 他人介绍法

他人介绍法是指企业借助他人介绍客户，并实现客户开发的方法。常见的方法有以下几种。

（1）老客户介绍开发法，即企业通过老客户的介绍来寻找目标客户的方法。人与人之间有着普遍的交往与联系，消费需求和购买动机常常相互影响，同一个社交圈内的人可能具有某种共同的消费需求。企业取得现有客户的信任，就可以通过他们的介绍，向其亲朋好友进行产品推荐，寻找目标客户。

（2）商业伙伴介绍开发法，即商业伙伴帮助介绍客户的方法。企业和其进货的上家和销售的下家都处在同一利益链中，很容易因"唇亡齿寒"的"同伴意识"而"相互捧场"，如果能利用好这种心态和利害关系，将会有不小的收获。

（3）名人影响开发法，即在某一特定的目标客户群中选择有影响的"中心"人物或组织，并使其成为企业客户，然后借助其"中心效应"，将该目标客户群中的其他对象转为现实客户的方法。

3. 远距离开发法

面对面寻找客户，成本较高。为了节约成本，企业常采用远距离开发法，这样范围更大。尽管成功率不高，但因为范围大，开发的客户总量并不少，也是目前应用最多的客户开发方法。

（1）电话开发法，即采用打电话给目标客户的形式来开发客户的方法。这种方法的优点是成本较低，节约人力。但是，电话开发法也有缺点，即开发人员无法从客户的表情和举止上判断其反应。

（2）信函开发法，即采用邮寄信函的方式来开发客户的方法。例如，企业通过寄送邮购产品目录、宣传单、插页等，向目标客户介绍产品或服务及订购的联系方式。

（3）网络开发法，即借助互联网宣传企业产品，从而开发客户的方法。网络开发法的优点是方便、快捷，信息量大，成本低。网络开发法的缺点是易受到网络普及率、上网条件及网络诚信的影响，不过这些因素正随着我国电子商务的发展逐步改善。

企业需要特别注意的是，基于移动互联网发展和数字化技术应用而兴起的新媒体营销逐渐成为企业开发新客户的重要方式。在移动互联网时代，网络社群的活跃度空前高涨，企业可以通过建立公众号、策划朋友圈热点活动等方式，尽可能地将产品或品牌暴露在众多的客户视野中。

（4）短信开发法，即通过发送短信来开发客户的方法。目前电信企业主要利用这种方法来开发客户。这种方法具有方便、快捷，价格低廉，能够打破地域限制的优点，但也存在易受虚假、诈骗短信影响，信任度较低、反馈效果较差的缺点。

（三）选取客户关系开发方法的注意事项

企业在选取客户关系开发的方法时，需要特别注意以下几点。一是企业要基于自身的产品或服务特征对应目标市场，结合自身经营的实际情况，选取适当的营销策略来吸引客户；二是企业要重点拓展潜在核心客户，从产品或服务"点"的切入实现目标客户群"面"的突破，快速获取核心客户和其他客户；三是在客户转化提升阶段，企业要立足于目标市场，深入挖掘客户需求，以个性化、定制化的营销策略，实现客户需求的最大化满足和客户满意；四是在客户关系经营阶段，企业要做好客户的区分工作，对不同特征和类别的客户采取针对性的营销策略，努力为客户创造最大价值。

二、客户保持的策略与方法

客户保持是指企业维持已建立的客户关系，使客户关系生命周期尽可能延长，使客户不断重复购买产品或服务，实现客户价值和客户关系价值的最大化。

企业要重视客户关系的开发，更要重视客户关系的保持，只有减少客户流失，企业的客户资源才能保持和不断增加。企业通过客户关怀和客户奖励计划，能够有效防止客户流失，达到客户关系保持的目的，而实现客户关系保持的最高境界就是与客户建立合作伙伴关系。

（一）客户关系保持的策略

企业通常采取客户奖励计划、客户关怀计划及与客户建立合作伙伴关系计划等策略来保持客户关系。

1. 客户奖励计划

许多企业都开发和实施了客户奖励计划。客户奖励计划的典型特征就是通过向客户提供经济或关系利益的奖励，实现客户关系的保持。在大多数情况下，客户奖励计划的目的是通过客户增加购买数量或升级销售、交叉销售等方式增加企业的销售收入。客户奖励计划也是企业发展与客户长期关系的一种行之有效的途径。

企业实施客户奖励计划，能够使客户得到实实在在的好处，在经济方面常表现为价格优惠、积分换产品，甚至参与企业的分红；在其他方面常表现为交易的优先权、精神鼓励等，这有助于改善客户对企业的看法，使客户对企业产生认同，并对企业和品牌产生好感，进而形成忠诚度。

2. 客户关怀计划

随着市场竞争加剧，企业依靠基本的售后服务已不能满足客户的需要。企业只有提供主动、超值、让客户感动的客户关怀，才能赢得客户的信任，留住客户。客户关怀就是通过对客户行为的深入了解，主动把握客户的需要，通过持续、差异化的服务手段，为客户提供合适的产品或服务，提高客户满意度与忠诚度。

为了提高客户满意度和忠诚度，企业需要尽可能多地掌握客户的信息，准确把握客户的需要，快速响应客户的个性化需求，为客户提供便捷的购买渠道、良好的售后服务与经常性的客户关怀。客户关怀的主要特点是针对性、体贴性、精细化。

3. 与客户建立合作伙伴关系计划

随着经济全球化的进一步发展，企业面临的竞争越来越激烈。客户是企业的安身立命之本，如何"留住老客户，发展新客户"是每个企业面临的问题。企业如何与客户建立良好的合作关系，是企业能否获得稳定客户资源的前提，是决定其竞争成败的关键。与客户建立合作伙伴关系是客户关系管理的终极形式。企业可以通过与客户紧密合作、良好交流来保持客户关系，实现共同受益。

企业与客户之间的合作伙伴关系，主要体现在利益关系、情理关系和情感关系三个层面。

（1）利益关系。利益关系是伙伴关系的基础，没有利益关系，也就不可能建立伙伴关系。这就要求企业必须对员工加强合作意识与合作精神的教育培训，让每一个员工从自身利益和企业整体利益的高度出发，形成对内、对外的合作意识和合作精神。

（2）情理关系。情理关系也就是把利益关系置于情理之中。在合作关系结成之前和合作实施过程中，需事事用情理来评判，以通过情理关系的建立和维护来深化和巩固合作的利益关系。

（3）情感关系。合作关系也就是人与人之间的关系，情感是纽带，是黏合剂。情感关系管理就是让合作的双方相互尊重、相互信任、相互理解，把合作伙伴的利益和需要置于自己思考的范围之内。

（二）客户关系保持的方法

越来越多的企业管理者深刻认识到客户保持的重要性，并从多个方面着手来实施客户保持这一理念，归纳起来，主要包括以下内容。

1. 注重质量

长期稳定的产品质量是保持客户的根本。高质量的产品本身就是企业维护客户的强力凝固剂。这里的质量不仅是指产品符合标准的程度，更是指企业应不断根据客户的意见和建议，开发出真正满足客户喜好的产品。因为随着社会的发展和市场竞争的加剧，客户的需求正向个性化方向发展，与众不同已成为一部分客户的时尚。

2. 优质服务

在激烈的市场竞争中，服务与产品质量、价格、交货期等共同构成企业的竞争优势。多数客户的不满并不是因为产品质量本身，而是由于服务问题。客户往往把若干因素掺杂在一起，如产品或服务的可信度、一致性、运货的速度与及时性，以及书面材料的准确度、电话咨询时对方是否彬彬有礼、员工的精神面貌等，这些因素都会影响客户满意度，其中一些因素甚至非常关键。有人提出，在市场竞争焦点上，服务因素已经逐步取代产品质量和价格，世界经济已进入服务经济时代。

3. 品牌形象

面对日益繁荣的产品市场，客户的需求层次有了很大提高，他们开始倾向于产品品牌的选择。客户品牌忠诚的建立，取决于企业的产品在客户心目中的形象，只有当客户对企业有深刻的印象和强烈的好感时，他们才有可能成为企业品牌的忠诚者。

4. 价格优惠

价格优惠不仅体现在低价格上，更重要的是能向客户提供他们所认同的价值，如增加客户的知识含量、改善品质、增加功能、提供灵活的付款方式和资金的融通方式等。如果客户是中间商，生产企业通过为其承担经营风险而确保其利润也不失为一种具有吸引力的留住客户的方法。

5. 感情投资

企业一旦与客户建立了业务关系，就要积极寻找产品交易之外的关系，用这种关系来强化产品交易关系。如记住个人客户的生日、结婚纪念日，以及企业客户的厂庆纪念日等重要的日子，采取适当的方式表示祝贺。对于重要客户，企业负责人要亲自接待和走访，并邀请他们参加本企业的重要活动，使客户感受到企业所取得的成就离不开他们的全力支持。对于一般客户，企业可以通过建立俱乐部、联谊会等固定沟通渠道，保持并加深企业与客户的关系。

第三节　客户服务与沟通

由于市场环境的急剧变化，企业要留住客户变得越来越困难。企业除了要在产品创新、营销方面做出努力，提升客户服务能力也将成为其加强与客户之间关系的重要环节。

一、客户服务概述

客户是企业经营的基础，也是维持企业生存的基础。当企业认识到不能只在产品价格上进行竞争时，服务的地位和作用开始凸显出来。许多企业通过高度关注客户需求使他们的产品和服务更加多样化，从而在非价格领域形成竞争优势。

（一）客户服务的概念

人们一般是从区别于有形的实物产品的角度来对服务进行研究和界定的。服务是个人或社会组织为客户直接或凭借某种工具、设备、设施和媒体等所做的工作或进行的一种经济活动；是向个人或企业提供的，旨在满足对方某种特定需求的一种活动。

在客户关系管理中，客户服务（Customer Service）是指一种以客户为导向的价值观，任何能提高客户满意度的内容都属于客户服务的范畴。客户服务是以无形的方式在客户与服务人员、有形商品和服务系统之间发生的，可以解决客户问题的一种或一系列行为，它不仅是一种活动，而且是一个过程，还是某种结果。例如，个人计算机的维修服务既包括维修人员检查和修理计算机的活动和过程，又包括这一活动和过程的结果——客户得到完全或部分恢复正常的计算机。

（二）客户服务的特征

1. 不可感知性

不可感知性不仅是服务最为显著的一个特征，也是客户服务最为显著的一个特征。我们可以从三个不同的层次来理解：第一，服务的很多元素看不见、摸不着；第二，客户在购买服务之前往往不能确定他能得到什么样的服务，因为大多数服务都非常抽象，很难描述；第三，客户在接受服务后通常很难察觉或立即感受到服务的利益，也难以对服务的质量做出客观评价。

2. 不可分离性

有形的工业品或消费品在从生产、流通到最终消费的过程中，往往要经过一系列的中间环节，生产和消费过程具有一定的时间间隔，是分离的。而客户服务与之不同，它具有不可分离的特性，即服务的生产过程与消费过程同时进行，也就是说，服务人员在向客户提供服务时，也正是客户消费服务的时候，两者在时间上不可分离。客户服务不可分离的特性说明，客户只有加入服务的生产过程才能最终消费到服务。例如，只有客户在场时，理发师才能完成理发的服务过程。

3. 差异性

差异性是指客户服务无法像有形产品那样实现标准化，每次服务带给客户的效用、客户感知的服务质量都可能存在差异。这主要体现在三个方面：第一，由于服务人员的原因（如心理状态、服务技能、努力程度等），即使同一服务人员提供的服务在质量上也可能会有差异。第二，由于客户的知识水平和爱好等存在差异，客户感知的服务质量和效果也是不同的。例如，同是去旅游，有些人乐而忘返，有些人却败兴而归。第三，由于服务人员与客户间相互作用的原因，在服务的不同次数的购买和消费过程中，即使是同一服务人员向同一客户提供的服务也可能会存在差异。

4. 不可存储性

服务不像有形产品可以存储。例如，外科手术、酒店住宿、旅游、现场文艺晚会及其他任何服务都无法在某年生产并存储，然后在下一年进行销售或消费。

5. 缺乏所有权

缺乏所有权是指在服务的生产和消费过程中不涉及任何东西的所有权转移。既然服务是无形的又不可存储，服务产品在交易完成后便消失了，客户并没有实质性地拥有服务产品。

（三）服务承诺

服务承诺也称作服务保证，是企业就自身服务质量向客户做出的一些承诺。例如，旅馆的 24 小时热水供应、商店的包退包换等。为提升服务承诺的可信度与完善性，一些明智的服务组织又为此提供了一项附加性补偿承诺，即承诺在组织的服务质量达不到所承诺的标准与水平时，组织愿为此对客户进行赔偿。

1. 服务承诺的表现形式

一般来说，服务承诺的表现形式应具备三个条件。

（1）承诺的事项。客户要清楚地知道企业承诺了什么，怎样才能唤起承诺。

（2）承诺的赔偿方式。客户要了解兑现承诺会得到怎样的赔偿，即获得什么标准的赔偿性服务。

（3）谁做出的承诺。一般的承诺要有清晰的落款，或是相应的企业标志，以使客户清楚地知道是哪个机构做出的承诺。

无论何种类型的承诺，其外在表现形式都应该具备以上三个最基本的条件。例如，"麦当劳向您承诺：将向您提供热的、清洁的、快速的食品，否则为您埋单"。从这项承诺中，客户可以很清晰地了解到，这是麦当劳向客户做出的承诺，承诺的事项是会及时向客户提供热的、清洁的、快速的食品。如果没有达到承诺要求，赔偿的方式及标准就是为您买单。

除此之外，服务承诺的外在形式应符合一定的要求，如承诺的语言要求简单、易懂，能给客户留下深刻的印象，便于在客户中传播。要注意的是，服务承诺的语言不能过于复杂、冗长。过于烦琐拖沓的承诺条文，使客户既不容易理解，又不容易记住，而且很少有客户有耐心逐字逐句地阅读这些内容，因此，也就不能在客户中得到广泛传播。

2. 服务承诺的推广方式

好的服务承诺推广方式可以迅速、有效地把服务承诺深入到目标客户心中，让客户及时、清晰地了解服务承诺的具体内容。一般来说，推广服务承诺的方式有以下三种。

（1）外部广告媒体传播。包括广播、电视、报纸、杂志、网络和街头广告的形式。

（2）内部张贴文字资料。如内部的宣传板或宣传性条幅。

（3）口头传播。主要是指由营销人员或服务人员直接对客户进行承诺告知或通过客户之间相互介绍。

以上三种服务承诺的推广方式是目前主要的，也是比较流行的承诺推广方式。企业具体采取哪种推广方式，要看承诺的属性及目标市场中客户群体的大小和特点而定。

案例 4.2

精细化管理提升客户服务能力

保险行业服务的对象非常广泛，可以分为个人客户和企业客户。企业客户又可以划分为中小企业、区域银行、机构代理等。人们对转嫁风险的不同需求决定了保险产品需求的多样性，只有加强对客户信息的收集和客户关系的管理，才能够更加精准地把握客户需求，从而为客户提供最需要的产品。

中国太平洋人寿保险股份有限公司为提升客户服务能力，建立了完整的客户数据库，实现了客户资源的公司化。业务人员将收集到的客户信息实时上传至公司平台，客户地理位置全部在地图上得到清晰标注，业务人员针对客户的所有动作均会保存在客户动态中，业务人员及管理者能够随时查看客户资料和业务进展情况，即使原有业务人员离职，新进人员也能快速了解客户情况，有的放矢地开展业务。不仅如此，针对不同类型、等级的客户，业务人员可以拟定最佳的销售计划和销售策略，妥善利用销售资源，缩短销售活动的时间。

讨论：中国太平洋人寿保险股份有限公司提升客户服务能力的关键措施是什么？还有哪些措施可以帮助企业提升客户服务能力？

二、客户沟通概述

为了在市场上能够为客户提供优质的产品和服务，企业需要充分挖掘并利用信息的潜在内涵，通过掌握各种沟通技巧，努力在客户的购买流程中发展与客户的合作关系。

（一）客户沟通的概念及作用

1. 客户沟通的概念

客户沟通（Customer Communication）是指信息在个体或机构之间，以及机构内外之间的传递过程；或是客户服务人员通过将自己的思想与客户的思想互相交换，使双方相互了解并协调行动的一个过程。

随着客户角色的转变和竞争的加剧，企业需要与客户进行有效的沟通。对于客户管理而言，客户与企业的沟通不只是简单的信息交换，它可以让企业与客户之间建立一定的联系，并由此实现有效的客户沟通。

2. 客户沟通的作用

（1）客户沟通是实现客户满意的基础。企业保持与客户的双向沟通是至关重要的，企业只有经常与客户进行沟通，才能了解客户的实际需求和期望，特别是当企业出现失误时，有效的沟通有助于获得客户的谅解，减少或消除客户的不满。一般来说，企业与客户进行售后沟通可减少退货情况的发生。

（2）客户沟通是维护客户关系的基础。企业经常与客户进行沟通，可以向客户灌输双方长远合作的意义，描绘合作的远景，了解客户的需求，在沟通中加深与客户的感情，稳定与客户的关系，从而增加客户重复购买次数。如果企业与客户缺少沟通，那么之前建立起来的客户关系可能会因为一些误会没有得到及时消除而土崩瓦解。因此，企业要及时主动地与客户保持沟通，建立顺畅的沟通渠道，维护好客户关系，从而赢得大批稳定的老客户。

（二）客户沟通的技巧

在客户关系的建立过程中，销售人员或客户专员利用良好的沟通技巧获得客户的认可，并有效地排除客户异议对于促成交易十分重要。

1. 全面尊重客户，保持客户服务礼仪

尊重是一种修养，一种品格，一种对他人人格与价值的肯定。人人都有被他人尊重的需要，每个人都希望自己的能力和成就能够被社会所承认。只有尊重每一位客户，销售人员才能赢得更多客户的尊重与信任。人与人之间的关系是相互的，你在尊重他人的同时，也是在尊重自己。

在客户关系管理中，尊重客户的重要性更为凸显。只有尊重客户才能赢得客户的心，不尊重客户，就会让自己在市场竞争中败得一塌糊涂。

2. 要让客户比你"厉害"，要保持低姿态

在心理学上，参与感能增强认同感。让客户参与企业的销售过程，并使其作为主要角色，会在短时间内拉近企业与客户的距离。

想必大家对于这样的情境并不陌生：一个销售人员在滔滔不绝、苦口婆心地向客户介绍自己的产品，而客户只管做着自己的事情，一副旁若无人的样子。这样，销售人员好像在唱独角戏似的。其实这个时候，销售人员忽略了销售活动中很重要的一点：客户更愿意参与到销售活动中，做个主角。可以说，客户的这种渴望参与到整个过程中、想当主角的心理是一种高层次的心理需求，属于自我实现层面。在整个销售过程中，如果让客户参与进来，他们的心理上就会得到一种满足感，感到自身价值的存在，从而获得愉悦的心情，也就更容易接受产品。

3. 跟客户在一起，要让他感觉到轻松

如何让客户跟销售人员在一起时感觉到轻松？最重要的一点就是要热情。热情就像一把火，会温暖客户的心。在销售中拿出十二分的热情，会大大减少客户与销售人员的陌生感。按照人的正常心理反应，绝大多数人都喜欢与热情的人交流，因为大家身处不熟悉的环境时，都害怕被拒绝。在销售中，销售人员如果热情相待，会使客户减少陌生感，从而易于与客户亲近。这时，销售人员再主动热情地找到话题，双方就可以顺着话题说下去，这样销售工作就能顺畅地开展下去。

成功学大师拿破仑·希尔（Napoleon Hill）花费了近25年的时间，分析和研究了全世界500名各行业顶尖的成功人士的成功要素，最后归纳出17项，其中热情这一要素排在最前面，由此可见一个人做人、做事充满热情的重要性。

4. 通过"爱屋及乌"心理学效应接近客户

成语"爱屋及乌"出自汉代伏胜的《尚书大传·大战》："爱人者，兼其屋上之乌。"因为爱一处房子，也爱那房顶上的乌鸦，比喻爱一个人而连带地关爱与他有关系的人或物，这说明一个人对另一个人（或事物）的关爱到了一种盲目热衷的程度。但"爱屋及乌"的心理学效应在人际交往中却起着积极的作用。每个人都有自己最关心的人或最喜爱的物，在与客户接触的过程中，销售人员或客服专

员如果能从客户最关心的人或最喜爱的物着手去接近客户，往往会收到事半功倍的效果。

5. 不欺骗客户，给客户一些帮助

诚信是中华民族千年恪守的传统美德，也是我们每个人在社会上的立足之本。因此，销售人员或客户专员在任何时候都不要有意欺骗客户，而是要站在客户的角度多给予帮助，让客户在与企业的交往过程中获得利益。

6. 了解客户的爱好和个性特点

销售人员需要经常与客户进行沟通。因此，销售人员除了要了解客户的实际需要和心理需求，还要善于观察客户，并根据其性格做出适当的分析，然后采取不同的应对策略。销售人员如果能针对客户的不同性格特点来调整自己的沟通方式，往往能出奇制胜。

案例 4.3

找到客户心目中的"樱桃树"

一位房地产销售代表小张带着一对年轻的夫妻去看一幢房子。这幢房子因年久失修，看起来很旧，许多人来看过，但都没有买。

当这对夫妻在房前停下来时，那位女士的视线穿过房子，发现后院有一棵美丽的正在开花的樱桃树。她立刻兴奋地叫了起来："阿成，你看那棵樱桃树的花开得多漂亮啊！小时候，我家的后院也有一棵樱桃树，花开得特别漂亮。"

随后他们从车里出来，走进去看房子。小张十分机敏，深深记住了这位女士的话。

当他们走到客厅时，丈夫阿成不禁皱起眉头，他说："看起来我们得把这个客厅的地板换一下。"

小张说："是的，没错。房子的地板是有点旧，不过在这个位置，只需一瞥，您就能透过落地窗看到那棵漂亮的开着花的樱桃树。"

那位女士又不自觉地从后窗看出去，看着那棵樱桃树，她微笑起来。

小张意识到，在这对夫妻中，这位妻子才是主要的决策者，所以，他决定把主要精力放在她的身上。随后，他们走进厨房，阿成说："厨房有点小，而且煤气管有点旧。"

小张说："是的，不错。但是当您置身厨房，无论是淘米还是洗菜，只要从这里的窗子望出去，就可以看到后院里的那棵开满美丽花朵的樱桃树。"

接着他们又走上楼看了其余的房间，阿成说："主卧室太小了，此外，所有房间的墙纸都太旧了，都需要重新粉刷才行。"

小张说："是的，不过您没有注意到，从主卧室那里望过去，你们可以将'樱花烂漫'的美景尽收眼底。"

看完房子，女士对这幢有樱桃树的房子实在是太喜欢了，以至于她不再提议看其他的房子，他们最后购买了那幢房子。

讨论： 小张获得客户认可并最终达成交易的秘诀是什么？

第四节　客户投诉与补救

任何企业都会有失误之处，很难做到让每一位客户都满意，再优秀的企业也难免有不满意的客户存在，因而，客户投诉的情况难以避免。然而，很多企业都不愿听到客户的不满、抱怨，尽量去避免客户消极的反馈，以为没有客户的投诉，一切皆顺利，但事实并非如此。

客户投诉并不可怕，关键是如何正确看待客户投诉，如何管理客户投诉，并从客户投诉中挖掘商业价值，将客户投诉作为衡量企业产品和服务质量的尺度，使企业发现问题，提高产品和服务质量，最终化客户的不满为满意甚至是忠诚。

一、客户投诉概述

"与客户之间的关系走下坡路的一个信号就是客户不投诉、不抱怨了"，这是哈佛大学李维特教授的名言。在讨论客户补救之前，我们有必要先认识客户投诉。

（一）客户投诉的概念

> **课堂讨论**
>
> 你是否有过投诉的经历？说一说投诉的原因、过程和结果。

据统计，客户离开的原因是：一部分客户觉得产品价格高所以离开，一部分客户觉得产品质量太差而离开，更多的客户是因为服务太差而离开。实际上，在客户投诉之前，已经存在潜在的客户抱怨，即产品或服务的某些方面令客户不满意。潜在的抱怨随着时间的推移就会演变为显性的抱怨，而这种显性的抱怨又会转化为客户投诉。

客户投诉是指客户为满足需要，购买、使用产品或接受服务时，与经营者之间发生权益争议后，请求企业客服部门或客户权益保护组织调解，以保护其合法权益的行为。

（二）客户投诉的价值

对企业而言，客户投诉并不是一件坏事，而是一件令人高兴的事情。因为客户投诉是客户对企业管理和服务不满的表达方式，它也为企业创造了提高产品或服务质量的机会，也是企业留住不满意客户的最后机会。对企业而言，客户投诉具有以下三个方面的价值。

1. 改进产品或服务中存在的问题

通过客户投诉，企业可以了解自身在产品或服务中存在的问题，进而找到改进的办法。因此，客户投诉管理不只是单纯处理投诉或满足客户需求，客户投诉还是一种非常重要的"反馈渠道"。因为客户投诉可能会反映企业产品或服务所不能满足的客户需求，主动研究这些需求，可以帮助企业开拓新的商机。尤其是在企业面临革新的时候，为了使新产品能够顺利上市并引起良好的反响，企业有必要倾听客户的意见。

2. 赢得客户信任，保持客户忠诚度

如果企业能够妥善处理投诉，补偿客户损失，则可以赢得客户的谅解和信任。有统计数据显示，70%～90%的客户在对投诉解决方案满意的前提下会继续维持与企业的交易关系；如果投诉客户对解决方案不满意，这一比例将会下降到40%左右。因此，只要客户投诉处理得当，多数客户会比投诉之前具有更高的忠诚度。企业不仅要注重客户的某一次交易，更应该计算每个客户的终身价值，重视保持客户忠诚度的每个细节，与客户保持良好的关系。

3. 提升企业形象

客户投诉如果能够得到快速、真诚的解决，客户的满意度就会大幅度提高，客户会自觉或不自觉地充当企业的宣传员。客户的这些正面口碑不仅可以增强现有客户对企业的信心和忠诚度，还可以对潜在客户产生影响，有助于企业在社会公众中建立起将客户利益置于首位、真心实意为客户着想的良好形象。优秀的企业都会加强同客户的联系，都非常善于倾听客户的意见，不断纠正企业在销售过程中出现的失误和错误，补救和挽回给客户带来的损失，维护企业声誉，提高产品形象，从而不断地巩固老客户，吸引新客户。

（三）客户投诉的原因

为了有效地处理客户投诉，提出可行的补救方案，我们有必要先了解客户投诉的原因。

1. 企业管理客户期望的失误

一般情况下，客户的期望值越高，购买产品的欲望也就越大，但过高的期望值可能会降低客户未来所获得的满意度，反之亦然。因此，企业应该适度地管理客户的期望。如果企业对客户期望管理不当，很有可能引发客户的抱怨和投诉。企业客户期望管理失误主要体现在两个方面。

（1）过度承诺。例如，有的网上商城承诺包退包换，但当客户提出退换时，企业总找出各种理由拒绝客户。

（2）隐藏关键信息。例如，企业在宣传产品时，过度渲染产品某些次要的属性，转移客户的注意力，故意隐藏关键的信息。

企业诸如此类的管理不当行为，都会导致客户产生过高的期望，从而对产品或企业产生不满甚至失望感，进而开始抱怨。

2. 企业产品或服务质量存在缺陷

产品或服务的质量问题也是引起客户投诉的一个重要原因。简单来看，产品或服务的质量问题主要表现在：产品本身存在问题，质量没有达到规定的标准；产品包装存在问题，并导致产品损坏；产品存在小的瑕疵；服务提供不到位，如服务延迟，使客户不愿意接受。

3. 企业服务态度或服务方式不当

企业通过服务人员为客户提供产品或服务，而服务人员缺乏正确的推荐技巧和

工作态度，都有可能导致客户的不满并产生投诉，其主要表现有以下几种情形。

（1）对客户冷漠、粗鲁或者表现出不屑的表情。

（2）不尊重客户，不礼貌，缺乏耐心，对客户的提问和要求表现出烦躁情绪。

（3）服务僵化、被动，没有迅速、准确地处理客户的问题。

（4）措辞不当，引起客户的误解。

（5）缺乏专业知识，无法回答客户的提问或答非所问。

（6）过度推销，过分夸大产品与服务的好处，引诱客户购买。

（7）有意设立圈套让客户中计，强迫客户购买等。

案例 4.4

问题究竟出在哪

服务人员：喂！您好！

客户：你好！我是你们公司的一个客户。

服务人员：我知道了，请讲！

客户：是这样的，我的手机这两天一接电话就断线。

服务人员：那你是不是经常在地下室？信号接收效果不好？

客户：我在大街上也是总断线。

服务人员：那是不是你手机的问题？我们通信公司不可能出现这种问题！

客户：我的手机才买三个月，不可能出现这种问题呀！

服务人员：那不一定，有的杂牌手机刚买几天就会出问题。

客户：我的手机是品牌手机，应该不是手机的问题。

服务人员：你在哪里买的就在哪里看，肯定是手机的问题。

客户：不可能，如果是手机的问题，那我用同事的卡就不会断线啊？

服务人员：是吗？那我就不知道了。

客户：那我的问题怎么办？我的手机天天断线，你给我缴费啊？

服务人员：你这叫什么话呀？我凭什么给你缴费啊？哪儿买的去哪儿修呗！

客户：你这是什么服务态度啊？我要投诉你！

服务人员：（挂断电话）

讨论： 客户为什么要投诉？这个投诉可以如何避免？

二、客户投诉补救的方法与步骤

完美的客户服务是不可能达到的，在服务客户的过程中，失误是在所难免的。因此，如何恰当地处理服务失误和客户投诉是建立客户关系的一大挑战。正确处理客户投诉，对保持现有的客户关系能起到促进作用，甚至可以将客户投诉转变为企业的收益。快速解决客户投诉的问题，使客户享受更好的产品或服务，有利于提高企业信誉，也是企业提高市场竞争力的关键。因此，企业必须有效地针对客户投诉进行补救。

（一）客户投诉补救的方法

1. 扫除客户投诉的障碍

（1）重视客户投诉。企业要让全体员工认识到客户投诉对企业的重要意义，认识到向企业投诉的客户是企业的朋友。

（2）鼓励客户投诉。企业应制定明确的产品和服务标准及补偿措施，告知客户如何进行投诉及可能获得什么结果。在此基础上，要增加接受和处理客户投诉的透明度，设立奖励制度，鼓励客户投诉。

2. 建立完善的客户投诉系统

（1）设立处理客户投诉的组织机构，由全职、专业、训练有素的员工处理客户的投诉，管理日常操作及向企业的其他部门报告客户的相关信息，并设置监督执行官。

（2）提供客户投诉解决方案，尤其是为客户进行物质赔偿的财政支持。

（3）为客户提供便利的投诉通道。为此，企业需要了解客户更乐意用什么方式投诉，是邮寄、打电话、电子邮件、传真还是面对面投诉，然后向客户提供便利的投诉渠道，并告知客户投诉的程序。

（4）方便客户投诉。企业应尽可能降低客户投诉的成本，减少其花在投诉上的时间、精力、心理成本，使客户的投诉变得容易、方便和简捷。投诉系统不能向客户要求过多的文件证据等。

3. 提高一线员工处理投诉的水平

一线员工往往是客户投诉的直接对象，但许多企业不注重这方面的训练，员工处理客户投诉大多凭借的是经验和临场发挥，缺乏平息客户怨气的技巧。企业应当利用各种形式，对一线员工进行培训，教会他们掌握处理客户投诉的技巧，使一线员工成为及时处理客户投诉的重要力量。此外，企业要赋予员工一定权力，使他们在处理一些无法预见的问题时有相对较大的自主权，以便对客户提出的意见和建议做出迅速反应，从而为客户提供及时、快捷、出色的服务。

案例 4.5

处理投诉禁语

这个问题我解决不了。

正确回答：虽然我不能帮助您解决这个问题，但是我可以帮助您和高层联系解决。

我们有规定不允许……

正确回答：我们可以给您优惠，您需要……

这件事儿不是我处理的。

正确回答：请您稍等，我现在联系负责这项工作的专家给您提供帮助。

我不知道。

正确回答：我虽然不负责这方面的工作，但是我可以让我们主管来帮您解决这个问题，给您一个满意的结果。

这是领导（或上级）决定的。

正确回答：感谢您对我们提出的建议，我会及时向高层反映您的建议，并及时给您回复。

我们在三个工作日内给您最终的答复和结果。

正确回答：我们会在三个工作日内及时和您联系，回复您的投诉。

讨论：处理投诉的不同回答分别会产生什么影响。

（二）客户投诉补救的步骤

一般来说，客户投诉补救的步骤如图 4-2 所示。

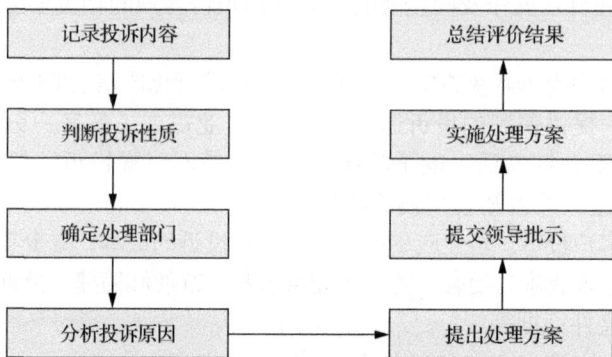

图 4-2　客户投诉补救的步骤

1. 记录投诉内容

在客户投诉补救过程中首先要认真倾听客户意见，并利用客户投诉登记表详细记录客户投诉的主要内容，如投诉人、投诉对象、投诉要求等。有许多企业员工在处理客户投诉时，往往还没有弄清楚客户投诉的内容是什么，就开始与客户争吵，或者挑剔客户的错误，强调企业并没有错误。这种客户投诉的补救方式不仅不能解决投诉问题，相反还会让客户更加不满，让矛盾升级，有可能导致无法挽回的结果。因此，企业在进行客户投诉补救的过程中，应认真倾听客户意见，让客户能够充分表达心中的不满，并设计、填制、整理一系列的投诉管理表格，记录投诉要点，以有序、高效地处理客户投诉。

案例 4.6

工程师的疑问

一天，一位售后服务工程师接到一位客户的电话，客户的机器发生了故障，希望他来帮忙解决问题。那位工程师在电话中询问了情况后，发现这是一个很容易解决的问题，并通过电话告诉客户应该怎么做。但客户却打断了他的话，坚持要求他来一趟。他觉得没有必要，因此想在电话中说服客户，但是他越想说服客户，客户就越坚持。无奈，他只好为客户上门服务。他到了客户那里，顾不得与客户寒暄就直奔故障所在，只花了 5 分钟就解决了问题。

解决故障后，他对这位客户说："这确实不是什么大问题，问题已经解决了。"然后就匆匆离去。不想第二天经理找他谈话，问昨天到底发生了什么事，为什么那位客户打电话投诉他，这位工程师感到既委屈又莫名其妙。

讨论：为什么客户还不满意？

2. 判断投诉性质

了解客户投诉的主要内容后，企业要确定客户投诉的理由是否充分，投诉要求是否合理，属于何种投诉。如果投诉不能成立，即可以用婉转的方式答复客户，取得客户的谅解，消除误会。

3. 确定处理部门

客户投诉有可能不是因为企业本身的失误，而是由于客户自身的原因造成的。那么，企业需要根据客户投诉的内容，对客户投诉进行分析，确定相关的具体受理单位和受理负责人，若属运输问题，交储运部处理；若属质量问题，则交质量管理部处理。

4. 分析投诉原因

在面对客户投诉的时候，服务人员必须保持平常心态，应重点对客户投诉的原因进行分析。在处理客户投诉的过程中，服务人员必须努力做个忠实的倾听者，从客户抱怨中找出客户投诉的真正原因及其期望的结果，喋喋不休地解释只会使客户的情绪更差。

案例 4.7

客户的电话

一天，一家五星级酒店的销售经理接到一位客户的电话，这位客户在电话中语无伦次地发脾气，说五星级酒店的服务水平差，如牛奶是凉的，重要的电话留言没能及时通知客人，丢了东西也没能帮忙找到，这些问题严重影响了前几天来这里入住的客户公司总裁的工作。酒店的销售经理在电话中表示非常关注这件事情，一边耐心地听客户抱怨，一边关心地询问情况，但发现仍不能平息客户的怒火，于是就说："您不要着急，我立刻就来看您。"尽管这位销售经理亲自上门去安慰了这位客户，但毕竟一切已经发生，除了口头安慰及保证下一次一定注意外，酒店并没有对这位客户的投诉做任何形式的经济赔偿。第二天，客户又打电话给那位销售经理表示歉意，并解释上次发这么大的火，主要是因为她是总裁的秘书，挨了总裁的批评，所以情绪非常不好。她在电话中感谢那位销售经理的担待和安慰。

讨论：客户的两次来电分别透露了什么信息？

5. 提出处理方案

根据实际情况，参照客户的处理要求，提出投诉补救的具体方案，如退货、换货、维修、赔偿等。

案例 4.8

不同的处理

情景一

客户（怒气冲冲）：说好了送上门的，为什么你们的业务员还要我下去取？

客服人员（立场坚定）：您好！您说的这种情况一般是不可能的，但如果出现一定是有原因的。

客户（怒气升级）：什么不可能，事实就是这样，难道还是我捏造的？

客服人员（看似合理的理由）：非常抱歉，肯定是我们的业务员害怕其他快件丢了才不上门的。

客户（怒火中烧）：我不管那么多，我交了钱你们就应该送上来。

情景二

客户（怒气冲冲）：说好了送上门的，为什么你们的业务员还要我下去取？

客服人员：非常抱歉，一定给您带来麻烦了。

客户（稍稍息怒）：那当然，我也有我的工作要做，就是因为你们能将物品送上门，我们才选择你们的。

客服人员：感谢您对公司的支持！业务员的这种行为确实违反了公司的规定，感谢您反馈的情况！我马上联系业务员想办法给您送上去，您看可以吗？

客户（基本平息心中的怒火）：行吧！如果真是这样，也能理解，但是要跟我讲清楚，我是可以派人下去取的。

讨论：您认同哪种处理方案？

6. 提交领导批示

对于客户投诉的问题，企业领导应予以高度重视，主管领导应对投诉的补救方案一一过目，及时做出批示，并根据实际情况，采取一切可能的措施，挽回已经出现的损失。

7. 实施处理方案

实施处理方案是指处理直接责任者，将客户投诉补救方案通知客户，并尽快地收集客户的反馈意见。对直接责任人和部门主管要按照有关规定进行处罚，依据投诉所造成的损失大小，扣罚责任人一定比例的绩效工资或奖金。同时，对因不及时处理问题而造成延误的责任人也要进行追究。

8. 总结评价结果

企业在切实解决了客户投诉之后，还需要进行跟踪服务，以明确客户是否满意投诉补救方案。如果还不满意，企业仍然需要继续改进。此外，企业需要对投诉补救过程进行总结与综合评价，汲取经验教训，提出相应对策，不断完善企业的经营管理和业务运作，以提高客户服务质量和服务水平，降低投诉率。从某种意义上说，恰当地处理投诉是最重要的售后服务。一个企业不应该一方面花费数百万元用在广告和促销活动上，以达成交易和提高客户忠诚度，另一方面却又对客户的合理投诉置之不理。

第五节　客户流失与赢返

对于企业而言，客户流失是一个正常的现象。无论企业在客户关系中投入多少努力，一定比例的客户流失都难以避免。客户流失与赢返是企业在客户关系管理工作中必须面对的一项任务。对于企业来说，分析客户流失的原因，识别流失客户的差异性终身价值，为有价值的老客户提供再生机会，并采取对症的赢返策略，是企业客户关系管理工作的重要内容。

一、客户流失概述

在激烈的市场竞争中，即使是满意的客户也有可能随时"背叛"你而"投靠"你的竞争对手，这种现象称为"客户流失"。

（一）客户流失的内涵

1. 客户流失

客户流失是指企业原来的客户终止继续购买该企业的产品或服务，反而接受竞争对手的产品或服务的现象。由于市场的不断变化、各种不确定性因素的增多及竞争的普遍存在，越来越多的客户受内外各种因素的影响（如更低的价格或者更好的服务）而流失。

客户流失是企业难以避免且普遍存在的一个问题。企业获取一个新客户需要在营销、市场、广告、人员及管理等方面付出很大的成本，然而新客户给企业带来的利润往往不及企业流失的老客户带给企业的利润多。所以，客户流失给企业带来的损失是巨大的，除了购买减少的直接损失，还有企业潜在客户减少、企业声誉受损、获取新客户成本增加等间接损失。挽留客户，防止客户流失，对提高企业竞争力具有重大的战略意义。

2. 客户流失率

客户流失率是客户的流失数量与全部消费产品或服务客户的数量的比例，是客户流失的定量表述，是判断客户流失的主要指标，直接反映了企业经营与管理的现状。客户流失率有绝对客户流失率与相对客户流失率之分。

（1）绝对客户流失率。绝对客户流失率是以流失的客户数量占全部客户数量的比例来计算的。其计算公式如下：

绝对客户流失率=流失的客户数量/全部客户数量×100%

绝对客户流失率是把每位流失的客户按同等重要来看待。

（2）相对客户流失率。相对客户流失率是以客户的相对贡献价值（如购买额）为权数来计算的。其计算公式如下：

相对客户流失率=流失的客户数量/全部客户数量×流失客户的相对贡献价值×100%

如果一家银行的客户数量从 1000 位减少到 950 位，那么它流失的客户数量为 50，绝对客户流失率为 50/1000×100%=5%。若流失的 50 位客户的相对贡献价值是平均值的 3 倍，则相对客户流失率为 50/1000×3×100%=15%。

（二）客户流失的原因

客户可能会出于种种原因而终止与企业的关系。一般而言，客户流失的原因主要来自企业自身和客户两个方面。有关机构对企业的调查表明，虽然客户流失的原因不尽相同，但由于企业自身原因造成的客户流失占了绝大部分，而因为竞争对手的原因造成的客户流失是很少的。客户之所以选择离开，有 60%~70% 的原因是对企业的服务不满意。

1. 企业自身原因分析

（1）产品或服务存在缺陷导致客户流失。企业产品设计缺陷、产品质量不稳定、交货不及时、缺少服务网点、售后服务滞后、投诉处理效率低、服务态度恶劣等缺陷是导致客户流失的根本原因。

（2）企业诚信问题导致客户流失。客户最担心和不诚信的企业合作，一旦企业不能兑现对客户的承诺，出现诚信问题，客户通常会选择离开。企业的业务人员为了获得销售机会随意承诺，是导致企业出现诚信问题的一个重要原因。

（3）客户管理疏忽导致客户流失。有些企业过分关注大客户，对中小客户采取不闻不问的态度，使中小客户心理不平衡，从而造成客户流失。企业缺少与客户的及时沟通、不能维持与客户的"情感"、不能给客户应有的尊重等客户管理方面的疏忽，也是导致客户流失的主要原因。

（4）企业形象问题导致客户流失。客户对企业的产品形象、服务形象、员工形象、企业的生活与生产环境形象、企业标识、企业精神、企业文化、企业信誉、企业社会责任等的不满，也会导致客户流失。

（5）企业人员流动导致客户流失。企业人员特别是高级营销管理人员的离职变动很容易带来相应客户群的流失。这些离职人员长期与客户接触，非常了解并恰当地掌握客户的需要，与客户的关系良好，他们一旦离职，就极易将客户带走，这也是现今客户流失的重要原因。

2. 客户方面原因分析

（1）竞争者的吸引导致的客户流失。一些有价值的客户始终是企业间相互竞争的重点。竞争者通过产品创新和服务创新吸引客户，或者向客户提供特殊利益引导客户，从而导致客户流失。

（2）社会因素导致的客户流失。社会因素包括社会政治、经济、法律、科技、教育、文化等方面的政策，这些政策会对客户购买心理与购买行为产生影响，从而可能导致客户流失。

（3）客观原因导致的客户流失。这种流失是一些客户和企业都无法控制的因素所造成的。这些因素有很多，如客户的搬迁、死亡、企业客户的破产等，还有季节、时令、自然灾害等因素都可能造成客户流失。

对客户流失的分析除了原因分析，还应该包括对流失客户的价值分析和对流失客户的明确细分，只有这样企业才能获得良好的客户流失管理效益。

（三）流失客户的类型

从客户关系价值和客户满意度的角度来看，流失的客户主要有以下几种类型。

1. 企业主动放弃的客户

由于企业产品的技术含量提高和升级换代，目标客户群体发生改变，从而使企业主动放弃原来的客户。例如，某酒厂以前生产普通白酒，客户定位在低收入客户，而引进先进生产工艺后，产品口感和味道均有提高，因而企业提高价格，目标市场也变为中高端市场，于是企业主动放弃了以前的低端客户。

2. 自己主动离开的客户

由于对企业的产品或服务的质量感到不满，且出现的问题没有得到及时解决，企业现有客户会投向竞争对手。这类客户的离开对企业造成的负面影响最大。

3. 被竞争对手吸引走的客户

竞争对手推出功能和质量更高的产品或服务，从而将本企业的客户吸引过去。

4. 被迫离开的客户

由于经济情况发生变化或发生地域上的迁徙等，客户将会被迫和企业断绝交易关系。这样的客户流失是不可避免的，在弹性流失范围内。

客户流失的类型划分有助于企业制定客户流失的防范措施。根据以上分析，如果只存在"企业主动放弃的客户""被迫离开的客户"，则企业所提供的产品或服务并没有让客户感到不满，发生客户流失主要与客户自身原因及竞争对手采取的不正当手段有关，企业的客户流失基本在正常范围内。而如果存在"自己主动离开的客户""被竞争对手吸引走的客户"及其他原因导致的流失客户，则说明企业的客户流失现象严重，而且客户流失是由企业自身造成的，企业应采取有效措施加以防范。

二、客户赢返概述

（一）客户赢返的概念

在企业客户关系管理实践中，新客户获取和现有客户的维系都是企业重点关注的内容。一般而言，赢返老客户比获取新客户要

> **课堂讨论**
>
> 是否所有流失的客户都需要赢返？是否所有流失的客户都能够赢返？

相对简单，因为企业与老客户之间存在着历史交易关系和信息，企业在对老客户更加了解的同时，在关系和信息的优势下，挽回一个老客户的成本通常比获取一个新客户的成本要低。因此，挽回流失的客户是非常有必要的，为恢复老客户与企业已经中断的交易关系而实施的管理行为通常被称为客户赢返。

流失客户赢返是指为了恢复和重建与已流失的客户之间的关系，针对那些曾经是企业客户却因为某种原因而终止与企业业务关系的客户实施的一系列恢复交易的管理行为。

（二）客户赢返的步骤

面对流失的客户，企业首先要分析流失的原因，找到流失的责任源头，并分析流失客户是否可以挽回。如果能够挽回，企业还需要进一步分析该客户能给企业带来的价值，分别考虑其流失带来的损失及重新赢返客户所需要花费的成本，综合两方面的结果考虑企业是否应当赢返客户，并且能花费多大的代价来实施赢返策略（见图4-3）。

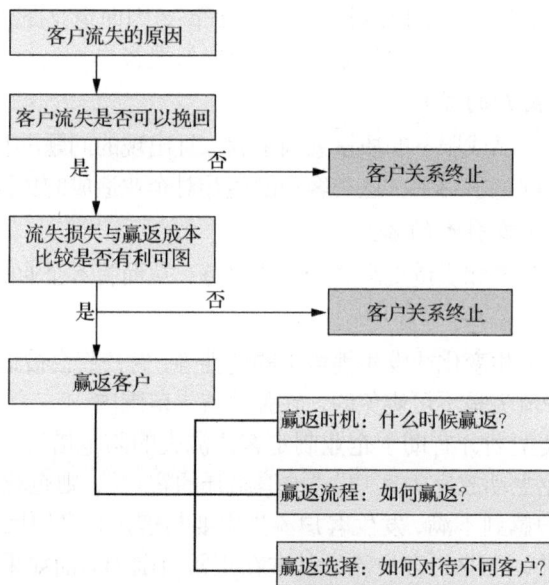

图 4-3　流失客户赢返的步骤

（三）客户赢返的方法

在客户流失前，企业要极力防范，而当客户关系破裂、客户流失已成事实时，企业要采取挽救措施，竭力挽留有价值的流失客户，最大限度地争取与这些客户"重归于好"。

1. 调查原因，缓解不满

企业要积极与流失客户联系，访问流失客户，诚恳地表示歉意，缓解流失客户的不满；要了解客户流失的原因，虚心听取客户的意见、看法和要求，给客户反映问题的机会。通过调查客户流失的原因，企业应进一步判断客户是否有机会赢返。

2. 分门别类，区别对待

在资源有限的情况下，企业应根据客户的重要性来分配投入挽回客户的资源，对不同级别的流失客户采取不同的态度，挽回的重点应该是那些最能让企业盈利的流失客户，如图 4-4 所示。

客户关系价值	企业原因导致的流失	客户原因导致的流失
高	弥补过失 尽力挽回	见机行事 努力赢返
低	见机行事	基本放弃

图 4-4　流失客户的赢返策略

（1）对于那些对企业有重要价值的客户，企业需要深入分析客户流失的原因。若是导致重要客户流失，则需要针对流失原因，尽力弥补企业工作的失误，以期能够重新赢回客户。

（2）对于那些低价值客户，企业则需要分析是哪些原因造成了客户流失。如果是企业主动放弃的低价值客户，则不需要挽回；而对那些由于企业产品质量、服务等原因而流失的客户，企业应分析原因，努力提高产品和服务质量，重新赢回客户。

（3）对于那些无法给企业带来高价值，又是由于自身原因而离开的客户，则应采取基本放弃策略，因为即使企业努力挽回与这些客户的关系，这些客户也无法为企业带来丰厚的回报。

（4）对于那些因为欺诈而离开的客户，企业应当终止与他们的关系。因为这些客户不仅不能给企业带来价值，还会占用企业资源，对企业而言百害而无一利。

案例 4.9

B 公司和 R 公司的“爱恨情仇”：B2B 企业间的电子商务企业客户的赢返

成功赢返客户的企业是有一定的模式可遵循的：找出客户流失的原因、进行成本效益分析、与客户进行再次交流并满足客户的需求。接下来，我们重点通过 B 公司和 R 公司两家企业的案例来解释客户赢返的过程。

一、分析客户流失原因

赢返客户的第一步是找出合作破裂的原因，即客户流失的原因。在 B 公司和 R 公司的合作案例中，由于 B 公司的企业架构出现重组，产品价格提升，并解雇了关键员工。对此，R 公司的首席执行官（CEO）指出："当产品价格上涨约 30%时，我们明确表示了担心，但他们还是决定涨价。"此时，双方围绕定价问题开始出现矛盾。后来，两家公司的高管也出现纠纷，相继失去信任，因而 R 公司对继续跟 B 公司合作失去了兴趣。

二、成本效益分析

现实中，并非所有客户都是平等的，也并非所有关系都值得重新建立。因此，在挽回流失的客户之前，企业务必要权衡赢回该流失客户的成本与收益。B 公司在这些方面做得不错。B 公司先是收集之前与 R 公司交易的信息（包括收入、利润和投资）。负责 B 公司生产业务的主管指出："我们很清楚 R 公司最重视三个方面：交货可靠性、质量和价格。如果我们在相关领域表现出色，就有可能与其重新建立合作，挽回这个客户。"基于以上分析，B 公司可以为 R 公司提供更加优惠的价格，也可以在相关产品类别、订单规模灵活性等其他方面为其提供更优质的技术支持。

三、与客户互动对话

2012 年，B 公司重新跟 R 公司进行接触时，因两家公司的关键负责人都已经更换，双方之间又回归重新了解阶段，耗费了大量时间精力。B 公司一位技术主管指出："与 R 公司的讨论从运营层面开始，然后跟中层管理者会面继续讨论，最后跟高管谈。"一位销售经理也回忆说："有段时间我们至少每周跟客户沟通，管理层代表、两家公司的工程师和技术人员均出席了会议。"在与客户对话的过程中设置必要的规则，明确在哪里、做什么、怎么做，对成功赢返流失客户至关重要。在此次与 R 公司的重新接触中，B 公司挑选了曾跟 R 公司打过交道的员工参与讨论。

四、满足客户的特殊要求

企业要想努力争取流失的客户，就要提供比当前供应商更好的条件。R 公司明确表示，B 公司要调整生产流程、管理程序和技术系统，降价的同时提供更专业的产品设计，这样双方才能继续合作。在争取 R 公司的过程中收集的信息帮助 B 公司调整和优化对应领域的生产，尽可能地贴合 R 公司提出的要求。最终种种努力没有白费，双方达成继续合作的协定，且 B 公司在与 R 公司重新合作后，销售额和净利润迅速提升。

讨论：1. 案例中，造成 B 公司客户流失的主要原因是什么？

2. B 公司是怎么赢回流失的客户 R 公司的？

3. B2B 企业的客户赢返策略与 B2C 企业的客户赢返策略有哪些异同？

本章小结

本章主要介绍了客户关系的类型及选择、客户关系开发及客户保持的策略和方法、客户服务及客户沟通的方法和技巧、客户投诉的含义及客户投诉补救的方法与步骤、客户流失的内涵及类型、客户赢返的方法和步骤等内容。

思考与练习

一、选择题

1. 产品销售完成后，企业不断联系客户，提供有关改进产品的建议和新产品的信息。这种客户关系类型为（   ）。

    A. 基本型   B. 责任型   C. 能动型   D. 伙伴型

2. 销售人员把产品销售出去后就不再与客户接触，属于（   ）客户关系。

    A. 基本型   B. 被动型   C. 负责型   D. 伙伴型

3. 以下不是客户服务特征的是（   ）。

    A. 差异性   B. 可分离性   C. 不可存储性   D. 不可感知性

4. （   ）是指企业原来的客户终止继续购买该企业的产品或服务，转而接受竞争对手的产品或服务。

    A. 客户投诉   B. 客户沟通   C. 客户流失   D. 客户服务

5. 企业客户关系的类型多种多样，菲利普·科特勒认为，企业可以根据其客户的数量及（   ），选择合适的客户关系类型。

    A. 客户类型   B. 企业的财务状况

    C. 产品的边际利润水平   D. 产品生命周期

6. （   ）是指企业维持已建立的客户关系，使客户关系生命周期尽可能延长，客户不断重复购买产品或服务，实现客户价值和客户关系价值的最大化。

    A. 客户保持   B. 客户关系开发

    C. 客户流失   D. 客户获取

7. （   ）是指为了恢复和重建与已流失的客户之间的关系，针对那些曾经是企业客户却因为某种原因而终止与企业关系的客户实施的一系列恢复交易的管理行为。

    A. 客户赢返   B. 客户投诉   C. 服务补救   D. 客户保持

二、名词解释

    客户关系   客户流失   客户关系开发   客户保持   客户赢返

三、简答题

1. 什么是客户关系？

2. 客户沟通对企业而言有何作用？

3. 什么是客户投诉？如何进行客户投诉补救？

4. 造成企业客户流失的原因有哪些？

5. 客户流失包括哪些类型？如何挽回流失的客户？

四、案例分析

加拿大歌手投诉美联航

加拿大歌手戴夫·卡罗尔（Dave Carroll）在自己名贵的吉他被美国联合航空

公司（以下简称"美联航"）的行李运输工摔坏后，历经九个月索赔未果。于是，卡罗尔制作了一首名为《美联航摔坏吉他》的音乐视频并上传到 YouTube 上。意想不到的是，这个视频竟在短短 10 天内就获得了近 400 万人次的点击量，后来获 800 万次的点击量，成了互联网上最红的视频之一，在此压力之下，美联航被迫赔偿。

最后的结果虽然不是皆大欢喜，但也是各取所需。卡罗尔获得赔偿，他和他的乐队也由此走红乐坛，进入加拿大流行乐队排行榜前十名。而美联航则"亡羊补牢"，他们希望将《美联航摔坏吉他》用作内部培训的"反面教材"，从而对公司员工进行警示，确保该航空公司的所有客户都能在未来得到更好的服务。

在各大航空公司积极推动网络直销的今天，在它们的网站上最难被找到的就是投诉电话，虽然很多公司的呼叫中心也同时接受旅客投诉，但几乎很少有公司的网站明确注明投诉电话。接下来的电话投诉体验也较差，在历经语音留言或者人工服务的层层转接后，你听到的很可能还是语音留言或让你拿着听筒长达 5~10 分钟也无法接通的人工服务。而在投诉后，你得到的往往就是"我们将尽快致电给您"之类的没有任何时间期限的空洞承诺。而更痛苦的还在后面，当你再次致电查询投诉的处理情况时，你需要对另外一个坐席员再次重复一遍你的经历，而得到的很可能还是一句空洞的承诺及像卡罗尔一样被踢来踢去和遥遥无期的等待，即使你有幸收到一封道歉信或电子邮件，也是毫无人情味的标准文本，相信有过这种体验的人绝对不在少数。

按照传统的客户服务理论，一个不满的客户背后有 25 个不满的客户。而在互联网高度发达的时代，各类网络社区、用户分享网站的蓬勃发展使信息的传播速度更加惊人。在 10 天的时间内，已经有将近 400 万人次通过 YouTube 知道了卡罗尔的不满。

讨论：1. 企业是否应该鼓励客户投诉？为什么？
2. 在网络时代尤其是社交网络时代，企业正确处理客户投诉的重要意义何在？
3. 美联航在此事件上应该有何反思？

实训项目

1. 设计一份客户开发方案。
（1）**实训内容**：以美妆行业为例，设计一份客户开发方案。
（2）**确定要求**：我们可以借助 DeepSeek 来辅助设计一份该行业客户开发方案。
（3）**发送要求**：打开 DeepSeek 页面，在底部的文本框中输入要求并按"Enter"键发送，查看回复，如图 4-5 所示。

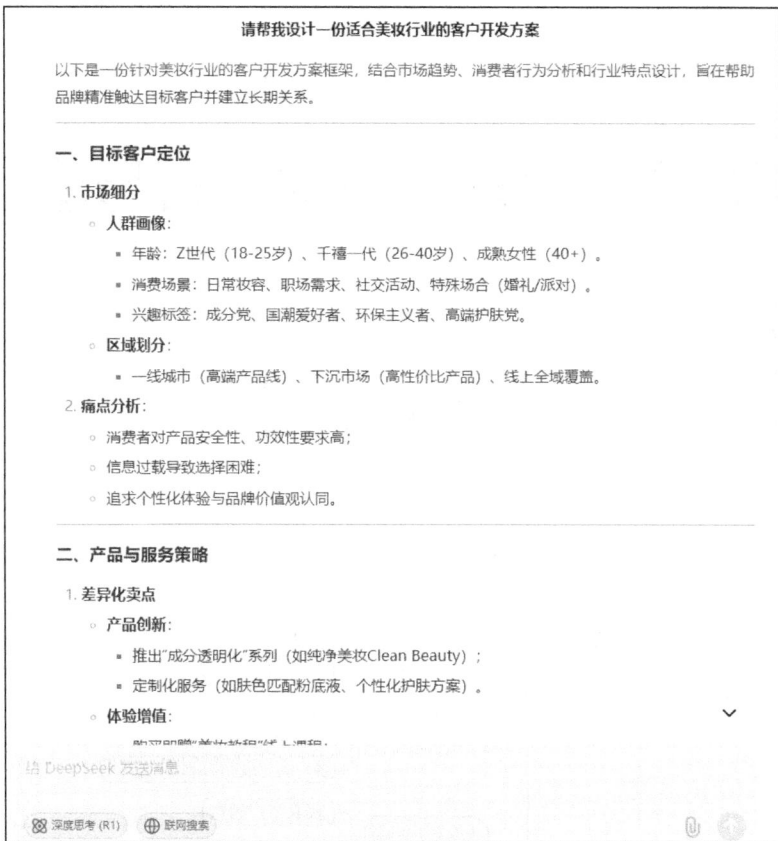

图 4-5　DeepSeek 回复客户开发方案

2. 王薇大学毕业后创业开了一家奶茶店。近日，让王薇苦恼的是，在她的奶茶店附近又新开了一家奶茶店，该店还推出了一些优惠促销活动。王薇发现以前的常客最近不常来了，为维护与客户的关系，王薇计划加强与客户的沟通，请你：

（1）为王薇设计与客户沟通的途径。

（2）说明针对每个途径如何开展客户沟通。

（3）为王薇设计客户流失的挽救策略。

第五章 客户满意的获得与测量

理论框架

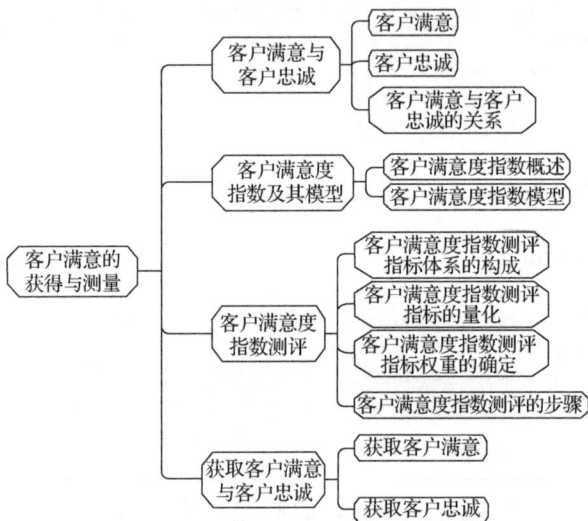

学习目标

【知识目标】

1. 理解客户满意和客户忠诚的内涵。
2. 掌握客户满意和客户忠诚的关系。
3. 掌握客户满意度指数测评的相关内容。

【素养目标】

1. 增强责任意识、服务意识和创新意识。
2. 强化坚持标准、用心服务客户的职业素养。

【能力目标】

1. 能够区别客户满意和客户忠诚。
2. 能够对客户满意度指数进行测量。
3. 能够制订客户满意度测评的策略。
4. 能够制订客户忠诚策略。

胖东来的客户服务

1999 年，胖东来率先推出了包括存车、打气、饮水、电话、衣服熨烫、裁缝裤边等在内的免费服务。同时，无论产品是否购于胖东来，其电器的维修部还提供免费的维修服务。如果一时难以修好或排在等待名单靠后位置，为了不耽误使用，胖东来准备了常用小家电让客户拿回家备用。一些高端电子产品在许昌没有维修点，胖东来就代客户去郑州维修，除厂家维修点收取的维修费用外，其他费用如跑路费等胖东来都分文不取。在胖东来或许昌其他商店买不到的商品，胖东来原价代购，不加费用。

对于客户的投诉，胖东来不仅不反感，而且还鼓励和奖励，为此专门设立一个金额为500 元的客户投诉奖：经当天的值班经理核实确认，发给客户 500 元投诉奖励。胖东来另外一项深得民心的承诺是"7 日内商品正常调价，给予退差价"。

这些服务抓住了客户的心。胖东来的优质服务则可以看作一种变相的补贴，成了吸引客户的强大武器。

思考：客户为什么对到胖东来购物产生依赖？

第一节　客户满意与客户忠诚

一、客户满意

企业提供产品或服务的目的之一是获得客户满意，客户满意对于企业的发展至关重要。

（一）客户满意的概念

客户满意的思想和观念，早在 20 世纪 50 年代就受到世人的关注。学者们对客户满意的认识大多围绕着"期望—差异"范式，这一范式的基本内涵是客户期望形成了一个可以对产品或服务进行比较、判断的参照点。客户满意作为一种主观的感觉，描述了客户某特定购买行为的期望得到满足的程度。

> **慕课视频**
> 观看视频 5.1.1
> 客户满意概述。

菲利普·科特勒认为，客户满意是指"一个人通过对一个产品的可感知效果与他的期望值相比较后所形成的愉悦或失望的感觉状态"。亨利·阿塞尔（Henry Assael）也认为，当产品的实际消费效果达到客户的预期时，就导致了客户满意，

> **课堂讨论**
> 你有过感到满意的消费经历吗？说一说你为什么感到满意。

否则就会导致客户不满意。可见，客户满意是客户得到满足后的一种心理反应，是客户对产品/服务的特征或产品/服务本身满足自己需求程度的一种判断，判断的标准是看这种产品/服务满足客户需求的程度。换句话说，客户满意是客户对所接受的产品/服务过程进行评估，以判断是否能达到他们所期望的程度。

理查德·L.奥利弗（Richard L. Oliver）认为，满意是一种影响态度的情感反应，并提出了一种具有扩展性的客户满意概念，即满意是客户对于自己愿望的兑现程度的一种反应，是一种判断方式，其判断的标准是看这种产品/服务满足客户需求的程度，包括未达到客户要求、达到客户要求和超出客户要求。

（二）客户满意分析

从不同学者的观点可知以下内容。

第一，满意是主观的，是一种客户心理反应，是一种自我体验，具有极强的差异性。对于同样的产品/服务，由于不同的客户关注点不同，不同的客户的满意感受是不一样的。例如对于一家汉堡店，有的客户关注口味，有的客户关注店里的装修风格，有的客户关注价格，有的客户关注服务，有的客户关注产品的营养……因此一家汉堡店向甲、乙、丙三位客户出售同样口味的汉堡时，可能会出现甲客户非常满意，乙客户感觉还可以，而丙客户感觉不满意的情况。即使三位客户都感觉满意，也会出现满意的程度不一样的情况。

第二，客户的满意感是客户对企业产品/服务的体验感知与体验前的期望值比较的结果。例如，甲客户来汉堡店的目的是肚子饿了期望吃汉堡充饥，他发现汉堡非常好吃、物超所值，同时感觉服务和店里的环境都不错，因此就非常满意。

我们怎么知道客户满意的程度呢？从市场营销的角度来讲，客户满意或不满意心理形成的根源在于客户感知的产品/服务质量。客户满意程度的高低可以用 q_1 和 q_0 表示，其中 q_0 为客户的预期，q_1 为客户的感知，当 $q_1>q_0$ 时，客户是惊喜的，这时候客户感到满意；当 $q_1=q_0$ 时，客户的感知与预期相符，这时候客户认为企业所提供的产品和服务都是理所应当的，表现为无感，既没有满意，也没有不满意；当 $q_1<q_0$ 时，客户往往是不满意的，如表 5-1 所示。

表 5-1　客户满意度分析

分类	描述	满意度
$q_1>q_0$	优质的产品或服务质量	客户满意
$q_1=q_0$	可接受的产品或服务质量	客户无感
$q_1<q_0$	难以接受的产品或服务质量	客户不满意

因此，企业在经营时就要做到超出客户的期望。那些只是做到了满足客户的店铺，往往很快就会被客户遗忘。对于那些低于客户期望的店铺，客户会感觉不满意，不仅自己不会再去，还会告诉身边的朋友不要去。所以企业要做到超越客户的期望，以实现客户口碑相传的效果，从客户身上得到后期更多增值的价值。

企业在提升客户满意度时应该注意：第一，针对不同客户各不相同的期望值，要尽力做到使客户的感知大于预期；第二，由于客户的预期在不断提升，企业要做到不断推陈出新，让客户不断有惊喜的感觉；第三，不要给客户不切合实际的期望，期望越高，越难实现，最终会导致客户的不满意。

二、客户忠诚

随着企业与客户关系的延续，客户带来的效益呈递增趋势，如此持续下去能够为企业的发展带来良性循环。

案例 5.1

蛋炒饭的故事

小张下夜班后走在回家的路上，他又累又饿。很快，他在路边发现一个简陋的小饭店，进去坐下后要了一份蛋炒饭。可是蛋炒饭没有滋味，鸡蛋少得可怜，米饭又有些硬。吃到一半的时候，服务员出现了，对小张说："蛋炒饭味道好吗？"她黄鹂般的声音让人身心愉悦，好像对他很关心。小张的心里顿时觉得很舒服，笑着回答说："很好，谢谢！"

从案例中我们可知，服务员获得了客户满意，应该是百分之百的满意，然而，蛋炒饭实在难以下咽，我们可以想象，小张再次光临此店的可能性大吗？显然，小张以后不会再去此店吃饭了。

讨论：小张为什么不会再去该饭店就餐了？

（一）客户忠诚的概念

"忠诚"一词源自古代臣民对皇帝无条件的服从与归顺，后来被学者们引入市场营销领域。客户忠诚是指客户对某企业或某品牌长久的忠心，并且一再指向性地重复购买，而不是偶尔重复购买同一企业的产品或服务的行为。

这个概念包含两种内涵：一种是从态度方面，表现为客户对企业或品牌的长久忠心，也可以理解为客户对企业产品或服务的一种偏好和依赖；另一种是从行为方面，表现为客户对企业产品或服务一再指向性地重复购买，也可以理解为客户能在很大程度上抗拒其他企业提供的优惠、折扣等诱惑，不管环境的影响和市场的作用如何，一如既往地购买所忠诚企业的产品或服务。从人类本性考虑，人的情感会对行为产生重要影响。具体而言，积极情绪有使客户保留或保持过去购买习惯的趋势。类似地，消极情绪可能会使客户做出相反的决定。真正忠诚的客户不仅会反复购买企业的产品或服务，而且还真正喜欢企业的产品或服务。因此，企业只有综合分析客户的购买行为和客户对企业产品或服务的态度，才能更准确地衡量客户的忠诚程度。

慕课视频

观看视频 5.1.2
客户忠诚概述。

（二）客户忠诚的重要性

企业要保留现有客户，除了提升客户满意，还应该注意培养客户忠诚。客户忠诚是企业最大的无形资产，国内外的研究均表明，企业大部分利润均来自占比较小的忠实客户。具体来说，客户忠诚给企业带来的价值主要体现在以下几个方面。

1. 获得良好的口碑效应

客户忠诚会提升企业在客户心目中的形象，调查表明，一个高度忠诚的客户平均会向 5 个人推荐企业的产品或服务，60%的被调查者购买新产品或新品牌是受家庭或朋友的影响。尤其是风险较大的产品，客户在购买新产品或新品牌之前很难评估产品的质量，这时忠诚客户的口碑十分重要，能对购买活动起到很好的促进作用，远远胜过企业自身的广告。

2. 节省开发客户的成本，降低营销成本和服务成本

忠诚客户可以节约企业的营销成本和服务成本。企业赢得一个新客户不但要付出广告宣传成本、人力成本、时间成本和精力成本等，而且在相当长的一段时间内，这些付出的成本很难在客户的基本贡献中得到补偿。忠诚客户会持续地重复购买产品并将产品推荐给他人，给企业带来不断增长的收入，使企业维持客户忠诚的成本呈不断下降的趋势，客户的终生价值随着时间的推移而增加。

3. 使企业的收入增长，并获得溢价收益

忠诚客户不像新客户那样对价格敏感，大多数忠诚客户往往因为需求的满足而愿意承担一定程度的溢价。他们不会计较较高的价格，并且企业必须为新客户支付的营销和服务成本在老客户这里都可以省去。研究结果表明，客户忠诚率提高 5%，企业的利润就能增加 25%～85%。

4. 为企业发展带来良性循环

随着企业与忠诚客户关系的延续，忠诚客户带来的效益呈递增趋势，这样就能够为企业的发展带来良性循环。

（三）客户忠诚的影响因素

为提升客户的忠诚，我们还需要深入了解影响客户忠诚的各个因素。

1. 客户获得利益因素

追求利益是客户的基本价值取向，客户忠诚的根本动力是从忠诚中获取利益。调查结果表明，客户一般也会乐于与企业建立长久关系，其主要原因是希望从忠诚中得到优惠和特殊关照，如果能够得到，就会激发他们与企业建立长久关系。例如，企业实行累积优惠计划，那么对于频繁、重复购买的忠诚客户来说，一旦选择了这家企业，就可以享受奖励，而如果中途背叛、放弃，客户就会失去眼看就要到手的奖励，并且原来积累的利益也会因转移而失效，这样就会激励客户对企业忠诚。当然，利益要足够大，要能够影响和左右客户对是否忠诚于该企业的选择。

2. 客户的信任因素

客户与企业建立长久关系的愿望还来自希望减少购买风险，因为客户的购买

事实上存在一定的风险。因此，与企业交易的安全感是客户与企业建立忠诚关系的主要动力之一。客户为了避免和减少购买过程中的风险，往往倾向于与自己信任的企业保持长期关系。

信任使购买行为的实施变得简单易行，同时也使客户对企业产生信赖感。可以说，信任是使客户产生忠诚的前提条件，是忠诚的直接基础。

3. 客户的情感因素

如今，客户的购买行为情感化倾向在不断增强，情感在客户忠诚中的影响也不容忽视，这是因为企业能够给予客户的利益，竞争者同样也可以提供，但竞争者难以攻破在情感深度交流下建立的客户忠诚。日本最大的企业形象设计所兰德社曾评论，松下电器和日立电器在质量、价格等方面并不存在差别，有的客户之所以只购买松下电器或只购买日立电器，只是因为他更喜欢这家公司。

可见，企业与客户一旦有了情感交融，就会使企业与客户间从单纯的买卖关系升华为休戚相关的合作伙伴关系，当企业与客户的感情深厚时，客户就不会轻易背叛，即使受到其他利益的诱惑也会仔细权衡。

案例 5.2

小米的客户沟通

小米通过建立"小米社区"、开设"小米之家"、举办"米粉家宴"、推出特别版产品、邀请资深客户参与产品发布会等举措，贴近客户，倾听客户心声，给客户带来群体归属感和情感认同。

成立初期，小米与客户交流的主要场所是论坛和微博。当时，小米论坛上每天有实质内容的帖子可达 8000 多条，每位工程师每天要回复 150 条帖子，雷军每天也要花 1 小时进行回帖。对客户的帖子、问题（即使只是一个表情符号），工程师都要以最快的速度进行回复，且回复不能少于 14 个字。每个帖子后面有状态显示该建议被采纳的程度及给予反馈的工程师身份认证（ID）。凡此种种，目的就是要让发帖者感觉受到重视。

同城会是小米与客户沟通的线下平台之一。每隔一段时间，小米就会在用户较多的城市举办同城会。小米根据用户数量的多少来决定举办同城会的顺序，然后在论坛上进行宣传，客户可报名参与，每次同城会都会邀请几十位老客户莅临现场，与工程师面对面交流，这充分满足了客户的参与需求。

这些做法培养了大量"米粉"，他们不仅购买小米产品，还将小米产品分享给朋友，成为小米的代言人。

讨论： 小米与客户沟通的做法对你有哪些启发？

4. 客户的转移成本

客户的转移成本是客户为更换产品或服务供应商所需付出的各项代价的总和，不仅包括货币成本，还包括由不确定性所引发的心理成本和时间成本。转移成本的加大有利于客户忠诚的建立和维系，如花时间、金钱、精力掌握了某一品牌产品的使用方法，这将成为客户的转移成本，一旦转移，客户将不得不重新学习新品牌产品的使用方法，这样客户在更换品牌时会慎重考虑，不会轻易背叛，而会尽可能忠诚。

采取累积优惠及成套礼品等方法也可能提高客户的转移成本，使客户从主观上尽量避免流失。例如，机票的贵宾卡、超市的积分卡、快餐店的组合玩具等，客户一旦发生转移，就将损失里程奖励、价格折扣、集齐玩具等利益，这样可以将客户"套牢"，使其尽可能忠诚。

5. 其他因素

除了上述因素，还有其他因素也会影响客户忠诚，如企业的内部管理。如果对客户的投诉与抱怨处理不及时、不妥当，也会影响客户的忠诚。如果由于企业在客户管理方面不够细腻、规范，企业对客户的影响便会相对乏力，一旦与客户联系的业务员跳槽，老客户就有可能随之而去。

影响客户忠诚的因素包括提升客户忠诚的积极因素及维持客户忠诚的消极因素。积极因素是指能够驱动客户主动保持与企业关系的因素，主要是企业能够给客户带来更多的收益。消极因素是指推动客户被动维持关系的因素，如由于客户退出关系需要遭受的损失和代价。

一方面，企业需要不断增强为客户提供的价值，增强客户对企业的心理依附；另一方面，企业也需要不断提高客户退出关系的壁垒，让客户更长时间维持与企业的关系。另外，不少研究和企业实践都表明，客户满意是影响客户忠诚的重要因素，之后会专门阐述。

慕课视频

观看视频 5.1.3 客户满意与客户忠诚的关系。

三、客户满意与客户忠诚的关系

许多研究认为客户满意与客户忠诚之间存在着正相关的关系。一般来说，客户满意度越高，客户的忠诚度也越高；客户满意度越低，客户的忠诚度也越低。但是，不少研究发现客户满意与客户忠诚之间并没有必然的联系。《哈佛商业评论》报告显示，对产品满意的客户中，仍有 65%～85% 的客户会选择新的替代品。有不少以"服务所有客户"为宗旨的企业陷入了"满意困境"。

（一）客户忠诚与客户满意的区别

客户满意是一种心理感受，带有主观性；而客户忠诚是客户满意的行为变化，是一种客观标准，受主观性的影响，作为客户心理反应的客户满意是非常难以衡量的，尽管企业可以采用大规模的市场调查等活动对客户满意进行调查，但却无法完全保证其准确性。相反，客户忠诚是客户的一种客观行为，其衡量的量化指标就是客户的重复购买、持久度和态度。而且满意是一种暂时的态度，而忠诚关乎持久态度和行为。一个忠诚的客户必然定时地进行再消费、交叉消费企业的其他产品或服务，向其他人推荐购买同类的产品或服务，同时不为竞争者的蝇头小利所动心。

（二）客户满意与客户忠诚的联系

1. 满意可能忠诚

一般来说，满意是导致重复购买的最重要的因素，如果企业没有让客户满意，就没有建立客户忠诚的基础。虽然一个满意的客户不一定现在就是忠诚客户，但很有可能将来会成为忠诚客户。

> **课堂讨论**
>
> 能否按照客户是否满意为忠诚客户进行分类？如果可以，说一说能够分成几类？

2. 满意也可能不忠诚

一般认为满意的客户在很大程度上就是忠诚的客户，但实际上它们之间并不存在必然联系。许多企业管理人员发现：很多客户虽然满意，但还是离开了。要获得客户的忠诚，除了让他们满意，还受其他许多因素的影响。也就是说，如果企业仅仅把注意力放在客户满意上，仍无法有效控制客户流失。

3. 不满意则一般不忠诚

一般来说，要让一个不满意的客户忠诚的可能性很小，如果不是无可奈何、迫不得已，客户是不会"愚忠"的。即一个不满意的客户迫于某种压力，不一定马上流失、马上不忠诚，但一旦条件成熟，就会不忠诚。

4. 不满意也可能忠诚

存在以下两种情况时不满意也可能忠诚。

第一，惰性忠诚，指客户尽管对产品或服务不满意，但是由于本能的惰性而不愿意去寻找其他供应商或服务商。

第二，垄断忠诚，指在卖方占主导地位的市场条件下，或者在不开放的市场条件下，尽管客户不满意却因为别无选择，找不到其他替代品，不得已只能忠诚。例如，市场上仅有一个供应商，或是政府规定的，或是通过兼并形成的寡头垄断，在这种垄断的背景下，满意度对忠诚度不起作用——尽管不满意，客户也别无选择，仍然会保持很高的忠诚度，因为根本没有存在"二心"的机会和条件。

从以上分析来看，客户忠诚很大程度上受客户满意的影响，但是不绝对。一般来说，忠诚的客户来源于持续满意（完全满意或部分满意）的客户，但满意的客户也不一定忠诚；只要客户有足够的选择机会和选择意愿，不满意就会不忠诚；但是忠诚的客户也未必满意，客户可能不满意但迫于无奈而忠诚。

第二节 客户满意度指数及其模型

在客户关系管理广阔的领域中，客户满意度指数扮演着至关重要的角色。它不仅是衡量客户对产品或服务满意程度的量化指标，更是企业持续改进和提升客户体验的指南针。

一、客户满意度指数概述

满意度对客户未来的购买行为有着重要的影响，同时也体现了企业的产品或服务是否达到客户期望的程度，大量的研究关注了如何衡量客户满意度。

（一）客户满意度

客户满意度是客户满意的程度，是客户在购买和消费相应的产品或服务所获得的不同程度的满足状态。客户满意度反映的是客户的一种心理状态，它来源于客户对企业的某种产品或服务消费所产生的感受与自己的期望所进行的对比。也就是说"满意"是一个相对概念。客户满意度是一个变动的目标，能够使一个客户满意的产品或服务，未必会使另外一个客户满意，能使客户在一种情况下满意的产品或服务，在另一种情况下未必能使其满意。客户满意度是客户满足情况的反馈，它是对产品或服务性能，以及产品或服务本身的评价，给出了（或者正在给出）一个与消费的满足感有关的快乐水平，包括低于或者超过满足感的水平，是一种心理体验。

（二）客户满意度指数

在客户满意度管理中，我们要想获得进行客户满意管理的科学依据，必须建立客户满意度指数来衡量客户满意的不同状态，以便制定相应的营销策略。客户满意度指数（Customer Satisfaction Index，CSI）最早是由设在美国密歇根大学商学院的美国质量研究中心和美国质量协会共同发起的，它是站在客户的角度评定产品或服务质量，并应用计量经济模型计算出测评结果的一种科学的质量评定方法。当前，不少国家和地区设立相关研究机构，推出客户满意度指数模型。

二、客户满意度指数模型

自 1989 年瑞典最先建立起客户满意度指数模型后，美国等 20 多个国家和地区先后建立了全国或地区性的客户满意度指数模型。

（一）瑞典客户满意度指数模型

瑞典客户满意度指数模型（Sweden Customer Satisfaction Barometer，SCSB）是世界上第一个全国性客户满意度指数模型（见图 5-1）。SCSB 的研究既可以帮助企业制定合理的投资决策，也可以有效地预测所产生的经济产出。这个模型是基于计量经济学原理的，其结构简单，一共由五个变量、六种关系构成。SCSB是此后出现的各种类型满意度指数模型的基础。

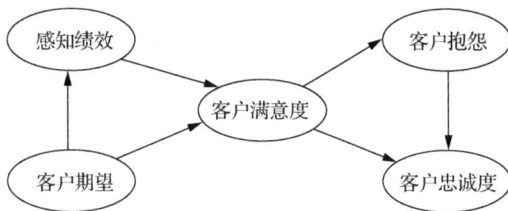

图 5-1 瑞典客户满意度指数模型

从模型图中可知，客户满意度是该模型的核心，而影响客户满意度的因素包含客户期望和感知绩效两个因素。在这两个因素的影响下，模型的结果变量是客户抱怨，而客户抱怨也会影响客户忠诚度，因此最终变量其实是客户忠诚度。客户忠诚意味着客户会重复购买或者继续享受企业提供的产品或服务，企业需要把客户抱怨通过某些手段转换成客户忠诚，基于"服务补救悖论"，企业对自身处理客户抱怨的系统要求很高，而一旦处理不好则极有可能流失客户。

（二）美国客户满意度指数模型

在 SCSB 推出几年后，学者费耐尔（Fornell）带领团队开始在美国境内开展调查研究，于 1994 年发布了美国客户满意度指数模型（American Customer Satisfaction Index，ACSI），又称费耐尔模型（见图 5-2）。其目的是帮助美国企业了解自己的市场地位和行业竞争态势，并确定下一步的目标与方向，提高市场竞争力。ACSI 模型建立在 SCSB 模型的基础上，经过了调整和修改，最终在对 SCSB 模型优化后，在原因变量感知绩效里单独罗列了另一个因变量：感知质量。

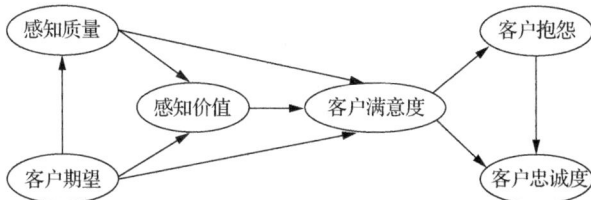

图 5-2 美国客户满意度指数模型

目前，ACSI 已成为迄今为止最为成熟和被广泛运用的客户满意度指数模型，被世界上许多国家广泛采用，该模型由 6 个潜在变量及其因果关系构成。

（三）欧洲客户满意度指数模型

欧洲客户满意度指数模型（European Customer Satisfaction Index，ECSI）研究在欧盟委员会和欧洲舆论和市场研究协会支持下，由欧洲质量组织和欧洲质量管理基金会共同资助完成。ECSI 以 ACSI 为基础进行修改和调整，对比 ACSI，ECSI 的核心结构及概念不变，保留了大部分 ACSI 的结构变量，删除了客户抱怨，增加了品牌形象（见图 5-3）。

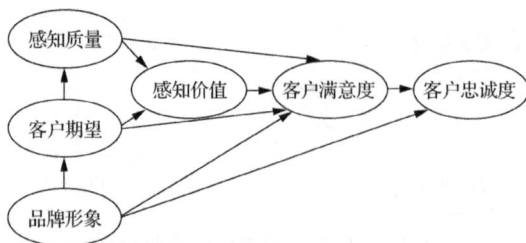

图 5-3 欧洲客户满意度指数模型

ECSI 增加了品牌形象作为新的原因变量，这一变量不仅会影响客户期望，还会影响客户满意度甚至客户忠诚度。而该模型认为客户抱怨对客户忠诚度无明显影响，因此取消了客户抱怨。另外，ECSI 对原因变量中的感知质量从两个维度进行了细分，即从企业产品出发的硬件和从企业服务角度出发的软件两个维度。专家们逐渐意识到，大型企业自身的品牌形象会给客户带来一定的期望值，而服务又伴随企业提供产品的整个过程，甚至客户可能在产品销售完成后也可能要求企业提供售后服务，在产品同质化越来越严重的今天，服务对客户满意度的影响非常显著。

（四）中国客户[①]满意度指数模型

中国客户满意度指数模型（China Customer Satisfaction Index，CCSI）由中国标准化研究院和清华大学于 2002 年合作研究推出（见图 5-4）。CCSI 是在参照和借鉴 ACSI 的基础上，根据中国国情和特点而建立的具有中国特色的质量评测方法。CCSI 以客户作为质量评价主体，以客户需求作为质量评价标准，按照消费行为学和营销学的研究结论，通过构建一套由品牌形象、预期质量、感知质量、感知价值、客户满意度、客户抱怨和客户忠诚度 7 个主要指标组成的严格的模型，计算出客户对产品使用的满意度指数。此模型是经过了国家鉴定的满意度测评方法，目前已经运用到很多的企业和政府决策中。

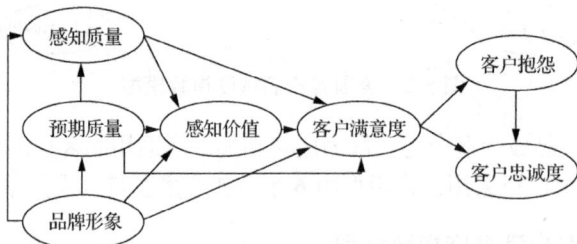

图 5-4 中国客户满意度指数模型

（五）卡诺模型

受行为科学家弗雷德里克·赫兹伯格（Fredrick Herzberg）的双因素激励理论启发，1984 年，狩野纪昭教授构建出了卡诺模型。该模型是对客户需求分类和优先排序

---

① 我国相应标准研究中采用"顾客"一词。

的有用工具，以分析客户需求对客户满意的影响为基础，体现了产品性能和客户满意之间的非线性关系（见图 5-5）。该模型定义的三个层次的客户需求：基本型需求、期望型需求和兴奋型需求，根据绩效指标分类就是基本因素、绩效因素和激励因素。

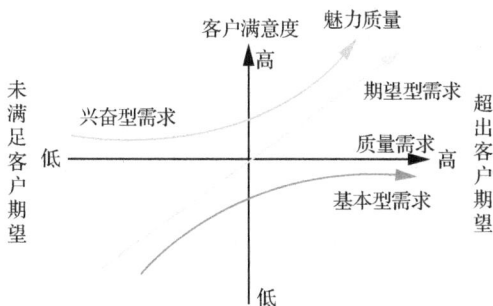

图 5-5　卡诺模型

第三节　客户满意度指数测评

　　企业为及时掌握其客户满意度水平，即客户满意度指数，需要调查了解客户在购买和使用产品或服务整个过程中的主观感受，并利用统计分析方法将这些主观感受定量化，这是一个目的性和技术性都很强的调查研究活动，称为客户满意度指数测评。为了确保测评结果准确地反映客户满意度现状并具有管理上的指导作用，企业需要有计划、有步骤地开展客户满意度指数测评工作。

一、客户满意度指数测评指标体系的构成

　　我们知道影响客户满意度的因素是多方面的，因此客户满意度指数测评指标体系是一个多指标的结构，运用层次化结构设定测评指标，能够由表及里、深入清晰地表述客户满意度指数测评指标体系的内涵。通过长期的实践总结，我们将测评指标体系划分为四个层次。

　　客户满意度指数测评指标体系可以依据客户满意度指数模型建立，其中"客户满意度指数"是总的测评目标，为一级指标，即第一层次；模型中影响客户满意度的要素即潜在变量作为二级指标，即第二层次；根据不同的产品、服务、企业或行业的特点，可将每个要素展开为具体的三级指标，即第三层次；三级指标可以展开为问卷上的问题，形成了客户满意度指数测评指标体系的四级指标，即第四层次。

　　以 ACSI 为例，一级指标为客户满意度指数；6 个潜在变量即客户期望、感知质量、感知价值、客户满意度、客户抱怨和客户忠诚度为二级指标；二级指标展开得出具体的三级指标，以客户忠诚度指标为例，可展开为重复购买的类别、能承担的涨价幅度和能抵制的竞争者降价幅度 3 个具体指标；根据三级指标设计调查问卷

形成四级指标，如三级指标中重复购买的类别因素可以展开为自己重复购买的可能性和推荐给他人的可能性等。

在实施过程中需要注意以下问题。

第一，每一层次的测评指标都是由上一层次的测评指标展开的，而上一层次的测评指标则是通过下一层次的测评指标的测评结果反映出来的，如产品质量和服务质量是由客户对质量的感知展开的，同时客户对质量的感知结果取决于客户对产品或服务质量的感知。

第二，一级指标和二级指标的内容对所有的产品或服务基本上都是适用的。

第三，在对某一具体产品或服务进行客户满意度指数测评时，应根据客户对产品或服务的期望和关注点选择具体指标，并灵活运用。例如，客户对耐用消费品和非耐用消费品的期望和关注点是不同的，对此企业应该选择不同的具体指标。

二、客户满意度指数测评指标的量化

客户满意度指数模型中的指标测评主要是针对客户的态度展开调查的，通过直接询问或观察的方法来了解客户的态度是很困难的。客户满意度指数测评的本质是一个定量分析的过程，采用态度量化的方法，即用数字去反映客户对测量对象属性的态度，因此需要对测评指标进行量化。

（一）量表设计

客户满意度指数测评了解的是客户对产品、服务或企业的看法、偏好和态度，利用某些特殊的态度测量技术进行量化处理，将会使那些难以表达和衡量的"态度"客观又方便地表示出来，这种态度测量技术所运用的基本工具，就是所谓的"量表"。它是测量客户态度、看法和偏好等心理特征和价值取向的最常用和最有效的方法。

量表设计包括两步。第一步是"赋值"，根据设定的规则，对不同的态度特性赋予不同的数值。例如，你对某超市服务态度有什么看法？答案是非常好、很好、好、一般、不好，对以上五种态度可以分别赋予5、4、3、2、1的分值。量表中用数字表征态度的特性是出于两个目的：一是数字便于统计分析；二是数字可以使态度测量活动本身变得容易、清楚和明确。

第二步是"定位"，将这些数字排列或组成一个序列，根据受访者的不同态度，将其在这一序列上进行定位。如果你的态度选择是好，对应的分值是3，可以在量表中找到相应的位置。

（二）客户满意度指数测评指标量表

企业对客户满意度指数测评时一般用李克特量表，李克特量表又称总加量表，是由一组与测量问题有关的陈述语和记有等级分数的答案组成的，并以总分作为评价依据，主要用于测量态度等主观指标强弱程度的社会测量表。表5-2所示是利用李克特量表测评客户对某产品质量满意程度的实例，企业对产品包装、产品价格、产品性能、产品配送和产品售后五个测评指标进行满意度指数测评。现在可以对5

级态度"很满意、满意、一般、不满意、很不满意"依次赋予 5、4、3、2、1 的分值，让受访者通过直接在相应位置打钩或画圈的方法打分。

表 5-2　利用李克特量表测评客户对某产品质量满意程度的实例

测评指标	很满意	满意	一般	不满意	很不满意
产品包装	○	○	○	○	○
产品价格	○	○	○	○	○
产品性能	○	○	○	○	○
产品配送	○	○	○	○	○
产品售后	○	○	○	○	○

根据心理学的研究，企业可以通过比较客户期望与客户的实际感受将客户的满意状态分为 7 个层次或 5 个层次。企业一般选取 5 个层次的客户满意度评价标准，即很满意、满意、一般、不满意、很不满意，客户满意度评价标准及相关内容如表 5-3 所示。

表 5-3　客户满意度评价标准及相关内容

标准	具体描述内容
很满意	客户在消费了某种产品之后形成的激动、满足状态。在此状态下，客户完全达到了甚至超出了客户期望的效果。这时客户会增加重复购买次数，还会向亲朋好友正面宣传企业
满意	客户在消费了某种产品之后所产生的称心、愉快的状态。在此状态下，客户肯定自己的购买选择，而且还会向他人推荐
一般	客户在消费某种产品过程中没有明显的情绪变化。既说不上好，也说不上差，即没有明显的正面情绪或负面情绪
不满意	客户在购买和消费某种产品后呈现生气、烦恼的状态，客户有时勉强可以忍受，但一般会希望企业通过一些行动进行弥补，也会对此进行负面宣传，告知自己的亲朋好友不要购买或消费该产品
很不满意	客户在消费了某种产品之后感到愤怒、愤慨，不仅想办法进行投诉，还会到处进行负面宣传以发泄心中的不满，败坏企业的声誉

评判单个受访者态度的强弱，可以依据其对全部测量问题得分的总和进行评判，评判群体受访者态度的强弱，可以依据每位受访者总得分的平均值进行评判。如果这些受访者具有代表性，则可以推导出一般客户的态度。

三、客户满意度指数测评指标权重的确定

在影响客户满意度指数的测评指标中，每个测评指标的变化对客户满意度指数变化的影响程度是不同的，需要被赋予不同的权重。权重是一个相对的概念，是针对某一指标而言的，某一指标的权重是指该指标在某一评价中的相对重

课堂讨论

权重确定与分配的方法是否有优劣？企业怎样选择合适的方法？

要程度。例如，某智能手机的产品功能指标和价格指标对客户而言，其重要程度是有区别的。

权重的确定和分配是客户满意度指数测评指标体系设计中非常重要的一个步骤，对于能否客观、真实地反映客户满意度起着至关重要的作用。常用的权重确定与分配的方法有专家赋权法、直接比较法、对偶比较法、德尔菲法等。

（一）专家赋权法

客户满意度指数测评指标体系确定后，测评专家根据自己的经验和对实际情况的主观判断直接赋予各项指标权重。其优点是可以根据指标的重要性给予相应的权重，重要的指标赋予较大的权重，不重要的指标赋予较小的权重，比较符合权重的本质。但由于指标的权重直接由测评人员给出，因此权重的合理性受到测评专家主观认识的影响，带有一定的主观性。

（二）直接比较法

以同级别指标内对客户满意度影响最小的指标为基础，其他指标与之一一作比较，做出影响程度是其多少倍的判断，进而得出各个测评指标的权重。直接比较法示例如表 5-4 所示。

表 5-4　直接比较法示例

测评指标	影响程度最小	比较倍数	权重
产品包装	1	—	1/7≈0.14
产品价格	—	2	2/7≈0.29
产品性能	—	2.5	2.5/7≈0.36
产品配送	—	1.5	1.5/7≈0.21
合计	7		1

由此可知，对产品的 4 个测评指标中，产品包装权重为 0.14，产品价格权重为 0.29，产品性能权重为 0.36，产品配送权重为 0.21。

（三）对偶比较法

对偶比较法是将测评指标的重要程度分为非常重要、重要、比较重要和不重要 4 个等级，把所有要比较的指标配对，一对一地对指标的某一特征进行比较，做出重要程度的判断。

当 A 和 B 比较时，A 非常重要，B 不重要，则 A=4，B=0；
当 A 和 B 比较时，A 重要，B 比较重要，则 A=3，B=1；
当 A 和 B 比较时，A 和 B 同样重要，则 A=B=2。
表 5-5 所示是对偶比较法示例。

表 5-5　对偶比较法示例

测评指标	产品包装	产品价格	产品性能	产品配送	产品售后	合计	权重
产品包装	—	1	1	1	1	4	4/40=0.1
产品价格	3	—	1	3	2	9	9/40=0.225
产品性能	3	3	—	3	2	11	11/40=0.275
产品配送	3	1	1	—	2	7	7/40=0.175
产品售后	3	2	2	2	—	9	9/40=0.225
合计	12	7	5	9	7	40	1.00

由此可知，对产品的 5 个测评指标中，产品包装权重为 0.1，产品价格权重为 0.225，产品性能权重为 0.275，产品配送权重为 0.175，产品售后权重为 0.225。

（四）德尔菲法

德尔菲法也称专家调查法，是依据系统的程序，采用匿名发表意见的方式对某个问题进行测评的方法。在实施过程中，专家之间不发生横向联系，专家只能与调查人员进行信息沟通。经过多轮次调查收集专家对所提问题的看法，经过反复征询、归纳、修改，最后汇总成专家基本一致的看法，作为集体判断的结果。这种方法具有广泛的代表性，较为可靠。

以下为德尔菲法的具体实施步骤。

1. 组成专家小组

按照问题所需要的知识范围，确定专家。专家人数的多少，可根据预测问题的大小和涉及面的宽窄而定，一般不超过 20 人。

2. 提问并收集答复

向所有专家提出所要测评的问题及有关要求，并附上有关这个问题的所有背景材料，同时请专家提出还需要什么材料。然后，专家做书面答复。

3. 专家意见汇总反馈

各个专家根据他们所收到的材料，提出自己的预测意见，并说明自己是怎样利用这些材料并提出预测值的。将各位专家第一次判断意见汇总，列成图表，进行对比，再分发给各位专家，让专家比较同他人的不同意见，修改自己的意见和判断。也可以把各位专家的意见加以整理，或请身份更高的其他专家加以评论，然后把这些意见再分送给各位专家，以便他们参考后修改自己的意见。

逐轮收集意见并向专家反馈信息是德尔菲法的主要环节。收集意见和信息反馈一般要经过三四轮。在向专家进行反馈的时候，只给出各种意见，但并不说明发表各种意见的专家的具体姓名。这一过程重复进行，直到每一位专家不再改变自己的意见为止。

第五章　客户满意的获得与测量

4. 综合意见确定权重

对专家的意见进行综合处理。德尔菲法常规的步骤为召集专家开会、通过集体讨论、得出一致预测意见。

德尔菲法的优点：一是能充分发挥各位专家的作用，集思广益，准确性高；二是能把各位专家意见的分歧点表达出来，取各家之长，避各家之短。

四、客户满意度指数测评的步骤

客户满意度指数测评是一项系统工作，为确保效果，可以遵循一定的程序。

（一）测评步骤

测评客户满意度指数的基本步骤如图 5-6 所示。

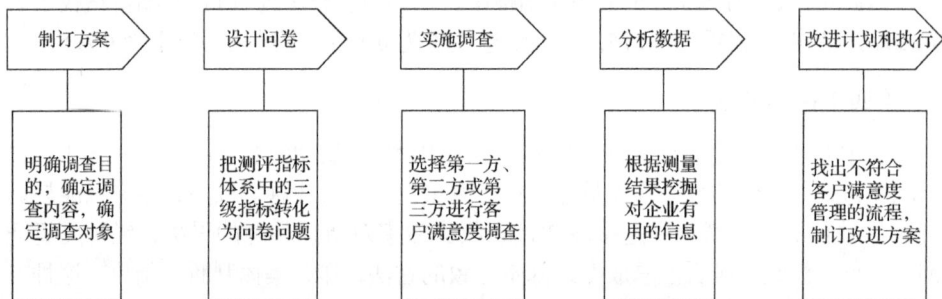

图 5-6　客户满意度测评步骤

1. 制订方案

任何正式的满意度指数测评活动都是一项系统工程。为了提高测评的准确度，我们在具体开展调查工作以前，应该根据研究的目的、调查对象的性质，事先对整个实施工作的各个阶段进行通盘考虑和安排，制订合理的工作程序，即提出相应的实施方案。

一是明确调查目的。方案必须指出项目的背景、想研究的问题和可能的几种备用决策，指明该项目的调查结果能给企业带来的决策价值、经济效益、社会效益，以及在理论上的重大价值。例如，客观、科学、系统地评价客户对产品或服务的满意度，制定相应的改进措施，完善客户服务体系，提高客户服务水平，提高市场竞争的综合能力，取得最大的经营绩效。

二是确定调查内容。也就是识别客户和客户的需求结构，明确开展客户满意度调查的内容。不同的企业、不同的产品拥有不同的客户。不同群体的客户，其需求结构的侧重点是不相同的，如有的侧重于价格，有的侧重于服务，有的侧重于性能和功能等，一般来说，调查的内容应依据所要解决的调查问题和目的所必需的信息资料来确定，具体的内容应就客户满意度指数三级测评指标体系的指标并结合实际情况加以确定。

三是确定调查对象。也就是确定谁是企业的"客户"，企业要从哪里获得所需的数据。在选择调查对象的时候，如果目标客户数量较少，应该进行全体调查。但对于大多数企业来说，要进行全部客户的总体调查是不必要的，应该进行科学的随机抽样调查，企业可以根据情况选择不同的抽样方法。

除此之外，制订测评方案时还应思考如何选择合适的调查方法进行测评，同时也要考虑调查时间进度和经费开支情况。客户满意度调查可以针对全部指标或部分指标，如家电企业可以针对某个电器产品来进行客户满意度测评，了解产品能否满足客户需求，以及客户在使用中有无发现问题以便改善产品的设计；也可以针对售后服务进行测评，判断售后服务是否令客户满意，处理售后服务的流程是否合理。

2．设计问卷

按照已经建立的客户满意度指数测评指标体系，把三级指标展开转化为问卷上的问题。问卷设计是整个测评工作中关键的环节，测评结果是否准确、有效，很大程度上取决于此。问卷既要包含让客户从自身利益出发评估企业产品或服务的满意情况的预设答案选择，也要包括被调查者以开放方式回答的问题，从而使企业更详细地掌握他们的想法。最后企业还需要对设计好的问卷进行预调查。

3．实施调查

企业可以选择第一方、第二方或第三方进行客户满意度调查。企业内部客户满意度调查方法主要有调查问卷、不记名意见箱、面谈询问。企业外部客户满意度调查方法主要有面谈访问、邮寄问卷调查、电话调查、电子问卷调查等。随着网络技术的发展，利用网络进行客户满意度调查也是非常方便的，而且针对性较强。例如，在麦当劳和肯德基，客户使用微信支付，支付后就会收到微信平台自动推送的满意度测评问卷；天猫超市在客户购买产品后，会利用电子邮件发送调查链接，了解客户对物流配送的意见；而沃尔玛则利用在收银台张贴可以直接进入客户调查的二维码，鼓励客户参与调查。

4．分析数据

企业进行客户满意度调查后，要根据测量结果挖掘对企业有用的信息。企业应建立健全分析系统，将更多的客户资料输入数据库，并不断更新客户信息。运用科学的方法，分析客户发生变化的状况和趋势；研究客户消费行为有何变化，寻找其变化的规律，为提高客户满意度和忠诚度打好基础。

5．改进计划和执行

在对收集的客户满意度信息进行科学分析后，企业就应该立刻检查自身的工作流程，在"以客户为关注焦点"的原则下开展自查和自纠，找出不符合客户满意度管理的流程，制订企业的改进方案，并组织企业员工执行，以达到提高客户满意度的目的。可以说，客户满意度调查反映了客户对企业方方面面的看法，其结果同时还是检验企业内有关部门工作绩效的重要手段。为了提高市场占有率，企业有时可以广泛进行"不满意度调查"，调查对象包括自己和竞争者的客户，这样可以找到

第五章　客户满意的获得与测量

自己和竞争者的不足，选择一定的策略将竞争者的客户转为自己的客户，以达到扩大市场占有率的目的。

（二）客户满意度指数测评存在的误区

客户满意度的调查，可以聘请外部专家，也可以由本企业内部人员组成小组或设立办公室开展。但在具体的实施过程中，企业应特别注意避免以下几个误区。

1. 对客户满意度测评工作缺乏正确的认识

企业开展客户满意度指数测评，应本着科学认真的态度。目前，对客户满意度指数测评，业界仍存在两种看法：一种认为客户满意度指数测评很容易做，另一种则认为客户满意度指数测评很难做。认为客户满意度指数测评很容易做的，实际上并未采取科学认真的态度来做，以致调查结果没有可信度，甚至对企业和客户产生误导作用；认为客户满意度指数测评很难做的，只看到客户满意度调查需要大量的人力、物力和财力，因此消极对待。这两种看法都是片面的，都阻碍了客户满意度指数测评在大范围内进行和发挥作用。

2. 企业没有足够重视

很多企业在理论上表现得很重视客户满意度，每天喊着"客户就是上帝""一切为了客户的利益""客户是企业的衣食父母"等口号，但实际上却欺骗客户，根本不把客户放在心上，也没有重视开展客户满意的测评工作。长期以来，这会毁坏企业的根基，影响企业的发展，危及企业的生存。

3. 测量因素选择不合适，测量方法有待改进

许多企业在测量客户满意度时，是根据"自以为对客户重要"的标准来评估的，而不是立足于客户的想法和感受。例如，当一些高级主管和客户服务专家足不出户，用个人经验来定位测量客户满意度的因素时，他们并没有意识到，他们所评判的许多因素其实与企业系统地发展起来的高质量服务关系不大。对于企业所测量和评估的内容，特别是企业的日常业务，客户会不以为意，这是因为客户认为企业的工作本应该这么做。如果企业在客户满意度调查中长此以往，不仅会麻痹自身，导致自己的工作没有任何改进，同样也很容易导致客户最终离开企业。

第四节　获取客户满意与客户忠诚

获取客户满意与客户忠诚是企业留住客户的关键，企业要基于客户满意与客户忠诚的影响因素、衡量指标等，致力提升客户满意度和忠诚度，以此提升企业的竞争力。

一、获取客户满意

从以上影响客户满意的因素考虑，企业要实现客户满意，必须从两个方面着

手：一是把握客户期望；二是让客户感知价值超出客户期望。

（一）把握客户期望

慕课视频

观看视频 5.4.1
跨越客户满意陷阱。

我们知道，如果客户期望过高，而企业提供给客户的产品或服务的感知价值没有达到客户期望，则客户就会感到失望，从而导致不满。可见，过高的期望在无形中会增大企业的服务成本，如此看来，企业的努力是事倍功半之举，因为负责任的企业不会让客户乘兴而来，败兴而归。但是，如果客户期望过低，可能就没有兴趣来购买或者消费企业的产品或服务了。客户期望过高、过低都不行，企业必须对客户期望加以把握。那么，企业如何把握客户期望呢？

1. 以当前的努力培育良好的客户期望

如果企业能够认真做好当前的工作，从身边的事情做起，从小事做起，从细节做起，努力使客户得到满意的产品或服务，长此以往，就能够使客户逐渐形成对企业良好的印象与口碑，进而使客户形成对企业的良好期望。

2. 不过度承诺、留有余地的宣传

在一定的感知水平下，如果企业的承诺过度，客户的期望就会被抬高，从而造成客户感知与客户期望的差距。企业要根据自身的实力进行恰如其分的承诺，承诺能够做得到的事情，不能过度承诺。

3. 通过价格、包装、有形展示等影响客户期望

企业可以通过制定合适的价格来影响客户期望，如果试图使客户形成高期望，就可以定高价格。企业也可以通过包装、有形展示来影响客户的期望，如果试图使客户形成高期望，可以通过精美的包装、高档的装修、现代化的设施与装备来实现。企业要提升客户满意度，必须采取相应的措施来引导甚至修正客户对企业的期望，让客户对企业的期望处于一个对企业有利的恰当的水平。

（二）让客户感知价值超出客户期望

如果企业善于把握客户期望，为客户提供超期望的感知价值，就能够使客户产生惊喜，提升其满意度。提高客户感知价值可以从增加客户的总价值和降低客户的总成本两个方面考虑。

1. 增加客户的总价值

（1）提升产品价值。企业可以通过提升产品品质、为客户提供满足其个性化需求的产品、塑造企业品牌形象等工作提高客户对企业的产品价值感知。

（2）提升服务价值。随着购买力水平的提高，客户对服务的要求也越来越高，服务的质量对购买决策的影响越来越大，能否给客户提供优质的服务已经成为提高客户的感知价值和客户满意度的重要因素。这就要求企业站在客户的角度，想客户所想，在服务内容、服务质量、服务水平等方面提高档次，从而提高客户的感知价值，进而提高客户的满意度。

美捷步：管理客户预期

美国鞋类电商美捷步（Zappos）通过管理客户预期来打造口碑。美捷步向客户承诺，下单后 4 天之内将鞋子送到，但大多数情况下隔天即到，公司推出售后延迟付款服务：客户购买商品后 90 天内可以不付款。另外，客户每次订购 1 双鞋，送货上门时能试穿 3 双鞋，客户可以只留下最喜欢的那双鞋，把不合适的鞋都免费寄回。实际上，很多客户会选择购买 2 双鞋。

通过这些超预期的服务，美捷步名声大噪，迅速火遍美国。60%的客户是回头客，25%的客户是朋友或家人介绍来的。

讨论：美捷步的超预期服务对你有什么启发？

（3）提升人员价值。提升人员价值包括提升企业管理层及全体员工的经营思想、工作效益与作风、业务能力、应变能力及服务态度等。优秀的人员在客户中享有很高的声望，他们对提高企业的知名度和美誉度、提高客户的感知价值及客户的满意度都具有重要意义。

企业可以通过培训和加强管理制度的建设来提高员工的业务水平，提高员工为客户服务的娴熟程度和准确性，从而提高客户的感知水平，进而提高客户的满意度。提高员工满意度也是提升人员价值，进而提升客户感知价值和客户满意度的手段。因为员工满意度的增加会促使员工提高提供给客户的产品或服务的质量。

（4）提升形象价值。企业是产品或服务的提供者，其规模、品牌、公众舆论等内在或外部的表现都会影响客户对它的判断。企业形象好，会形成对企业有利的社会舆论，为企业的经营发展创造一个良好的氛围，也提升了客户对企业的感知价值，从而提高客户对企业的满意度，因此企业应高度重视自身形象的塑造。企业形象的提升可通过形象广告、公益广告、新闻宣传、赞助活动、庆典活动、展览等方式进行。

2. 降低客户的总成本

（1）降低货币成本。合理地制定产品价格也是提高客户感知价值和客户满意度的重要手段。企业定价应以确保客户满意为出发点，依据市场形势、竞争程度和客户接受能力来考虑，尽可能做到按客户的预期价格定价，并且千方百计地降低客户的货币成本，以提升客户的感知价值，提高客户的满意度。

（2）降低时间成本。在保证产品和服务质量的前提下，尽可能减少客户的时间支出，从而降低客户购买的总成本，提升客户感知价值和满意度。

（3）降低精神成本。最常见的做法是推出承诺和保证。安全性和可靠性越重要的购买或消费，承诺就越重要。

（4）降低体力成本。如果企业能够通过多渠道接近客户，并提供相关的服务，就可以减少客户为购买产品或服务所花费的体力成本，从而提升客户感知价值和满意度。

二、获取客户忠诚

忠诚的客户群体可以为企业带来稳定的收入流，同时也是企业口碑和品牌形象的有力传播者。因此，了解如何获取客户忠诚对任何企业来说都是至关重要的。

（一）客户忠诚度的衡量指标

客户对某品牌的忠诚度，可以通过以下指标来衡量。

1. 客户重复购买的次数

客户重复购买的次数是指在一定时期内，客户重复购买某品牌产品的次数。客户对某品牌产品重复购买的次数越多，说明其对该品牌的忠诚度越高，反之则说明客户对该品牌的忠诚度越低。

为了便于识别和纳入数据库管理，企业一般将忠诚客户量化为连续 3 次或 4 次以上的购买行为，但现实中，不同消费领域、不同消费项目有很大的差别，因此不能一概而论。

2. 客户购买的费用

客户对某一品牌支付的费用与购买同类产品支付的费用总额的比值如果高，即客户购买该品牌的比重大，说明客户对该品牌的忠诚度高，反之则说明客户对该品牌的忠诚度低。

3. 客户对价格的敏感程度

客户对价格都是非常重视的，但这并不意味着客户对价格变动的敏感程度都相同。事实表明，对于喜爱和信赖的产品或服务，客户对其价格变动的承受能力强，即敏感度低。而对于不喜爱和不信赖的产品或服务，客户对其价格变动的承受能力弱，即敏感度高。

因此，企业可以依据客户对价格的敏感程度来衡量客户对某品牌的忠诚度。对价格的敏感程度高，说明客户对该品牌的忠诚度低；对价格的敏感程度低，说明客户对该品牌的忠诚度高。

4. 客户挑选时间的长短

客户购买都要经过对产品的挑选，但由于信赖程度的差异，对不同品牌的挑选时间是不同的。通常，客户挑选的时间越短，说明客户对该品牌的忠诚度越高；反之，则说明客户对该品牌的忠诚度越低。

5. 客户对竞争品牌的态度

一般来说，对某种品牌忠诚度高的客户会自觉排斥其他品牌的产品或服务。因此，如果客户对竞争品牌的产品或服务有兴趣并有好感，那么就表明客户对该品牌的忠诚度较低。反之，则说明客户对该品牌的忠诚度较高。

6. 客户对产品质量的承受能力

任何服务或产品都有可能出现各种质量问题。如果客户对某品牌的忠诚度较高，当出现质量问题时，他们会采取宽容谅解和协商的态度，不会由此失去对它的偏好。

相反，如果客户对某品牌的忠诚度较低，当出现质量问题时，他们会深感自己的利益被侵犯了，从而会产生强烈的不满，甚至会通过法律方式进行索赔。

案例 5.4

社交推荐的衡量指标：净推荐值

1. 净推荐值简介

弗雷德·赖克哈尔德（Fred Reichheld）提出了净推荐值（Net Promoter Score，NPS）这一概念，用来衡量客户口碑的效果。客户将品牌及其产品或服务推荐给他人的意愿强弱与可能性的大小称为口碑指数、客户净推荐率。

测量 NPS 的方法十分简单。请客户回答"您有多大意愿向朋友或同事推荐某品牌的产品或服务？"并在 0～10 的区间内打分，0 代表"根本不想推荐"，5 代表中性观点，10 代表"非常愿意推荐"。根据打分情况，可将客户分为三类。

（1）贬损型客户。打 0～6 分，不满意，没有忠诚度，甚至传播负面口碑。80%～90%的负面口碑来自贬损型客户。

（2）被动型客户。打 7～8 分，消极满意，他们对企业还算满意，但并不热心，持无所谓的态度，多数人不会做宣传，且遇到更好的产品时，他们就会离开。

一般情况下，大部分客户都是贬损型客户或被动型客户。

（3）推荐型客户。打 9～10 分，非常满意，他们相信从企业获得了价值，对品牌忠诚，会重复购买，并且推荐朋友来购买。80%～90%的正面口碑来源于推荐型客户。

用推荐型客户占比减去贬损型客户占比，就得出了 NPS。其计算公式如下：

NPS=推荐型客户占比-贬损型客户占比

根据贝恩公司的测量，美国普通企业的 NPS 为 5%～10%，优秀企业如开市客、亚马逊、eBay、先锋集团和戴尔，NPS 可以达到 50%～80%，有些垄断性行业的企业，如银行、航空公司，NPS 是负值，甚至达到-40%。

NPS 与企业价值具有密切关系。2020 年，倍比拓管理咨询公司调查了中国部分商业银行的 NPS。调查发现，国内银行的 NPS 均值为 23.4%，招商银行达 44%。倍比拓管理咨询公司对国内上市银行的 NPS 与市净率、复合年增长率进行回归分析发现：NPS 与市净率的相关系数为 0.4（即在引发市净率变化的因素中，NPS 的重要性占据 40%），NPS 与复合年增长率的相关系数为 0.5。

2. 提升 NPS，让客户为你说好话

根据美国消费者事务办公室（Office of Consumer Affairs，OCA）等机构的研究，熟人的正面评价、陌生人的负面评价对客户的影响较大，至少 5 个正面评价才能抵消一个负面评价的影响。一个不满意的客户会将其糟糕经历告诉 10～20 个人，而一位满意的客户会将自己的良好体验告诉 5 个人；有 65%～85%的人想分享他们的糟糕经历，以警示其他人；在网上看到其他客户给公司差评，60%的网购者会停止购买。

亚马逊 CEO 说过："如果你在现实世界中让 1 位客户不满意，他会告诉 6 个朋友；如果你在互联网上让 1 位客户不满意，他会告诉 6000 个朋友。"有些企业不愿意建微信群让客户聚在一起，是因为负面情绪的感染力很强，一个客户的抱怨会影响一群客户。

讨论：企业如何培养更多推荐型客户？

（二）客户忠诚计划模式

客户忠诚计划是企业和组织为了促进长期经营目标的实现鼓励客户持续购买和长期互动而构建的一系列市场营销策略和服务计划。

1. 独立积分计划

独立积分计划指的是，某个企业仅为客户对自己的产品或服务的消费行为及推荐行为提供积分，在一定时间段内，根据客户的积分额度，提供不同级别的奖励。这种模式比较适合于容易引起多次重复购买和延伸服务的企业。在独立积分计划中，企业是否能够建立一个丰厚的、适合目标消费群体的奖励平台，成为影响计划成败的关键因素之一。很多超市和百货商店发放给客户的各种优惠卡、折扣卡都属于这种独立积分计划。

2. 积分计划联盟模式

积分计划联盟模式是指众多的合作伙伴使用同一个积分系统，这样客户凭一张卡就可以在不同商家积分，以尽快获得奖励。相较于独立积分计划的局限性，联盟积分则更有效、更经济、更具有吸引力。

3. 联名卡

联名卡是非金融界的营利性公司与银行合作发行的信用卡，主要目的是增加公司传统的销售业务量。

4. 会员俱乐部

有的企业客户群非常集中，单个客户创造的利润非常高，而且与客户保持密切的联系，非常有利于企业业务的扩展。它们往往会通过会员俱乐部与客户进行更加深入的交流。这种忠诚计划比单纯的积分计划更加易于沟通，能赋予忠诚计划更多的情感因素。作为忠诚计划的一种相对高级的形式，会员俱乐部首先是一个"客户关怀和客户活动中心"，但现在已经朝着"客户价值创造中心"转化。而客户价值的创造，则反过来使客户对企业的忠诚度更高。

案例 5.5

备受欢迎的星享俱乐部

星巴克以体验著称于零售服务业。星巴克的忠诚计划需要超越体验。当星巴克准备构建忠诚计划时，其首先要确定的是忠诚计划是否能与星巴克的三个核心基石保持一致：卓越的环境、在全球所有店面质量如一的咖啡和食物、始终如一的体验。

星巴克的目标并不只是想着如何销售咖啡，它想构建一个人们喜欢的"第三空间"，希望人们在家和工作之余愿意花更多的时间光顾星巴克。出于这样的目标，星巴克希望忠诚计划能够促进人们更频繁地来到店里，更紧密地与星巴克的品牌进行互动。通过成为会员，客户能够得到更多关心的利益，如个性化的选择、时不时地给出贴心折扣、更快速地拿到饮品等。在这样的设计理念下，星享卡一经推出就备受欢迎。第一张星享卡于 2001 年 11 月推出，在接下来的 8 个月里就有 400 万张星享卡被激活。

星巴克的星享俱乐部会员计划有 4 个特点。

（1）卡片显得很酷。星巴克制作了数百种礼品卡，每一张卡片的设计都很特别。当你成为会员并积累星星达到金星级别后，星巴克会专门寄给你一张印有你名字的金卡，对于那些喜欢自己绰号的客户，也可以得到个性化的满足。

（2）卡片关联支付。与其他会员卡不同，星巴克礼品卡需要用户到星巴克网站进行激活。通过这种方式，会员就与星巴克建立了数字化连接。会员也可以给星享卡充值，这样以后只需要拿一张星享卡就可以付款了，不再需要拿出银行卡或现金。更为重要的是，星巴克礼品卡成为会员发展的门户可以一直带来新的会员用户。人们可以用手机应用绑定星享卡，这样在支付时会更加简便快捷。

（3）奖励简单易懂。许多忠诚计划失败的原因是奖励计划太过复杂，一不小心就容易把事情搞错。星巴克的奖励规则非常简单，奖励力度显得很慷慨，也容易兑现。星巴克一直努力去掉忠诚计划的阻碍因素，只保留那些能带来正面体验的利益、奖励和服务内容。

（4）持续营造惊喜。星巴克赋予金卡会员更多可感知的利益，如免费续杯、免费糖浆、定期的免费饮品等。星巴克还设计了许多能够营造惊喜的体验，如随机的免单等。会员能感觉到星巴克的奖励计划不是一成不变的，而是在不断地学习和完善的，这让会员感觉到他们受到了持续的关注。星巴克不断提升忠诚计划的数字化程度，率先应用移动支付技术提升店面的购买体验，还利用星享卡研究客户行为、饮品偏好和社交状态，通过星享卡让会员有了特别的体验。

讨论：星巴克的忠诚计划对同行业企业有哪些借鉴作用？

（三）提升客户忠诚的策略

从以上影响客户忠诚的因素可知，企业必须通过建立激励忠诚和约束流失的机制，双管齐下，这样才能维护好客户关系。

1. 努力实现客户完全满意

客户越满意，忠诚的可能性就越大，而且只有最高级别的满意度才能实现最高等级的忠诚度。企业要追求让客户完全满意。

2. 奖励客户的忠诚

企业奖励忠诚客户的目的是要让他在忠诚中受益，让客户因流失付出代价。企业可以制定奖励忠诚客户的配套措施，采用多购优惠的办法促进客户长期重购、多购等。

3. 增加客户对企业的信任与感情

客户满意会产生客户信任，客户信任会形成客户忠诚，企业可以通过相应措施取得客户信任。第一，树立和践行"以客户为中心"的理念；第二，提供广泛并值得信赖的信息；第三，认真处理客户的投诉。

4. 提高客户的流失成本

一般来说，如果客户在更换品牌或企业时感到流失成本太高，或客户原来所获得的利益会因为更换品牌或企业而损失，或者面临新的风险和负担，就可以加强客户的忠诚。

5. 提高客户服务的独特性和不可替代性

企业如果能为客户提供独特的、个性化的、不可替代的产品或服务，将能够成功地和竞争对手的产品或服务区分，有效抵制竞争对手对客户的诱惑，增加客户对企业的依赖，从而达到忠诚的目的。

本章小结

本章着重讨论了客户满意与客户忠诚，客户满意指数及其模型，客户满意指数测评，获取客户满意和客户忠诚四个方面。第一，阐述客户满意与客户忠诚的关系，只有在客户感知产品或服务质量优异、客户非常满意的情况下，客户才能再次消费，并保持忠诚。第二，通过 SCSB、ACSI、ECSI、CCSI、卡诺模型衡量客户满意的不同状态。第三，为确保测评结果准确地反映客户满意度现状并具有管理上的指导作用，介绍企业如何有计划、有步骤地开展客户满意度指数测评工作。第四，采用相应策略获取客户满意与忠诚。

思考与练习

一、选择题

1. （   ）是指客户对某一特定产品或服务产生了好感，形成了偏好，进而重复购买的一种趋向。

    A. 客户满意度 B. 客户价值   C. 客户忠诚   D. 客户利润率

2. 客户忠诚是建立在（   ）基础之上的，因此提供高品质的产品、无可挑剔的基本服务，增加客户关怀是必不可少的。

    A. 客户的盈利率   B. 客户服务

    C. 客户满意   D. 客户价值

3. 对于企业来说，达到（   ）是基本任务，否则产品卖不出去，而获得（   ）是参与竞争取胜的保证。

    A. 客户忠诚，客户满意   B. 客户价值，客户忠诚

    C. 客户满意，客户价值   D. 客户满意，客户忠诚

4. 在客户关系管理中，客户的满意度是由（   ）决定的。

    A. 客户的期望和感知   B. 客户的抱怨和忠诚

    C. 产品或服务的质量   D. 产品的性能和价格

5. 在客户关系管理中，以下情况中不是客户忠诚表现的是（   ）。

    A. 对企业的品牌产生情感和依赖

    B. 重复购买

    C. 即便对企业的产品不满意，也不会向企业投诉

    D. 有向身边的朋友推荐企业产品的意愿

6. 客户对供电公司所提供的电力服务的使用是基于（   ）类型的忠诚。

    A. 垄断忠诚　　　B. 惰性忠诚　　　C. 亲友忠诚　　　D. 信赖忠诚

7. 当客户期望值无法满足时，（   ）不是我们应对的技巧。

    A. 说明原因　　　　　　　　　B. 对客户的期望值表示理解

    C. 提供更多的有效解决方案　　D. 与客户据理力争

8. 客户忠诚体现在（   ）。

    A. 客户关系的持久性　　　　　B. 客户对企业有很深的感情

    C. 客户花在企业的消费金额提高　D. 客户购买企业所有类型的产品

9. 客户忠诚给企业带来的效应包括（   ）。

    A. 长期订单　　　B. 回头客　　　C. 良好的口碑　　　D. 新的成本

10. 关于服务补救，以下说法正确的有（   ）。

    A. 经历了服务失败后又得到满意解决的客户，比那些没有经历过服务失败的客户有更强的再购买意愿

    B. 服务补救并不总是有效的

    C. 服务补救可以缓解客户的不满情绪

    D. 服务补救是企业在对客户提供服务出现失败和错误的情况下，对客户的不满和抱怨当即做出的补救性反应

二、名词解释

客户满意　　　客户满意度　　　客户忠诚　　　客户的转移成本

三、简答题

1. 谈谈你对客户满意的认识，分析客户不满意的原因。
2. 简述 ACSI 模型。
3. 简述建立客户满意度指数测评指标体系的步骤。
4. 谈谈客户忠诚会为企业带来哪些价值。
5. 分析影响客户忠诚的因素。

四、讨论题

1. 谈谈你对客户满意和客户忠诚之间关系的理解。
2. 如何让满意的客户变为忠诚的客户？

五、案例分析

东方饭店的细致经营

泰国的东方饭店堪称亚洲之最，不提前一个月预订是很难有入住机会的，而且客人大多来自西方发达国家。东方饭店的经营如此成功，有什么特别的优势吗？有

独到的招数吗？答案是没有。那么，它究竟靠什么获得骄人的业绩呢？要找到答案，不妨先来看看王先生入住东方饭店的经历。

王先生因生意需要经常去泰国，第一次下榻东方饭店就感觉很不错，第二次再入住东方饭店时，对东方饭店的好感迅速升级。

那天早上，当王先生走出房间去餐厅时，楼层服务生恭敬地问道："王先生是要用早餐吗？"他很奇怪，反问："你怎么知道我姓王？"服务生说："我们饭店规定，晚上要背熟所有客人的姓名。"这令王先生大吃一惊，因为他住过世界各地无数高级酒店，这种情况还是第一次碰到。王先生走进餐厅，服务生微笑着问："王先生还是要老位子吗？"王先生更是惊讶了，心想尽管不是第一次在这里吃饭，但最近一次也距现在有一年多了，难道这里的服务生记忆力这么好？看到他惊讶的样子，服务生主动解释说："我刚刚查过计算机记录，您在去年的 6 月 8 日在靠近第二个窗口的位子上用过早餐。"王先生听后兴奋地说："老位子！老位子！"服务生接着问："老菜单，一个三明治、一杯咖啡、一个鸡蛋？"王先生已不再惊讶了："老菜单，就要老菜单！"

王先生就餐时指着餐厅赠送的一碟小菜问道："这是什么？"服务生后退两步说："这是我们特有的小菜。"服务生后退两步是怕自己说话时口水不小心落在客人的食物上，这种细致的服务王先生在别的饭店里没有见过。

后来，王先生有两年没有再到泰国去。在他生日这天，突然收到一封东方饭店发来的贺卡，并附了一封信，信上说东方饭店的全体员工十分想念他，希望能再次见到他。王先生当时激动得热泪盈眶，发誓再到泰国去，一定要住东方饭店，并且说服所有的朋友像他一样选择东方饭店。

东方饭店在经营上的确没什么新招、高招、怪招，它采取的仍然是惯用的传统办法——提供人性化的优质服务。只不过，在别人仅达到规定的服务水准就停滞不前时，它却进一步挖掘，抓住大量别人未在意的不起眼的细节，坚持不懈地把人性化服务延伸到方方面面，落实到点点滴滴，不遗余力地将人性化服务推向极致。由此，东方饭店靠比别人更胜一筹的服务，赢得了客户的心，饭店天天客满也就不奇怪了。

讨论：泰国东方饭店是如何实现客户忠诚的？

📘 实训项目

1. 设计一份客户满意度调查方案。

（1）**实训内容**：以餐饮企业为例，设计一份客户满意度调查方案。

（2）**确定要求**：我们可以借助 DeepSeek 来辅助对该企业设计一份客户满意度调查方案。

（3）**发送要求**：打开 DeepSeek 页面，在底部的文本框中输入要求并按"Enter"键发送，查看回复，如图 5-7 所示。

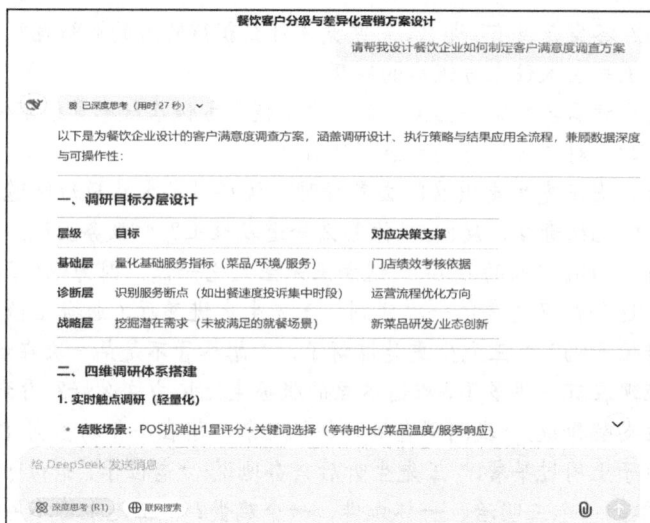

图 5-7　DeepSeek 回复客户满意度调查方案

2. 王薇大学毕业后创业开了一家奶茶店，为了解客户对奶茶店的满意情况，王薇决定进行客户满意度调查，请你：

（1）根据李克特量表为王薇设计客户满意度调查问卷，至少设计 6 个问题。

（2）通过满意度调查，王薇发现客户满意度较高，但客户忠诚度并不是很高，请为王薇找到解决该问题的方法。

（3）请你为王薇的奶茶店设计一个提升客户忠诚的方案。

第六章 客户价值的分析与获取

理论框架

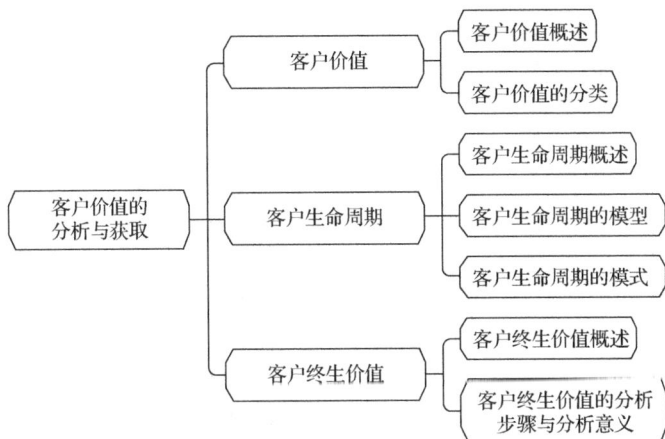

学习目标

【知识目标】

1. 了解客户价值的概念、分类。
2. 理解客户生命周期及其模型。
3. 掌握客户终生价值的分析步骤。

【能力目标】

1. 能够判定客户价值的类型。
2. 能够画图表示客户生命周期。
3. 能够分析企业客户终生价值的构成。

【素养目标】

1. 培养立足客户生命周期全程的客户服务、客户关系维护思维和意识。
2. 培养"以客户为中心"的价值理念。

~~~ 情景导入 ~~~

德勤汽车客户全生命周期价值地图

中国汽车产业正从"产品驱动"迈入"用户驱动"的增长新阶段。对比汽车产业过去经历的"产品为王""渠道为王"的时代，中国汽车产业正逐步进入全新的"客户为王"的时代。在"客户为王"的时代，客户价值正逐步成为驱动车企未来业务增长的"新引擎"。

汽车行业由于价值链长、触点多、客户行为丰富、数据分散、参与方众多，很难实现有效的客户忠诚度管理。以客户体验感好和客户忠诚度高的航空业和酒店业为例。航空业的订票、值机、飞行及酒店的预订、住宿、餐饮娱乐，其客户价值点在3～5个，算上交叉和衍生价值点在7～10个。反观汽车业，客户从早期的品牌传播、产品体验，到新车销售、售后维修、二手车、汽车金融，再到数字消费、移动出行和车生活，客户全生命周期涵盖多达9个阶段共60个价值点，跨度长达5～10年甚至更久，客户在不同阶段展现了不一样的需求与价值。伴随着行业的发展，价值链从传统的新车销售和售后维修，向上游的品牌传播，以及下游的数字消费、移动出行和车生活等方向延展。

德勤从汽车行业客户旅程出发，勾勒出完整的德勤汽车客户全生命周期价值地图（见图 6-1）。包含车企客户旅程9大环节共60个价值点。

品牌传播	产品体验	新车销售	售后维修	二手车	汽车金融	数字消费	移动出行	车生活
●社交活动	●品牌体验	●新车购买	●常规保养	●残值评估	●车辆贷款	●数据服务	●共享出行	●品牌消费
●品牌文化	●试乘试驾	●车载软件	●车辆维修	●车辆置换	●车辆保险	●信息服务	●自动驾驶	●圈层经济
●口碑传播	●业务线索	●精品附件	●事故处置	●二手车购买	●车辆续保	●软件服务	●汽车订阅	●乐享消费
●介绍推荐	●销售潜客	●代办服务	●车辆保修	●精品附件	●延长保修	●车辆服务	●充电服务	●驾驶培训
●公众舆情		●个性化配置	●快修服务	●代办服务	●融资租赁	●社交娱乐	●道路救援	●车主服务
●粉丝经济		●定制化交付	●车况检测	●定制化交付	●消费金融		●停车服务	●生活服务
●流量经济		●附属设施	●加装改装	●车辆处置	●设施租赁			●生态服务
			●配件销售		●衍生业务			
			●专属服务					

图 6-1　德勤汽车客户全生命周期价值地图

德勤汽车客户全生命周期价值地图中所包含的 60 个价值点可以为车企提升客户网络经营能力提供更全面的视角，同时，基于品牌类型和客户旅程环节分析，也为车企深度挖掘客户价值提供了多维度的指引。

德勤建议，车企应围绕着"以客户为本"的原则，积极打造以价值驱动的客户生态运营能力，并培育全渠道的营销服务网络覆盖能力，与此同时，重塑产品竞争力，从而实现战略升级和提升核心竞争力，以应对未来的挑战和机遇。

思考：为什么德勤要从汽车客户全生命周期角度衡量客户价值？

资料来源：德勤报告——《中国汽车行业客户价值经营指数2022》

第一节　客户价值

一、客户价值概述

在日常经营活动中，客户是企业的利润源泉，客户价值（Customer Value）也成为企业界和理论界热衷研究的问题。企业界的普遍观点是，增加客户价值有利于实现企业利润的增长和企业总体价值的提高。

（一）客户价值的概念

在市场营销学的概念中，客户价值可以从三个方向来概括。第一个方向是，企业为客户创造或提供的价值，即从客户的角度感知企业所提供产品或服务的价值；第二个方向是，客户为企业创造的价值，即从企业角度出发，根据客户消费行为和消费特征等变量测估出客户能够为企业创造的价值，该客户价值衡量了客户对于企业的相对重要性，是企业进行差异化决策的重要标准；第三个方向是，企业和客户互为价值感受主体和价值感受客体的客户价值，即指连接客户与企业的价值。

随着客户关系管理逐渐为更多的企业所接受，从整个客户生命周期来管理客户的观念越来越受到企业的重视。区别于以"交易"为特征的"推销"模式，在以"关系"为特征的"互动"模式中，客户价值不仅体现为其当前的货币贡献，还表现为其长期的货币贡献潜力。因此从客户生命周期的角度来看，客户价值是指：企业在客户的整个生命周期中，感知到的来自客户的净现金流及其未来净现金流的总和。该概念既反映了企业感知客户价值的实际情况，又避免了在客户价值认识上的短期行为。

（二）客户价值的来源

客户价值是指企业为客户创造或提供的价值，因此，客户价值创造的来源是企业提供给客户的产品或服务所能给予客户需求的某种满足。客户的需求是客户价值实现的原动力。

美国心理学家亚伯拉罕·H.马斯洛（Abraham H.Maslow）于 1943 年在《人类动机理论》（*Atheory of Human Motivation*）一书中提出著名的马斯洛需求层次理论。马斯洛需求层次理论是心理学中的激励理论，包括人类需求的五级模型，通常被描绘成金字塔内的等级。主要内容分别是：生理需求、安全需求、爱和归属感需求、尊重需求和自我实现需求。

客户需求层次决定了消费市场，了解客户的需求是企业运用马斯洛需求层次理论发展并维系客户的一个重要前提。企业不同，提供的产品或服务也不同，并且在不同时期，客户的需求也充满差异性，而且经常变化。因此，企业客户关系的管理者应该经常性地用各种方式进行调研，明晰客户的需求，特别是客户未得到满足的需求，然后有针对性地进行激励。

从企业实施客户满意经营战略的角度来看，参照马斯洛需求层次理论把人的需求依次由较低层次到较高层次排序，每一个需求层次上的客户对产品的要求都不一样，即不同的产品满足不同的需求层次。将营销方法建立在客户需求的基础之上考虑，不同的需求也会产生不同的营销手段。

根据五个需求层次，可以划分出五个客户市场。

（1）生理需求→满足最低需求层次的市场，客户只要求产品具有一般功能即可。

（2）安全需求→满足对"安全"有要求的市场，客户关注产品对身体的影响。

（3）爱和归属感需求→满足对"交际"有要求的市场，客户关注产品是否有助于提高自己的交际形象。

（4）尊重需求→满足对产品有与众不同要求的市场，客户关注产品的象征意义。

（5）自我实现需求→满足对产品有自己判断标准的市场，客户拥有自己固定的品牌。

需求层次越高，客户就越不容易被满足。

二、客户价值的分类

（一）基于马斯洛需求层次理论的客户价值分类

按照客户在交易过程中追求内容的不同，客户价值可以分为功能性价值、信赖性价值、社会性价值、探知性价值、美感性价值和自我实现价值。

1. 功能性价值

功能性价值是由产品的实用功能带给客户的价值，是通过解决客户基本生存中的具体问题而带来的价值。功能性价值可细分为基本功能价值和增值功能价值。

基本功能价值是产品独立实现客户最低要求的基本功能所带来的功能性价值。基本功能价值包括两个方面：基本功能项及与基本功能项相配合的基本质量和基本安全性。

增值功能价值是在基本功能价值基础上的提升性功能价值。基本功能价值只是满足必要的、基本的需要，但人们在满足基本需要后，往往希望获得更加贴心细致和个性化的需求满足。

2. 信赖性价值

信赖性价值是由于供方的信赖度而产生的客户价值。信赖度越高，价值越大。由于客户和供方的信息不对称，信赖可以减少客户的选择成本及购买产品后的失信风险，从而具有重大价值。信赖包括结构性信赖和口碑性信赖。

结构性信赖是通过结构性安排使供方难以失信，从而获得的信赖性价值；口碑是一家企业历史行为所积累和形成的共识，有正面与负面之分。口碑性信赖是指正面口碑。

3. 社会性价值

功能性价值的来源是产品本身，而社会性价值则是产品导致的源于社会（即他人）的客户价值。社会性价值既有"爱和归属感需求""尊重需求"和"自我实现需求"中匮乏性部分带来的价值，也有其中成长性部分带来的价值。

4. 探知性价值

探知性价值是产品通过满足客户的好奇心和对新事物的探索而产生的价值。

5. 美感性价值

美感性价值是产品带给客户美的感受，也可直接称为美感。美感即对美的感受，就是美的效用，而效用就是价值，所以美感就等于美感性价值。

6. 自我实现价值

自我实现价值是指客户从产品中能获得自我实现的感受。

（二）基于让渡价值模型的客户价值分类

客户让渡价值是指企业转移的、客户感受得到的实际价值。它一般表现为客户总价值（Total Customer Value，TCV）与客户总成本（Total Customer Cost，TCC）之间的差额。

客户让渡价值理论认为，客户是以客户让渡价值作为购买价值取向的，客户让渡价值越大，客户满意度就越高。当客户让渡价值为负数时，客户不满意就产生了。因此，企业只有努力提高客户让渡价值，才能提高客户的满意度。

从企业角度来说，客户价值是指企业从客户的购买中所实现的企业收益。客户价值是企业从与其具有长期稳定关系的，并愿意为企业提供的产品或服务承担合适价格的客户中获得的利润，即客户为企业的利润所作的贡献。"长期稳定关系"表现为客户的时间性，即客户生命周期。一个偶尔与企业接触的客户和一个经常与企业接触的客户对于企业来说具有不同的客户价值。这一价值是根据客户消费行为和消费特征等变量所测度出的客户能够为企业创造的价值。

> **课堂讨论**
>
> 客户让渡价值为什么与客户满意度存在正相关关系？

对于企业来说，客户的大小、客户价值的高低，是企业面向不同客户可能提供不同服务的依据。客户大小是指客户为企业带来净现金流的大小。现金流的大小是企业评估客户价值的关键因素。

客户价值的核心就是客户对企业现金流的贡献。这种现金流可能直接来自该客户（当客户直接来消费产生现金流时），也有可能间接来自该客户（由于该客户的作用或影响使第三方客户来消费为企业带来现金流）。从时间来看，这种现金流可能发生在现在，也可能发生在将来的某个时期。客户除了能给企业带来现金流的贡献，也可能给企业带来非现金流的贡献，但是这种非货币因素的贡献，无法使企业感知到它们是否会导致现金流收益。如果这种非货币因素不能给企业带来现金流收益，那么它们对于企业来说是毫无价值的。因此，客户价值的根本就是净现金流收益，非现金流只是未来现金流潜力的一种外在表现形式，可以用来辅助预测未来现金流能力。

1. 客户让渡价值系统

（1）价值链。价值链指为客户提供价值活动相互关联的活动，这些活动直接的目标不同，但最终都对形成客户价值起作用。波特把企业内外价值增加的活动分为基本活动和支持性活动，基本活动涉及企业生产、销售、进料后勤、发货后勤、售后服务。支持性活动涉及人事、财务、计划、研究与开发、采购等，基本活动和支持性活动构成了企业的价值链。在不同的企业参与的价值活动中，并不是每个环节都创造价值，实际上，只有某些特定的价值活动才能真正创造价值，这些真正创造价值的经营活动，就是价值链上的"战略环节"。企业要保持的竞争优势，实际上就是企业在价值链某些特定战略环节上的优势。企业应当密切关注组织的资源状态，关注和培养在价值链的关键环节上获得的核心竞争力，形成和巩固企业在行业内的竞争优势。企业的竞争优势既可以来源于价值活动所涉及的市场范围的调整，也可以来源于企业间协调或运用价值链所带来的最优化效益。

（2）价值让渡系统。企业需要依靠自身及其他服务机构的价值链，从供应商那里得到需要的价值，将产品交给分销商，由自己或依靠代理服务商为客户提供需要的服务，并将这些不同机构的价值链组合起来，使为客户创造的价值最终传送到客户那里。价值让渡系统说明，营销不只是生产制造企业中营销或者销售部门的事情，而是要和其他的商业伙伴联合起来共同传递。

2. 客户总价值分析

客户总价值是指客户购买某一产品或服务所期望获得的一组利益，包括产品价值、服务价值、人员价值、形象价值等。

（1）产品价值。产品价值是指由产品的功能、特性、品质、品种、式样等所产生的价值。它是客户需求的中心内容和客户选购产品时首要考虑的因素，通常也是决定客户总价值高低的关键因素和主要因素。产品价值取决于客户需求，客户需求不同，同一产品对不同客户就具有不等的产品价值。

（2）服务价值。服务价值是指伴随产品实体的交付，企业向客户提供的各种附加服务所产生的价值。常见的附加服务包括产品介绍、送货、安装、调试、维修、技术培训、产品保证等。企业向客户提供的附加服务越完备，服务价值越高，客户总价值就越高。

（3）人员价值。人员价值包括企业员工的经营思想、知识水平、业务能力、工作效益与质量、经营作风、应变能力，甚至外在形象等所产生的价值。企业员工直接决定了企业为客户提供的产品或服务的质量，对客户总价值有直接的影响，很多企业要求销售人员着装规范、整洁，就是为了提高人员价值。

（4）形象价值。形象价值是指企业及其产品或服务在社会公众中形成的总体形象所产生的价值，如企业的品牌、口碑、商标、社会评价等。良好的企业形象能赋予企业产品或服务更高的价值，从而增强客户心理上的满足感、信任感，更高层次、更大限度地满足客户需求，增加客户总价值。

3. 客户总成本分析

客户为购买某一产品或服务，会支付相应的金钱并耗费一定的时间、精力，这些"付出"的总和就是客户总成本。

（1）货币成本。货币成本是指客户因购买和使用产品或服务所支出的所有货币，包括货款、手续费、服务费、运费、维修费等。一般情况下，客户购买产品或服务时首先要考虑货币成本，因此货币成本是构成客户总成本的主要因素和关键因素。

（2）时间成本。时间成本是指客户为得到所期望的产品或服务而必须付出的时间代价，如客户等待产品运输、等待合同履行的时间等。时间成本越高，客户让渡价值就越低，客户就越不满意，因此即使交易成功也可能招致客户的抱怨。

（3）精力成本。精力成本是指客户在购买产品或服务时，在精神与体力方面的耗费与支出。在购物过程中，客户会为了了解产品或服务信息、比较产品或服务的价格与功效而付出精力，会因往返商场、携带产品、安装产品而付出体力，这些都是精力成本的具体表现。

4. 客户让渡价值的实践意义

"客户让渡价值"概念的提出为企业经营方向提供了一种全面的分析思路。

（1）客户支付的不仅是货币成本。"客户让渡价值"理论提示企业，客户购买产品或服务的总成本不仅包括其支付的货币成本，还包括购买产品或服务时所消耗的其他成本。从这些成本概念出发，企业在提高服务意识的前提下，即使不降低产品的货币成本（产品价格），但由于产品的非货币成本已下降，客户也能通过购买获得较大的价值和满足。

（2）产品创新可增加客户总价值。"客户让渡价值"理论指出，客户购买产品或服务不仅要考虑其购买成本，还要考虑所购买产品或服务带来的总价值。企业注重产品创新工作，可以增加客户总价值。

（3）提供服务能增加客户总价值。产品的服务价值是指伴随产品的出售，企业向客户提供的各种附加服务，它包括产品介绍、产品保证等所产生的价值。企业应该在服务客户方面下功夫，也可以增加客户总价值。

（4）提高人员价值能增加客户总价值。企业员工的素质直接决定着企业为客户提供的产品或服务的质量，决定着客户购买总价值的大小。

（5）提高形象价值能增加客户总价值。形象价值是指企业及其产品或服务在社会大众中形成的总体形象所产生的价值。形象是企业的无形资产，良好的形象会对产品或服务产生巨大的支持作用，会赋予产品较高的价值，会给客户带来精神上和心理上的满足感和信任感。

第二节　客户生命周期

客户关系与大部分生命体的生命特征类似，会经历诞生、成长、成熟、衰老直至死亡的过程，这个过程被称为客户生命周期。客户生命周期描述了客户关系从一种状态向另一种状态运动的特征，对于客户关系管理具有重要意义。

一、客户生命周期概述

客户关系管理的理念要求企业完整地认识整个客户生命周期，提供与客户沟通的统一平台，提高员工与客户接触的效率和客户反馈率。因此，研究客户生命周期具有重要意义。

（一）客户生命周期的内涵

客户生命周期是对生命周期理论的衍生和发展，因此，在认识客户生命周期之前，我们需要先理解生命周期理论。

1. 生命周期理论

生命周期（Life Cycle）是一个应用比较广泛的概念，经常在政治、经济、环境、技术、社会等诸多领域出现。生命周期有狭义与广义之分，狭义的生命周期指其本义，是生物体从出生、成长、成熟、衰退到死亡的全部过程；广义的生命周期是其本义的延伸与发展，泛指自然界和人类社会各种客观事物的阶段性变化及其发展规律。

1966 年，美国经济学家雷蒙德·弗农（Raymond Vernon）在其发表的《产品周期中的国际投资与国际贸易》一文中首次提出产品生命周期（Product Life Cycle，PLC）的概念，是指产品的市场寿命，

即一种新产品从开始进入市场到被市场淘汰的整个过程。雷蒙德·弗农认为：产品生命是指市场上的营销生命，也要经历开发、引进、成长、成熟、衰退的阶段。

显然，他采纳了广义的生命周期理论，为企业建立了产品策略与营销策略的直接联系，也为营销人员针对各个阶段不同的特点而采取不同的营销组合策略提供了理论支持。与市场营销活动相联系，客户生命周期理论应运而生。

2. 客户生命周期的概念

客户生命周期通常也被称为客户关系生命周期，指企业与客户从建立关系到完全终止关系的全过程，是客户关系水平随时间变化的发展轨迹，动态体现了客户关系在不同阶段的总体特征。

如同人与人之间的相识一样，企业与客户的关系也经历了一个由陌生到开始接触，到慢慢熟悉，再到关系日益稳定成熟的发展过程。显然，客户生命周期指的是从一个客户开始对企业进行了解或从企业开始对某一客户进行开发，直到客户与企业的业务关系完全终止且与之相关的事宜完全处理完毕的时间周期。

客户的生命周期是企业产品生命周期的演变，但对商业企业来讲，客户的生命周期比企业某个产品的生命周期重要得多。客户生命周期反映了客户关系从一种状态（一个阶段）向另一种状态（另一个阶段）运动的总体特征。

对于企业而言，一个客户也有类似生命一样的"诞生→成长→成熟→衰老→死亡"的过程。不同的行业对此有不同的详细定义，如在移动通信行业，所谓的客户生命周期，是指客户成为移动通信公司的客户并开始进行"业务消费→消费成长→消费稳定→消费下降→离网"的过程；在金融行业，所谓的客户生命周期，指的就是客户在金融企业开设账户建立关系并开始进行"结算、消费→增加业务交易→交易量稳定→交易量减少→消失"的过程。

（二）客户生命周期框架

客户和企业之间的关系随着时间的推移而演变。新客户和老客户有不同的需求，而且在一段时间里，客户的需求、期望和行为模式也会随着其与企业的关系变化而改变。客户生命周期框架包括到达、获取、转换、保留和流失过程，这为企业与不同阶段客户进行沟通提供了不同的策略。

1. 到达

到达是指获得潜在客户关注的过程，可以通过多种促销活动和接触点来实现，这是与潜在客户接触的第一阶段，也是建立客户生命周期的基础。浏览企业网站、观看街道上的广告牌、阅读促销短信或任何形式的广告等，都是潜在客户与企业接触的方式。由于客户大多使用搜索引擎搜索产品信息，企业可以利用搜索引擎优化（SEO）工具来优化自己的网站，使自己网站的搜索关键词排名靠前。随着微博、微信、小程序、抖音等新媒体工具的出现，营销人员开始利用它们与潜在客户进行沟通。

2. 获取

获取是企业获得潜在客户的关注或回应，形成各种交流互动的过程，但不一定能促成客户进行购买。潜在客户对促销短信予以回复，在公司网站上在线填写表格，打电话给客户中心询问产品特性，在零售店观看产品演示，试驾一辆新推出的汽车，参观房地产公司的样板间……这些都能促进企业从到达潜在客户转为获取潜在客户。通过接触，企业能够理解客户的需求和期望并提供适当的解决方案，企业获取的潜在客户就有可能转变成其真正的客户。

3. 转换

获取的潜在客户通过产品或服务的交换过程转变成现实客户，这个过程会给交换双方带来价值。转换是获取的潜在客户转变为现实客户的过程，也是客户与企业之间买卖关系的建立过程。转换对企业收入的增加和客户基数的扩大有明显的贡献。当市场上存在众多竞争者时，企业需要采取比竞争者更有效的竞争措施将潜在客户转换为现实客户。

4. 保留

在转换的基础上，企业还应努力保留现有客户，维护与现有客户的关系。维护客户关系、保留现有客户涉及提高客户满意度、培养客户忠诚度的问题。研究表明，与新客户相比，老客户能为企业带来更高的收益，因为维持老客户的成本明显低于获得新客户的成本。良好的客户关系可以使客户和企业共同受益。客户保留的工作重点应该放在售后服务及理解与满足客户的新期望和新需求上，企业应努力提高客户满意度，使老客户成为忠诚客户。随着时间的推移，忠诚客户不仅会传播积极的口碑，而且还会成为企业产品或服务的倡导者。

5. 流失

流失是指客户不再购买企业产品或接受企业服务的状态。客户流失是一个连续且不可避免的过程，在客户生命周期的每一个阶段都会发生。企业应分析客户流失的原因，在客户流失率上保持警惕，同时要有应对客户流失的措施，尽力将客户流失率限制在一定范围内。

二、客户生命周期的模型

客户关系发展的阶段划分是研究客户生命周期的基础。以 E.M.杜瓦尔等（E.M.Duvall, et al.）的模型为基础，我们可以将客户关系的发展划分为考察期、形成期、稳定期、退化期 4 个阶段，也称为四阶段模型（见图 6-2）。其中，考察期是客户关系的孕育期，形成期是客户关系的快速发展期，稳定期是客户关系的成熟期，退化期是客户关系水平逆转的时期。考察期、形成期、稳定期的客户关系水平依次增高，稳定期是供应商期望达到的理想阶段，但是客户关系的发展具有不可跳跃性，客户关系必须经过考察期、形成期才能进入稳定期。下面简要说明客户关系发展各阶段的特征。

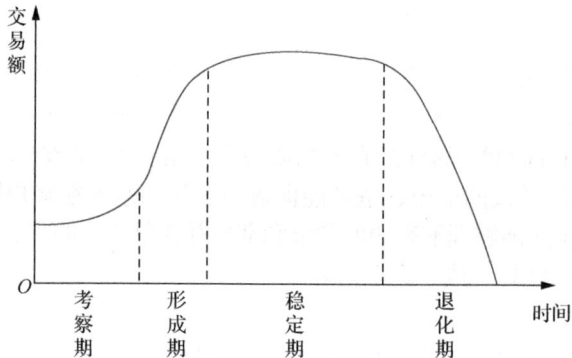

图 6-2 客户生命周期的四阶段模型

（一）考察期：客户关系的探索和试验阶段

考察期是企业尝试与客户建立关系的探索、试验阶段。在此阶段客户一般是第一次接触企业，或者从外界对企业有所了解，客户对企业及其产品或服务尚未建立信心，那么，客户想做出购买决策，就需要搜集大量的信息让自己打消顾虑，做出购买决策，不过处于这个时期的客户交易量一般较小。在考察期，企业需要花费大量的成本和精力对客户进行调研，确定哪些客户是目标客户，其是否有开发潜力。为了吸引客户达成交易，企业一般会推出较低的基本价格，因此客户在此阶段对企业贡献的利润很小甚至是负利润，而企业对客户的投入较多。

在这一阶段，企业与客户双方考察和测试对方的相容性、诚意、绩效，考虑建立长期关系时双方潜在的职责、权利和义务。企业与客户相互了解不足、不确定性大是考察期的基本特征，评估对方的潜在价值和降低不确定性是这一阶段的中心目标。在这一阶段，客户会提交一些尝试性的订单。

在考察期，说服和刺激潜在客户与企业建立客户关系是客户关系管理的中心任务。

1. 说服潜在客户

潜在客户是指对企业提供的产品或服务有一定的兴趣，在外界条件的刺激及自身需求的驱动下，会与企业建立合作或商业交易的客户。在实际情况中，由于信息量巨大、企业与客户之间信息不对称等，潜在客户往往难以对各方信息进行正确的归类和处理，从而增加了潜在客户进行购买决策的难度。因此，企业应设法通过电子邮件、企业网站、广告等各种有效途径向潜在客户传递信息，增强客户对企业产品的了解及认同，促使客户使用企业的产品或服务。

在考察期，企业需要向潜在客户证明其具有足够的实力来满足客户的需求。因此，在考察期，企业的客户关系管理主要是在明确潜在客户期望的基础上，向客户展示企业实力，让客户更好地了解企业的产品或服务体系，开拓与客户的沟通渠道，并实现初步良好的沟通，建立客户对企业的信赖。在这个阶段，企业可借助承诺和推荐这两种基本方法来说服潜在客户与其建立业务关系。

2. 刺激潜在客户

在考察期，除说服潜在客户以外，企业还要刺激潜在客户尽快使用企业的产品或服务。刺激潜在客户可以根据发展客户的不同目的分为短期刺激和长期刺激，短期刺激和长期刺激又可以分别采用直接刺激措施和间接刺激措施。

（1）直接短期刺激措施的目的是促使潜在客户与企业达成某项短期的交易。

（2）间接短期刺激措施并不是以达成短期交易为主，而是以创造促使潜在客户购买某种产品的条件为主要目的。

（3）直接长期刺激措施的目的是希望潜在客户与企业之间建立长期的客户关系，并促使客户重复购买和交叉购买企业的产品或服务。直接长期刺激措施主要有价格折扣、产品组合销售等。

（4）间接长期刺激措施是希望为潜在客户与企业建立长期的业务关系创造条件。例如，企业在构建分销渠道时需要充分考虑分销网络的区位选择。分销渠道的区位对客户越有利，客户重复购买的概率就越大。另外，产品或服务的个性化也有助于加快潜在客户购买决策的进程。

（二）形成期：客户关系的快速发展阶段

形成期是客户关系发展、成长的阶段。经历了考察期为数不多的交易后，客户与企业之间逐步建立了一定的信任度和依赖度，客户对企业的信心增强了，也愿意承担一部分风险，对价格的敏感度有所下降，对企业的产品或服务的需求进一步扩大，交易量快速上升。在此阶段，企业对客户的投入成本明显降低，而且开始从与客户的交易额中获取收益，且收益有增长的趋势。然而，在这个时期的客户关系并未稳固下来，客户对企业尚未产生忠诚度，受外界的影响较大，需求的波动性也比较明显。因此，客户在做购买决策时，会对相关竞争性产品或服务进行对比、评价，方能下定决心成交。因此，企业针对形成期客户关系的特性，需要建立和完善客户档案资料，建立客户数据库，全面、详细、准确地了解客户的消费特征、消费需求及感受。这些客户档案资料是企业客户关系管理的起点和基础。同时，企业应积极向客户传递企业文化和价值观，进一步赢取客户对企业的信任和依赖。在满足客户基本消费期望的基础上，企业应尽量满足和超越客户的期望。这样客户在日后购买时更容易抵抗企业竞争者的促销。

双方关系能进入这一阶段，表明在考察期双方相互满意，并建立了一定的相互信任和相互依赖关系。在这一阶段，双方从关系中获得的回报日趋增多，相互依赖的范围和深度也日益增加，逐渐认识到对方有能力提供令自己满意的价值（或利益）和履行其在关系中担负的职责，因此愿意承诺维持一种长期关系。在这一阶段，随着双方了解和信任的不断加深，关系日趋成熟，双方的风险承受意愿增加，由此双方交易不断增加。形成期客户关系管理的重点是企业产品或服务的个性化和交叉销售。

1. 产品或服务的个性化

企业通过向客户提供个性化产品或服务来保证对客户的吸引力。产品或服务的个性化主要涉及营销组合中的产品策略，它可以通过客户整合和服务增值加以实施。客户整合是指企业通过产品生产过程的外部化，让客户加入产品的研发、规划和生产过程。客户整合使企业的产品生产真正实现了以客户需求为导向，在提升了客户对产品的满意度的同时也增强了客户对企业的信任。

课堂讨论

在形成期，企业是否可以通过升级销售增强客户关系？

2. 交叉销售

企业还可以通过交叉销售来进一步增强客户关系。交叉销售的目标是提高企业的销售收入。交叉销售可通过单纯交叉销售和提高客户的购买频率来实现。单纯交叉销售可通过增加客户对企业相关产品或服务的需求来实现。

（三）稳定期：客户关系发展的最高阶段

稳定期是客户关系发展的成熟阶段，也是最高阶段。此时客户在企业的交易量已经稳定在一个高水平上，其对价格的敏感度降低，对企业的产品或服务有了信心，对企业的忠诚度进一步提高，愿意主动尝试企业推出的新产品或新服务，并主动为企业介绍和推荐其他客户，为企业传递良好的口碑。企业在这一阶段的客户关系管理的重点是保持和维系客户，更有效地培养客户忠诚度。在培养客户忠诚度的过程中，企业除了做好外部市场营销工作，还要重视对内部员工的管理，努力提高员工的满意度和忠诚度。这是因为企业为客户提供的产品或服务都是由内部员工完成的，他们的行为及行为结果是客户评价服务质量的直接来源。一个忠诚的员工会主动关心客户，并为客户问题得到解决而感到高兴。

在稳定期，双方或含蓄或明确地对维持长期关系做了保证。这一阶段有如下明显的特征。

（1）双方对对方提供的价值高度满意。

（2）为能长期维持稳定的关系，双方都做了大量有形和无形投入。

（3）大量的交易。

因此，在这一时期双方的相互依赖水平达到整个关系发展过程中的最高点，双方关系处于一种相对稳定状态。因此，稳定期的客户关系管理重点是设置客户退出壁垒以减少客户退出的比例，同时提高客户关系管理效益。企业可通过经济、技术和契约三个方面设置客户退出壁垒，将客户在较长时期内锁定以维系客户关系，确保企业在该客户身上实现较高的利润。

需要注意的是，设置退出壁垒的方法可以根据企业产品或服务本身的特点进行。一般来说，虽然为客户提供个性化或专用性较强的产品或服务时所面临的风险较大，但是这些个性化产品或服务很难与其他供应商提供的产品或服务进行比较。并且从个性化的角度而言，客户很难从其他企业找到相应的替代产品或服务。因此，企业就比较容易对购买这些产品或服务的客户设置退出壁垒，而企业对标准化程度较高的产品或服务设置客户退出壁垒的难度就较大。

（四）退化期：客户关系的衰退与重塑阶段

退化期是客户关系发展的回落阶段。此时客户减少或不再购买企业的产品或服务，交易量回落，交易额开始下降，企业维护客户关系的成本出现回升。在这一阶段，客户关系管理活动中最关键的工作是及时做好客户的流失管理，认真分析客户流失的原因，总结经验教训，利用这些信息改进产品或服务，最终与这些客户重新建立起信任关系，恢复正常的业务关系。

客户关系的退化并不总是发生在稳定期后的第四阶段。实际上，在任何一个阶段客户关系都有可能退化，有些关系可能永远越不过考察期，有些关系可能在形成期退化，有些关系则可能越过考察期、形成期而进入稳定期，并在稳定期维持较长时间后退化。引起关系退化的原因很多。例如，一方或双方经历了一些不满意，发现了更适合的关系伙伴，需求发生变化等。退化期的主要特征有：交易量下降，一方或双方正在考虑结束关系甚至物色候选关系伙伴（供应商或客户），开始交流结束关系的意图等。

因此，一个完整的客户生命周期包括考察期、形成期、稳定期和退化期四个阶段。这四个阶段是依次过渡的，稳定期是企业期望达到的理想阶段，但是客户关系的发展具有不可逾越性，客户关系必须先经历

课堂讨论

退化期的客户是否一定会流失？

考察期、形成期才能进入稳定期。退化期是客户关系的逆转阶段，但关系退化并不总是发生在退化期，也有可能发生在考察期、形成期、稳定期三个阶段的任意时点。

随着客户关系的发展，交易量不断增加，成本不断下降，客户对企业价格的忍耐力逐步提高，为企业创造的间接效益不断增加，在考察期、形成期、稳定期三个阶段，客户为企业创造的利润不断提高，即考察期最少、形成期次之、稳定期最高。因此，客户生命周期利润最大化的最优生命周期模式的判断标准是：考察期和形成期尽可能短，稳定期尽可能长。

利用客户生命周期有效提高产品销量

世界某著名牙膏生产厂家由于销量下滑决定开一次会，目的是通过集思广益来获得新的启发和灵感，使牙膏的整体销量上升。

领导层让该企业的一些管理者、工人、销售人员参加了这次"头脑风暴"，遗憾的是，虽然大家发言踊跃，却没有提出实质性的方案。于是，董事会宣布如果谁能够想出有效的点子，企业将给他 10 万美元的奖励。

话音刚落，正在会议室打扫卫生的一名保洁女工应声答道："我有办法!"

董事长问这位保洁女工："您用怎样的方法能够让我们的牙膏销量增加，而不增加开支呢？"

"将牙膏的管口加粗一点就可以了，因为每个客户每天使用牙膏时挤出的长度总是接近的，在管口加粗的情况下牙膏用量自然增加了。"这名女工答道。

后来经过工厂专家的讨论，将外口径扩大 0.1 厘米，当月的牙膏销售额便多了几十万美元！

讨论：扩大牙膏口径 0.1 厘米的方法适合用在客户生命周期的哪个阶段？

三、客户生命周期的模式

客户生命周期并非总是按照理想的生命周期轨迹发展的，客户生命周期模式存在多种类型，不同的类型代表着不同的客户关系质量。客户关系的退化可以发生在任意阶段，根据客户关系退出时所处的阶段不同，客户生命周期模式可分为早期流产型、中途夭折型、提前退出型和长久保持型。

（一）早期流产型

客户关系进入考察期后很快衰退。原因主要有：考察期客户关系比较脆弱，如果企业提供的价值没有达到客户预期或客户认为企业没有能力提供令其满意的价值，客户会很快退出；企业也可能认为客户没有太大的价值，不愿与其建立长期关系。该客户生命周期模式是一种常见的客户关系形态，在企业与客户的双向选择中，能够达成交易并维持长期交易关系的毕竟是少数。

（二）中途夭折型

客户关系越过了考察期，在形成期夭折。客户关系能够进入形成期，表明企业与客户双方对考察期的关系是满意的，并建立了一定的相互信任关系。中途夭折最可能的原因是企业不能满足客户不断提升的价值预期。企业如果不能满足客户不断提升的要求，就无法成为客户心目中最好的供应商，客户便会寻找更合适的供应商。一旦发现更合适的供应商，客户便从现有关系中退出，从而转向新的供应商。

（三）提前退出型

客户关系进入了稳定期但在稳定期前期退出。要想使客户关系长久保持在高水平的稳定期，企业就必须能始终提供比竞争者更高的客户价值。企业由于受自身能力的限制，或者不能及时捕捉客户需求的变化，或者没有能力持续满足不断变化的个性化客户需求，就会失去客户信任，从而导致客户关系退化。

（四）长久保持型

客户关系进入稳定期并在稳定期长久保持。该客户生命周期模式是企业期望实现的理想客户生命周期模式，这种客户关系能给企业带来更多的利润。

客户质量决定了企业竞争力，客户生命周期也反映了客户的质量。客户生命周期模式的分类为企业诊断客户质量提供了一个分析工具，企业可以有针对性地制定客户关系管理的行动方案。

第三节　客户终生价值

随着时代和新技术的发展，客户关系管理中所采用的一些新的信息手段不断增加，而且成为企业竞争的基础。但是证明信息技术合理性的最大问题不是缺乏对技术本身成本的计算方法，而是缺乏对投资回报的计算方法。而客户终生价值是衡量客户关系管理方案成败的关键因素。但是，到目前为止，相当一部分企业均没有客户终生价值的资料。其中一个很重要的原因是影响客户终生价值的因素非常复杂，且还没有非常好的量化办法。本节通过分析客户终生价值的组成，分析哪些因素影响客户终生价值及影响的方式，从而为企业客户关系管理提供更好的理论基础。

一、客户终生价值概述

客户终生价值（Customer Lifetime Value，CLV）是指随着时间的推移，客户未来可能为企业带来的收益总和。它由历史价值、当前价值及潜在价值三部分构成。宾夕法尼亚大学沃顿商学院的彼得·费德（Peter Fader）教授在他的论文《从客户的购买历史来衡量客户价值，可能带来管理推论偏见》中指出："对于大多数企业来说，它们主要的营销策略就是要不断地考虑到底哪些客户关系值得企业维持，哪些不值得。因此，营销经理需要对客户数据进行更加精细的研究，更加精确地测量出客户终生价值。"客户的终生价值是某机构的客户在其一生中为了享受和使用该机构提供的产品或服务而付给该机构的回报总和。从企业角度来看，客户终生价值是客户整个生命周期中与企业的交易行为给企业带来的

净利润或亏损。客户终生价值本质上是在企业与客户之间的长期关系中，基于交易关系给企业带来的净现值（Net Value）。它由三部分构成：历史价值、当前价值和潜在价值。

（一）客户终生价值的构成

客户终生价值由三个要素构成，即客户的历史价值、当前价值和潜在价值。

1. 历史价值

历史价值指的是到目前为止已经实现了的客户价值，即企业已经获得的收益。历史价值体现为客户已支付的款项，是确定的，可根据现有信息进行统计，是评估客户终生价值其他部分的基础。

2. 当前价值

当前价值指如果客户当前的行为模式不发生改变，客户将会给企业带来的价值，包括估算的下一笔订单、客户未来对该产品或服务的需求、长期合同的待履行部分所产生的价值。当前价值是不确定的，需要根据客户的历史价值进行评估。

3. 潜在价值

潜在价值指客户可能购买的其他产品或服务所产生的价值，以及客户吸引、介绍的其他客户所产生的价值，包括客户可能交叉购买的产品、客户介绍的新客户、客户提供的其他有效信息。潜在价值是不确定的，需要企业对客户进行引导以充分开发。

（二）衡量客户终生价值的三个维度

第一，客户维持时间。企业通过维持与客户的长期关系，保持高客户维持率，从而获得较高的客户终生价值。

第二，客户份额（Customer Share）。它是指一家企业所提供的产品或服务在一个客户该类消费中所占的比重。要获得最大的客户终生价值，不仅需要有高客户维持时间，更要有高客户份额。客户份额是衡量客户终生价值的一个重要指标。

第三，客户范围。企业总的客户终生价值的大小与它的客户范围直接相关。从客户范围维度出发，要求企业必须清楚它的现有客户是谁，同时注意开拓潜在客户。

（三）计算客户终生价值的影响因素

1. 计算的时间长度

客户终生价值的时间长度与客户终生价值存在正相关关系，随着时间的推移，逐渐加入客户终生价值，并且随着时间的推移，各项在客户终生价值中的比例会不断发生变化。

2. 贴现率

贴现率指的是将未来资产折算成现值的利率。它是一种基本的货币政策工具，对客户终生价值会产生一定的影响。客户终生价值与贴现率成反比。贴现率越高，客户的终生价值越小，当贴现率上升时，客户未来期间对企业的贡献在客户终生价值中的比例下降，此时企业会更注重当前的销售状况。

3. 客户的保留率

客户的保留率是指企业继续保持与老客户交易关系的比例，反映为某一年的客户，隔年依然会来消费的比率。它也可被理解为客户忠诚度，企业留住老客户的能力是企业保持市场份额的关键。对于企业来说，留住老客户比开发新客户要容易得多，成本也低廉得多。

4. 客户的收入变化

当客户的收入增加时，一般其用于消费的开支会增加。例如，当整个经济社会向好发展时，人们可能增加超市购物的消费，以及可能购买以前对于客户来说由于价格太高而不能购买的产品，这就提高了超市的收入；对超市来说，客户的终生价值随着客户收入的增加而增加。反之，当客户的收入减少时，他们就会减少购物的次数。所以，一般客户的终生价值与客户的收入成正比。

5. 客户关系的维系成本

客户关系的维系成本是指为了维系客户关系而发生的成本。这个成本不是每次特定交易的直接成本。这个成本能够促使客户数量保持在一定的范围内，并且促使客户的购买行为模式在一定时期保持不变。单纯从维系成本来看它是客户终生价值的减少项目，也就是说，客户关系维系成本的增加会减少客户的终生价值。但是客户关系维系成本的适当增加，对客户的行为可能产生很大的影响。

6. 客户购买价值

客户购买价值（Customer Purchasing Value，CPV）是客户直接购买企业产品或服务，为企业提供的利益总和。客户购买价值受到客户消费能力、客户份额、单位边际利润的影响。其计算公式为：CPV=客户消费能力×客户份额×单位边际利润。

7. 客户口碑价值

客户口碑价值（Public Praise Value，PPV）是客户向他人推荐和宣传本企业产品而创造的价值。客户口碑价值的大小与客户自身影响力、影响范围、影响人群有关。客户影响力越大，客户口碑价值也就越大。当然，客户影响力有正负之分，正影响力有助于树立好的企业形象，增加企业新客户；而负影响力往往来源于客户的抱怨，它会把企业的潜在客户推向竞争者。另外，客户口碑传播范围越广，受影响人群购买价值越高，客户口碑价值也就越大。客户口碑价值的计算公式为：PPV=影响力×影响范围×影响人群的平均购买价值。

8. 客户信息价值

客户信息价值（Customer Information Value，CIV）是客户为企业提供的基本信息价值，包括企业在建档时客户无偿提供的信息，以及在企业与客户双向交流过程中，客户以各种方式（如抱怨、建议、要求等）提供给企业的信息。这些信息节省了企业的信息搜集成本。企业对信息的处理没有选择性，每个客户提供的信息可视为相同，客户信息价值基本上可视为一个常量。

二、客户终生价值的分析步骤与分析意义

对客户终生价值进行分析有助于企业更好地了解客户的需求和行为，制定个性化的营销策略，提高客户的忠诚度和满意度，实现企业的长期发展。

（一）客户终生价值的分析步骤

客户终生价值分析包括收集客户资料和数据、定义和计算客户终生价值、客户投资与利润分析、客户细分、制定相应的营销策略等步骤。

1. 收集客户资料和数据

企业需要收集的基本数据包括：个人信息（如年龄、婚姻状况、性别、收入、职业等），住址信息（如区号、房屋类型、拥有者等），生活方式（如爱好、产品使用情况等），态度（如对风险、产品/服务的态度，将来购买或推荐的可能），地区（如经济、气候、风俗、历史等），客户行为方式（如购买渠道、更新、交易等），需求（如未来产品/服务需求等），关系（如家庭、朋友等）。这些资料及数据随着时间推移的变化都将直接影响客户终生价值的测算。

> **课堂讨论**
>
> 你认为计算客户终生价值的困难有哪些？如何计算客户终生价值？

2. 定义和计算客户终生价值

正如上述所说，影响客户终生价值的因素主要包括客户关系的长度、深度和广度。具体体现在客户生命周期长度、客户可能给企业创造的价值、企业建立和维持客户关系的成本等，另外还包括贴现率的选择。我们可以重点考虑以下几个因素。

- 客户已经为企业创造的价值及未来可能的价值收益流。
- 建立并维持已经发生的客户关系及未来可能的成本。
- 客户购买企业产品/服务及维持购买关系的时间长度。
- 客户购买产品/服务的频率及购买偏好。
- 客户的影响力及向其他人推荐的可能性。
- 客户信息和客户知识的利用价值。
- 与其他方进行客户资源合作所获取的直接或间接收益。
- 选择适当的贴现率。

3. 客户投资与利润分析

根据上一步骤的计算结果，通过对客户关系的投资和利润分析，发现最有价值的客户。可以直接基于交易成本或资金投入进行计算，或者根据过去类似客户的行为模式，利用成熟的统计技术预测客户将来的利润。国外汽车业这样计算客户终生价值：每位上门客户一生所可能购买的汽车数，乘以汽车的平均售价，再加上客户

可能需要的零件和维修服务费用。甚至更精确地计算出加上购车贷款所带给公司的利息收入。

4. 客户细分

从第三个步骤中，企业可以看出如何在客户终生价值中赢得最大利润，进而可以根据这些数据，将客户细分。通过细分清楚了解客户类型之后，找到最有价值的客户并有针对性地实施客户保持策略，提高客户特别是最有价值客户的满意度和忠诚度。

5. 制定相应的营销策略

衡量客户终生价值的目的不仅在于识别客户和确定目标市场，而且要制定相应的营销策略，提高销售量，尽可能将客户潜力开发出来。

（二）客户终生价值的分析意义

了解客户终生价值有助于营销战略的制定。客户终生价值在客户细分、客户选择、客户资源分配等方面具有重要的指导作用。

1. 客户细分

企业可以用客户终生价值作为标准对客户进行细分，并在此基础上确定企业的目标客户。以客户终生价值为基础对客户进行细分是服务营销和服务计划开展的基础，企业通过为不同终生价值的客户提供不同产品或服务，不仅可以满足不同客户的需求，而且也能使企业收益达到最大化。例如，银行和保险公司会给净资产高的VIP客户提供高附加值的产品并为其提供优质服务；在竞争激烈的电信行业，电信运营商也会给高端客户提供更加贴心的资费套餐和服务，以便给这些客户提供更高价值的服务，从而长期保留客户。

2. 客户选择

客户终生价值经常作为企业获得客户所需费用的上限，如企业从客户关系中获得的客户终生价值是 500 元，则该企业获取这个客户的花费就不能超过 500元。企业应准备更多的费用来获得那些可能带来更大现金流的客户。已获得客户的终生价值是影响客户选择决策的一个重要因素，但并不是唯一因素，因为对特定细分客户的获取也会影响现有客户的终生价值。因此，客户选择决策除了要考虑客户终生价值，还要考虑其他因素，如客户对企业产品的满意度及忠诚度等情况。

3. 客户资源分配

在考虑资金时间价值的前提下，客户终生价值是指从客户身上获得的所有预期价值的折现值。企业通过为特定客户分配恰当的资源，能给企业带来长远利益。例如，招商银行针对大学生推出校园版信用卡，这种校园版信用卡虽在短期内并不能给招商银行带来巨大利润，但大学生群体具有潜在的客户终生价值，招商银行是在有意培育这部分客户群体。

本章小结

本章着重讨论了客户价值、客户生命周期、客户终生价值。首先，从三个方向探讨了客户价值的概念，继而用马斯洛需求层次理论来探讨客户价值的来源，从而进行客户价值的分类，包括功能性价值、信赖性价值、社会性价值、探知性价值、美感性价值和自我实现价值。其次，着重探讨了客户生命周期，主要介绍了客户生命周期的四个阶段，并描述了各阶段的特点，在此基础上重点介绍了客户生命周期模式。最后，本章探讨了客户的终生价值理论，介绍了客户终生价值的组成，分析了影响客户终生价值的因素，明确了客户终生价值的分析步骤和分析意义。

思考与练习

一、选择题

1. 客户价值的分类包括（　　　）。

   A. 功能性价值　　B. 社会性价值　　C. 信赖性价值　　　D. 探知性价值

2. 客户总价值包括（　　　）。

   A. 产品价值　　　B. 服务价值　　　C. 让渡价值　　　　D. 形象价值

3. 客户生命周期框架包括（　　　）。

   A. 到达　　　　　B. 获取　　　　　C. 转换　　　　　　D. 保留

4. 客户关系的发展阶段包括（　　　）。

   A. 考察期　　　　B. 退化期　　　　C. 形成期　　　　　D. 稳定期

5. 在考察期，（　　　）和（　　　）潜在客户与企业建立客户关系是客户关系管理的中心任务。

   A. 说服　　　　　B. 稳定　　　　　C. 刺激　　　　　　D. 挽留

6. （　　　）是客户关系发展的最高阶段。

   A. 稳定期　　　　B. 退化期　　　　C. 考察期　　　　　D. 形成期

7. 客户终生价值的本质（　　　）。

   A. 指的是每个购买者在未来可能为企业带来的收益的总和

   B. 是在企业与客户之间的长期关系中，客户基于交易关系给企业带来的净现值

   C. 指客户在其一生中有可能为企业带来的价值之和

   D. 指客户初期购买给企业带来的利益

8. 客户终生价值的构成包括（　　　）。

   A. 历史价值　　　B. 潜在价值　　　C. 当前价值　　　　D. 让渡价值

9. 客户终生价值的影响因素包括（   ）。
   A. 计算的时间长度　　　　　B. 产品或服务被提及率
   C. 客户关系的维系成本　　　D. 客户的保留率
10. 分析客户终生价值的主要步骤是（   ）。
   A. 收集客户的资料和数据　　B. 定义和计算客户终生价值
   C. 客户投资与利润分析　　　D. 制定相应的营销策略

二、名词解释

客户价值　　　客户让渡价值　　　客户生命周期　　　客户终生价值

三、简答题

1. 简述客户关系发展的类型及其特征。
2. 客户生命周期由哪些阶段组成？
3. 结合实际讨论客户生命周期各阶段的特点。
4. 什么是客户的终生价值？它常由哪些部分组成？
5. 影响客户终生价值的因素有哪些？它们是怎么影响的？举例说明。

四、讨论题

1. 客户关系发展有哪些类型及特征？企业应如何对待？
2. 谈谈你对客户生命周期的理解及认识。

五、案例分析

日本的一家化妆品公司设在大都市里，而这座城市每年的高中毕业生相当多，该公司的老板灵机一动，想出了一个好点子，从此，该公司的生意蒸蒸日上。这座城市中的学校每年都送出许多即将步入黄金时代的女学生。这些刚毕业的女学生，无论是就业或深造，都将开始崭新的生活，她们脱掉学生制服，开始学习修饰和装扮自己。这家公司的老板了解了这个情况后，每一年都为女学生举办一次服装表演会，聘请知名度较高的名人或模特现身说法，教女学生一些美容的技巧，老板也利用这一机会宣传公司的产品，服装表演会结束后他还不失时机地向前来参加的女学生赠送一份精美的礼物。这些应邀参加的女学生，除了可以观赏到精彩的服装表演，还可以学到不少美容的知识，又能获得礼物，真是皆大欢喜。因此许多人都对这家化妆品公司颇有好感。这些女学生事先都收到公司管理员寄来的请柬，这请柬也设计得相当精巧有趣，令人一看就心生欢喜，哪有不去的道理？因而大部分人都会寄回报名单。公司根据这些报名单准备一切事务。据说每年参加的人数，占全市应届毕业女学生的90%以上。在她们所得的纪念品中，附有一张申请表，上面写着：如果您愿意成为本公司产品的使用者，请填好申请表，亲自交回本公司的服务台，您就可以享受到公司的许多优待。其中包括各种表演会和联欢会，以及购买产品时的优惠价等。大部分女学生都会响应这个活动，纷纷填表交回，该公司管理员就把这些申请表加以登记装订以便事后联系或提供服务。事实上，她们在交回申请表时，或多或少都会买些化妆品。如此一来，对该化妆品公司而言，真是一举多得，不仅吸收了新客户，也实现了将客户忠诚化的目标。

讨论：针对以上案例，分析该化妆品公司是如何提高客户价值的。

实训项目

1. 设计一份客户终身价值计算方案。

（1）**实训内容**：以某奶茶店为例，设计一份客户终身价值计算方案。

（2）**确定要求**：我们可以借助 DeepSeek 来辅助设计一份客户终身价值计算方案。

（3）**发送要求**：打开 DeepSeek 页面，在底部的文本框中输入要求并按"Enter"键发送，查看回复，如图 6-3 所示。

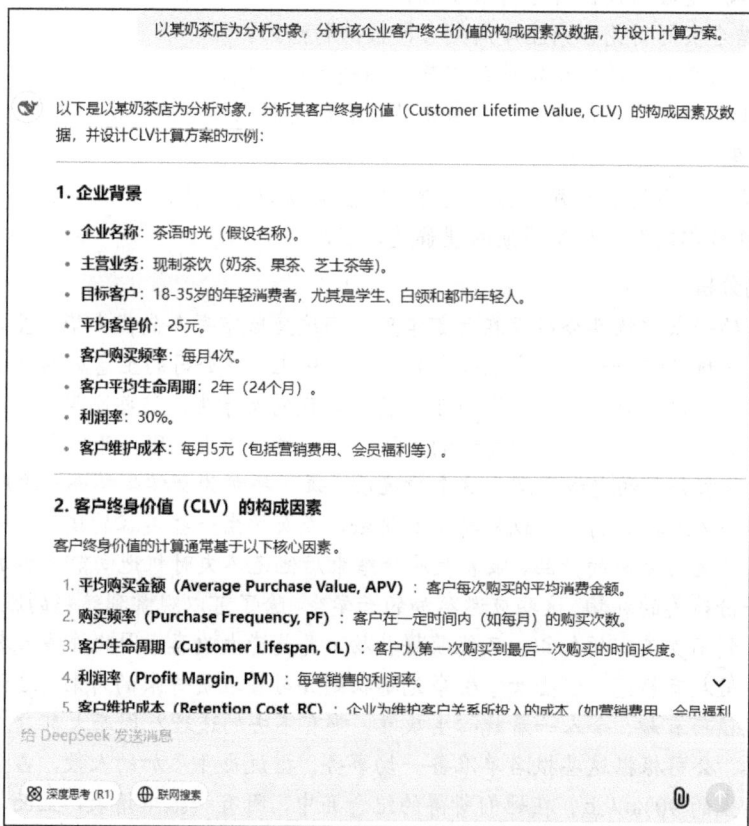

图 6-3 DeepSeek 回复客户终生价值设计方案

2. 王薇大学毕业后创业开了一家奶茶店，她的奶茶店与众不同，选用的牛奶、茶粉、巧克力、水果、蜂蜜等原料都是知名品牌，这些原料像艺术品一样摆在奶茶店的橱窗里。奶茶店的杯、勺、托盘都很精致，配上小巧舒适的座椅和优雅的装潢，整个奶茶店弥漫着文艺的气息。奶茶制作区 360° 开放，客人可以清楚地看到奶茶的制作过程。王薇在制作奶茶时坚持戴口罩、手套，穿围裙。在每次制作前，她都要详细询问客人的口味、喜好，并给出自己的建议。客人要是对奶茶不满意，可以无条件要求王薇免费再做一杯；若还是不满意，王薇会全额退款。下雨天，王薇会为客人准备鞋套和雨伞，无论是否消费，客人都可以在她的店里休息，她不仅不会赶人，还准备了一些书供在店里逗留的客人阅读。

在普通的奶茶店，一杯奶茶的均价为 10~15 元，王薇的奶茶却标价 20 元以上，但这丝毫不影响她的奶茶店的生意，很多客人都是王薇店里的常客，甚至觉得王薇做的奶茶已经成了他们生活的一部分。

（1）运用客户让渡价值模型的相关知识，分析王薇的奶茶店目前生意好的原因。

（2）王薇计划在今年的圣诞节策划一次新客户促销活动，请运用客户生命周期理论，帮助王薇策划该活动的具体内容。

第七章　客户关系管理的实施

理论框架

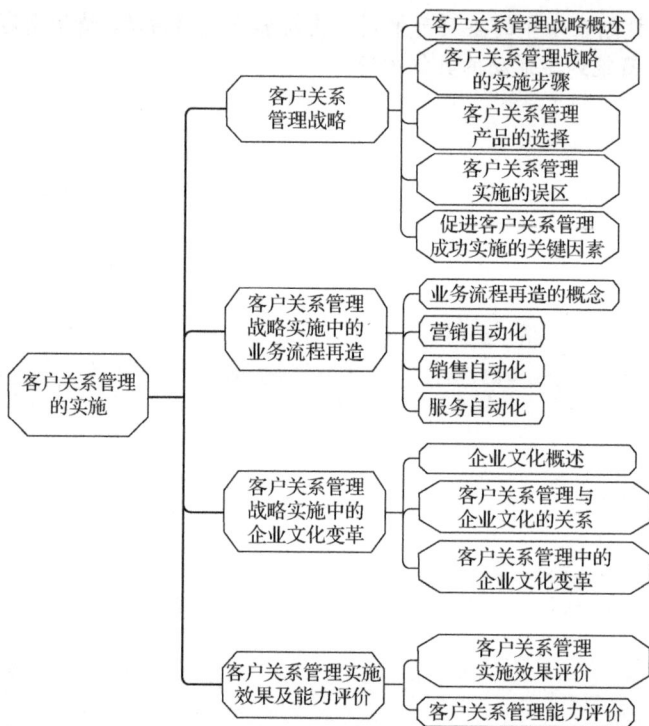

客户关系管理的实施
- 客户关系管理战略
  - 客户关系管理战略概述
  - 客户关系管理战略的实施步骤
  - 客户关系管理产品的选择
  - 客户关系管理实施的误区
  - 促进客户关系管理成功实施的关键因素
- 客户关系管理战略实施中的业务流程再造
  - 业务流程再造的概念
  - 营销自动化
  - 销售自动化
  - 服务自动化
- 客户关系管理战略实施中的企业文化变革
  - 企业文化概述
  - 客户关系管理与企业文化的关系
  - 客户关系管理中的企业文化变革
- 客户关系管理实施效果及能力评价
  - 客户关系管理实施效果评价
  - 客户关系管理能力评价

学习目标

【知识目标】

1. 了解客户关系管理战略的概念。

2. 掌握客户关系管理战略实施的关键步骤。

3. 掌握业务流程再造、企业文化变革的概念与过程。

4. 理解客户关系管理实施评价指标。

【能力目标】

1. 能够选择合适的客户关系管理实施方案和产品。

2. 能够表述客户关系管理实施过程中业务流程再造、文化变革的作用和意义。

3. 能够评价企业的客户关系管理能力。

【素养目标】

1. 树立客户关系管理的观念和态度。
2. 增强对客户关系管理实施的主动思考意识。

情景导入

珀尔修斯（Perseus）公司的客户关系管理

珀尔修斯公司是一家帮助其他公司设计和运作客户调查服务的公司，它从出售价值 179 美元的调查软件起家，很快就拥有从家庭作坊到大公司的大批客户。公司的所有人都在忙于软件下一版本的设计和销售，以至于没有人将客户信息转移到一个基本的客户管理程序中。该公司的首席营运官意识到需要通过客户关系管理系统对客户进行更好的追踪，因为客户除了与公司的技术支持部门打交道，和其他部门没有任何交流渠道，这使该公司失去很多机会，如向那些打电话问不相干问题的客户销售软件的机会。于是，该公司领导层决定购买恩柏科公司的客户关系管理系统模块 Clientele。但是，在实施的过程中，珀尔修斯公司不想再花费数万美元让恩柏科公司来解决客户关系管理系统和企业现有 IT 系统的集成问题。在珀尔修斯公司看来，客户关系管理系统应该很简单，作为一家软件开发公司，自己集成应该不是什么难事。但是，实施过程却远非预料的那样容易，公司的销售人员在下电子订单时，难以协调现有表格和 Clientele 需要的新表格。几个月过去了，珀尔修斯公司的员工仍然和没安装 Clientele 一样，无法和客户进行交流。市场部的员工每周要人工把公司数据库里几千个用户数据导出，然后按照字母排序给客户发邮件，以提醒用户 30 天免费试用期要到期了。当客户找到负责技术支持的员工时，这些员工手头甚至没有最基本的客户信息。员工经常要花费很长时间来查找客户购买了几个软件许可证、订单的状态如何等这种简单的问题。与此同时，竞争者因为成功地实施了客户关系管理项目而提高了市场占有率。

思考： 企业实施客户关系管理是否只需要购买软件即可？

第一节　客户关系管理战略

一、客户关系管理战略概述

客户关系管理能够帮助企业有效提升核心竞争力，但如果仅仅将客户关系管理的实施在营销、销售、服务等部门层面进行，而没有上升到整个企业战略管理的高度去制定战略规划，那么，客户关系管理的实施就无法达到企业的预期目标。

（一）客户关系管理战略的概念

战略一词广泛运用于企业运营中，如企业战略、竞争战略、营销战略等，与之对应的是策略，如价格策略、渠道策略、产品策略等。战略和策略的区别是：战略是具有全局性和决定性意义的长远规划，而策略则是为了达到战略目标而使用的具体方法，策略是从属于战略的，而战略也是需要各种策略支持的。

课堂讨论

请说一说战略、策略的异同。

客户关系管理不是营销的一个组成部分，更不是简单的销售善后工作，而是贯穿整个营销过程的战略主线。客户关系管理不仅是管理好与客户间的关系，也不仅是管理好与客户间的接点，而是一个战略过程。它起始于目标客户选择，落脚于客户忠诚。一方面，它让企业的所有工作和所有部门都为客户提供更多价值，都为提高客户满意度和忠诚度服务；另一方面，它让客户关系管理贯穿于企业的营销过程之中，并成为指引其他工作的纲领。企业只有把客户关系管理视为一个贯穿于企业营销的战略性过程，才能真正达到客户关系管理的目标。

（二）客户关系管理战略的内容

一个完整有效的客户关系管理战略一般包含客户关系管理战略的远景与目标、客户关系管理战略的核心活动。

1. 客户关系管理战略的远景与目标

客户关系管理战略远景的形成并非自上而下、一成不变的。客户关系管理战略的目标和远景是企业制定和实施客户关系管理战略的前提，表明了企业对客户关系管理战略的全面理解，指导企业根据当前需求，制定客户关系管理战略的行动方案和具体策略。依据对企业客户关系管理战略远景要素与关键问题（见表 7-1）的分析，在确定自身管理模式、业务流程、组织结构等环节中的优劣势及存在的关键问题后，企业要明确地制定一个长远、清晰的总体发展目标，从而通过目标的导向作用，推进整体客户关系管理战略的实施。

表 7-1　客户关系管理战略远景要素与关键问题

要素	关键问题
企业远景	企业的整体发展战略是什么 什么是企业最重要的目标和理想的未来状态 企业对生存、成长和盈利性的投入水平如何 企业从事经营的目的是什么？企业正在从事什么业务 企业应该专注于一个产业，还是多样化发展
目标客户与市场	企业想要确定的目标市场是什么 谁是企业的客户 企业希望满足客户哪些需求
地理范围	企业应该服务哪些地理区域 企业应该在地区、国家，还是国际范围内开展经营活动

要素	关键问题
主要产品或服务	企业提供的产品或服务的范围是什么
核心技术	企业希望拥有什么类型的技术
竞争优势和基础	企业的竞争优势有哪些 企业应该保持哪些独特能力 客户在购买企业产品或服务时，可以获得哪些价值
价值观	企业拥有的价值观和共享的信念是什么

2. 客户关系管理战略的核心活动

客户关系管理战略的核心活动包括客户接触管理、客户服务质量管理、客户生命周期管理和客户智能管理。

（1）客户接触管理。优秀的企业总是努力、最大限度地接近客户，在不同发展阶段、不同时期、不同工作领域有着不同的沟通目标，如获取市场需求信息、新产品测试、促进交易达成、获取产品试用信息反馈……企业与客户有效接触的核心目的是获得客户最大化满意，最终实现最大化营销，并获得品牌忠诚。但是，企业与客户接触的过程必须在科学、系统的管理之下才会有好的效果。

接触管理又称接触点管理，是指企业决定在什么时间、什么地点、如何与客户或潜在客户进行接触，并达成预期沟通目标，以及围绕客户接触过程与接触结果处理所展开的管理工作。客户接触点管理的核心是企业如何在正确的接触点以正确的方式向正确的客户提供正确的产品或服务。

案例 7.1

少儿读物客户接触点的管理迭代

少儿读物营销大多专注于如何将出版信息传递给目标客户，并将接触点拓展、接触时机把握、触后管理作为构建营销模式、提升营销效能的主要抓手。其中接触点拓展无疑是最受关注的一环，其被细分为媒体/媒介接触点开拓、产品接触点优化、人员/服务接触点改进三个方向，可谓接触点管理的"三翼"。从市场实践看，少儿读物客户接触点管理近年来呈现"媒介+"逻辑。

在数字出版时代，少儿读物营销在平台思维、用户思维、流量思维导向下进入数字营销阶段，接触点管理日渐聚焦于媒体/媒介接触点开拓和人员/服务接触点改进，以电商平台、微博、微信、网络论坛、直播平台、短视频平台等外部媒介为支点，搭建新型营销网络的接触点管理模式。例如，2009 年，读客文化借力微博推广图书，抢占了当年图书营销的先机。2012 年，知识脱口秀罗辑思维以"魅力人格体"社群营销方式成长为互联网图书营销的代表之后，以"京东微信荐书联盟""豆瓣读书""育学园""大 V 店自媒体联盟"等为代表的小众社群、个人社群营销成了图书推介的典范，基于微信关系链的手机 App"微信读书"、读客文化的微信公众号"书单来了"等以病毒式传播方式覆盖了大量目标客户，帮助出版企业进行潜在、无形、精准、私密的互动式营销、裂变式即兴社交与个性化定制营销。2016

年以后，直播营销开始在出版界广泛推进，读者个人、作者个人、出版社一线编辑纷纷变身网络主播，"种草带货"，图书直播营销呈现多平台、多主体、多领域跨界联动以实现内容变现的发展趋向。2017 年以来，抖音、快手、美拍等社交短视频平台的迅猛崛起，将图书客户接触点管理带入了短视频模式。至 2021 年，各类电商的图书销售量占到了全国图书销售总量的 79%，其中少儿读物的短视频电商码洋规模占到了电商码洋规模前五大板块总量的 60.4%，远高于其他类型的电商。2022 年，在短视频电商码洋中，少儿读物占比达到了 54.7%。面对媒介技术的迅猛发展给出版业带来的巨大冲击，再造出版流程，打造知识"网红"，借助 5G 技术开拓以媒介融合为总体特征的图书出版营销全流程管理平台，成为少儿读物客户接触点管理的新趋向。

讨论："媒介+"逻辑下的少儿读物客户接触点使用的媒介包括哪些？你认为除"媒介"以外，还可以围绕哪些方面来打造客户接触点？

（2）客户服务质量管理。服务质量与产品质量不同，服务质量具有无形性、主观性、多样性等特点，更加难以进行标准化管理和考核。从客户关系管理的角度来看，服务质量是指企业在服务客户的过程中，为获得目标客户满意而提供的相对稳定的服务水平，其质量高低由客户对服务质量的感知而决定。服务质量管理是指企业通过全面的管理手段，对服务过程中的各个环节进行有效控制和持续改进的管理方法。它的核心原则是以客户为中心，不断追求卓越的服务质量。

（3）客户生命周期管理。企业对客户生命周期管理的重点在于按照不同阶段的特点制定不同的管理策略。

（4）客户智能管理。客户智能是通过创新和使用客户知识，帮助企业提高优化客户关系的决策能力和整体运营能力的概念、方法、过程及软件的集合。企业在与客户接触的各个点中获取客户的静态、动态数据，通过特定的信息系统平台和软件将数据整合为客户信息，进而通过自动或人工参与使用具有分析功能的算法、工具或模型，帮助企业分析信息、形成知识，并通过对知识的掌握和运用，帮助企业做出客户关系管理相关的决策，达到客户智能（见图 7-1）。

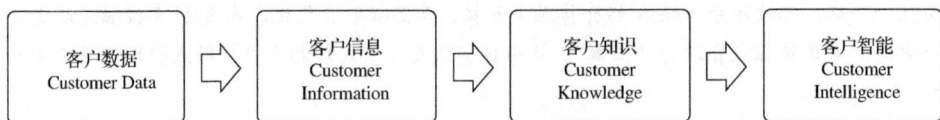

客户数据 Customer Data		客户信息 Customer Information		客户知识 Customer Knowledge		客户智能 Customer Intelligence

图 7-1　客户智能的演化

慕课视频

观看视频 7.1.1 客户关系管理项目实施。

二、客户关系管理战略的实施步骤

一个完整的客户关系管理战略的实施步骤，主要包括规划、建构、部署三个主要阶段，分为六个步骤（见图 7-2）。

第一步是业务规划。在规划阶段，最关键的活动是确定客户关系管理的整体目标，并描画出每一种目标需求。对于企业级的客户关系管理，业务规划包括明确企业客户关系管理战略和相应项目的概念；对于部门级的客户关系管理，业务规划只是简单地建立一个新的客户关系管理应用软件的界面。但无论项目的大小如何，企业在业务规划阶段都应该形成文件，甚至可以将其作为一种检验结果的标准。

图 7-2　客户关系管理战略实施步骤

第二步是结构设计。客户关系管理的结构设计是一个满足客户关系管理需求的过程，企业在这一步需要确认客户关系管理能够支持企业哪些业务流程，列举特定的"需要执行"和"怎样执行"的功能，最终提供一个有关客户关系管理在组织和不同技术上发挥作用的崭新思路。

第三步是技术选择。这一步有时像选择一个不用定制的产品那样容易，而绝大多数时候要对不同的客户关系管理集成商、动态服务器页面（ASP）进行综合评估。技术选择的基本标准是要符合企业的真实需求。

第四步是技术开发。在技术选择的基础上，技术开发包括根据特定产品特征，构建和定制客户关系管理产品。一旦开发完成，就进入到交付环节。

第五步是战略交付。客户关系管理交付首先必须做的事是对用户进行深入的培训，还要进行在线技术帮助，或者使用用户向导、工作助手和其他文档，来激励用户最大限度地利用新的客户关系管理。

第六步是战略评估。当我们根据客户关系管理所要实现的功能来评价客户关系管理效能时，就到达了战略评估这一步，企业主要通过评估客户关系管理解决现有企业问题的程度，以及在客户关系管理业务规划时设立目标的达成度来对项目进行评估。

三、客户关系管理产品的选择

在中国，我们提及的客户关系管理更多是指"自身内含管理方法并能够帮助企业实践更多管理方法的 IT 软件工具"。虽然，国内的客户关系管理起步于 1999 年年底，快速发展于 2001 年和 2002 年，但是今天已经有很多行业和企业行动起来，并正在从客户关系管理的实施和应用过程中获得越来越多的价值。即便如此，我们也还是非常遗憾地看到，相当一部分企业并没有从客户关系管理实际应用中获得更多收益。那么，如何选择合适的客户关系管理产品呢？

慕课视频

观看视频 7.1.2 客户关系管理系统的建设。

1. 要了解企业自身

客户关系管理软件是管理软件的一种，本质上是为企业各级角色更加有效地管理业务服务的。企业要根据自身实际情况来选择和评估对应的客户关系管理产品是否适合。

我们可以从以下几个非常务实的方面着手。企业选择和使用客户关系管理软件的基本动机是什么？是为了取悦投资方和股东？是为了提升销售业绩和能力？是为了训练员工建立客户至上的意识和习惯？还是为了提升企业管理水平和效率？企业自身的"客户关系管理化"阶段如何？是处在无意识阶段、初级阶段、中级阶段，还是处在高级阶段？企业能够承受的实施成本（包括客户关系管理软件价格、实施周期、实施范围和资源等）是多少？企业实施客户关系管理后期推行力度如何？是企业管理高层"自上而下"地推行还是企业具体业务部门"自下而上"地建议？

应该还有其他的因素和环节，但是以上几点是至关重要的。企业只有真正将以上问题了然于胸，并据此来考察对应的客户关系管理厂商和产品，才能最大限度地获得最终应用成功的保障。

2. 要了解国内外客户关系管理厂商和产品

目前，国内外的主流客户关系管理厂商和产品，普遍存在的问题是软件产品应用深度和广度不够。相较国外客户关系管理厂商，现阶段的国内客户关系管理市场竞争的气氛并不太浓。因为各厂商的产品在目标客户群定位、产品应用特征、价格定位等方面，还存在较多、较大的差异。所以，相对于并不是太"热"的国内客户关系管理市场而言，各厂商都在默默地、紧锣密鼓地做着事情。一方面，持续、稳健地发展新产品；另一方面，有效把握住"冒"出来的销售机会，把它转化为当期销售订单。

理性购买客户关系管理产品的企业，如果能够了解国内外主流客户关系管理厂商及其产品状况，就能够达到事半功倍的效果。

3. 要经历正确的选型过程

什么样的选型过程才是正确的选型过程？下面在客户关系管理选型方面给出七点建议。

（1）确定是选购商品化软件，还是选购定制开发型软件。

（2）根据企业自身特征和实际要求，初步确定多家适合的客户关系管理厂商。

（3）准备好相应的需求文档和材料，与各厂商代表进行充分的交流。

（4）评估各客户关系管理厂商针对需求所提供的产品、解决方案、报价或报价方案、实施能力、实施周期等各方面的优劣。

（5）确定进一步的入围厂商。

（6）评估各入围厂商在"如何有效规避实施风险"和"如何有效确保应用效能"方面所提出的方案和承诺。

（7）最终确定合作厂商和产品。

四、客户关系管理实施的误区

在激烈的市场竞争中，客户已经取得了绝对的支配权。作为一种新兴的竞争手段，客户关系管理正备受瞩目。为了获取更多的竞争优势，许多企业将关注的重点由提高内部效率转向尊重外部客户，想方设法地赢得、保持与客户持久的良好关系，最终实现企业利润的最大化。因此，客户关系管理已逐渐发展成为企业应用领域的重要业务战略。

慕课视频

观看视频 7.1.3 客户关系管理项目成功及失败的关键因素。

然而，不少企业在实施客户关系管理过程中都以失败告终。世界 500 强企业成功实施客户关系管理的不到 40%。客户关系管理实施的失败率如此之高，主要是由于企业在实施客户关系管理过程中走入了误区，最终影响了客户关系管理目标的实现。为了提高客户关系管理实施的成功率，厘清在实施客户关系管理过程中的常见误区和问题非常重要，常见的误区包括以下几个。

1. 将客户关系管理等同于客户关系管理软件，可以在短时间内实施完成

很多企业由于对客户关系管理认识不足，将客户关系管理与客户关系管理软件等同起来。以为实施客户关系管理就是使一个客户关系管理软件，就像 Office 软件一样，可以立即全部到位。这样的思想忽略了客户关系管理的阶段性要求，导致企业在实施客户关系管理时仅仅局限在一个软件项目上，而忽略了客户关系管理其实是企业深层运作机制的改变，涉及企业管理理念、管理模式的变革，涉及人员、文化、流程、技术等多方面要素。而这些问题又不可能靠实施一个软件项目在短时间内得到解决，而是一个缓慢消化、吸收的过程。在这个过程中，软件本身的可得性和实施恰恰是最容易实现的，而管理理念、文化、流程的改变才是具有决定意义的。客户关系管理牵涉的面很广，所以企业一开始就要有一个全局的把握，找准长期客户关系管理合作伙伴，对客户关系管理可能带来的变化做到心中有数，这样才不会导致混乱和失败。

2. 认为客户关系管理只有大企业才有必要、有能力实施

造成这一误区的原因可能是目前实施客户关系管理的企业大多为一些大企业，如电信业、银行业。确实，要想全面实施客户关系管理应用技术，企业没有一定的实力是不行的。但这并不意味着其他企业没必要实施客户关系管理。客户关系管理作为一个管理理念，适用于所有从事经营活动的企业，没有企业大小之分。即使一个企业没有采用客户关系管理应用技术，它仍然可以根据客户关系管理的理念，整合企业内部的不合理流程及客户关系的薄弱环节，做到持续改进。中小企业的流程、客户关系等往往比较简单，即使不依靠技术应用的改进而只靠管理理念的更新也能取得良好的效果。而大企业的复杂程度高，不依靠技术应用的改进，效果将非常有限，这也是为什么较多大企业实施客户关系管理的原因。

3. 无差别地在各企业实施客户关系管理

这一错误观点忽视了行业特点，不同的行业有其不同的业务需求和业务流程。企业应根据企业所处的行业、该行业在国民经济中的地位和作用及本企业的特点，

有针对性地实施客户关系管理。尤其是业务流程和组织结构的重新设计，更是一个定制的过程。例如，大企业和小企业、制造企业和零售企业、上中游企业和下游企业的客户关系管理实施的侧重点肯定是不一样的。大型制造企业一般有比较固定的大客户，实施客户关系管理时比较关注业务流程的重组，以保证能够及时、高质量地提供让客户满意的产品；而如呼叫中心、基于客户信息的数据仓库则不会像直接面对最终客户的企业，尤其是服务业企业那样关注。如果企业不考虑自身行业、企业的特点，则容易导致最终的失败。

4. 认为客户关系管理就是数据库营销

数据库营销的概念就是企业通过大量市场调查与市场经营反馈，搜集和积累客户的大量信息，并利用经过处理后的信息给企业及产品予以精确的市场定位，有针对性地制作营销目标和市场目标，同时可以帮助企业准确地了解用户信息，确定企业的目标市场和目标消费群体，直接提高企业营销率的过程。应该说数据库营销是客户关系管理的一部分，但不是全部。客户关系管理的主要业务目的是整合销售、营销和服务三大领域，业务整合是客户关系管理的关键。传统的数据库营销只是其中的一个子系统，基于数据库挖掘出来的数据信息如何与营销、销售、服务整合起来，提高客户满意度并为以后的交易服务，这才是客户关系管理所特有的功能。此外，客户关系管理不仅应关注和发现企业数据库中最有价值的客户，更应该在动态、富有竞争性的环境中去确认市场上最有价值的目标市场。当然，实施客户关系管理时，企业完全可以利用原有的数据库营销系统，丰富它的数据挖掘功能，整合数据库平台与其他系统的接口，如此往往可以达到事半功倍的效果。

5. 认为客户关系管理与企业文化没有什么关系

从表面上看，无论客户关系管理中的流程、结构重组还是数据仓库、呼叫中心等都与企业文化没有什么关系，但是客户关系管理的成功与企业自身的推进力度有很大关系，而推进力度的大小和方向又与企业文化有着密切的关系。客户关系管理失败的原因有很多，没有建立新的文化是其中一个重要原因。成功的客户关系管理所关注的不仅是系统的安装调试，更要注意管理意识和管理理念的更新，要树立以客户为中心、以服务为宗旨的理念，以客户关系管理推动企业文化的变革，以新型的企业文化保证客户关系管理的有效实施。企业文化的导向、激励、协调等功能不仅是高效的，而且可能是成本最低、持续效果最长的。从这个意义上说，企业文化是客户关系管理实施中最为经济、有效的手段。没有相应的企业文化做支撑，企业就不可能得到员工的积极支持与参与。

6. 认为客户关系管理的"以客户为中心"就是"以客户满意"为最终目的

由于现代营销理论中经常强调以客户为中心，提高客户满意度，而且客户关系管理实施中的业务流程和企业结构的重新设计也是基于此的，因此就很容易认为客户关系管理是以客户满意为最终目的，而忽略了传统经济学中企业的概念是以利润最大化为目的的。虽然利润最大化更注重的是长期利润，但成本、利润仍然是企业要关注的首要问题。任何一个企业的资源都是有限的，因此客户关系管理就是企业要利用最大资源去发展和维持最重要的客户关系，这里的最重要的客户是指利润贡献率最高的客户，而不一定是购买最多的客户。在资源一定的情况下，我们可以近似地认为企业利润与客户满意之和是一个定值，因此客户关系管理的一个任务就是要在企业利润与客户满意之间找到一个合适的平衡点。当然，对非盈利的客户，也不能采取一概否定的做法。非盈利的客户不是无用的客户，他们之所以没有为企业提供利润，是受到企业所采取策略的影响。企业应该在客户关系管理的数据信息基础上理性地思考客户的盈利能力，在不影响盈利客户的前提下，通过实施恰当的策略，改变客户的行为，进而挖掘、提高客户尤其是非盈利客户的盈利能力，实现企业利润最大化。

五、促进客户关系管理成功实施的关键因素

企业在避免以上实施客户关系管理误区的同时，还需要认识到促进客户关系管理成功实施的关键因素。通过对国内外成功的客户关系管理实施案例的分析和研究发现，能够在客户关系管理实施上取得成功的企业，通常是那些有好的客户关系管理策略，能够在实施过程中遵循合理的原则，并选择了好的客户关系管理软件的企业。这些企业都存在一些共同的特点，下面给出了客户关系管理实施成功的六个关键因素。

1. 高层领导的理解和支持

客户关系管理的成功实施，首先有赖于企业高层领导对客户关系管理的正确、全面认识和理解，既不能将其当成包治百病的灵丹妙药，也不能过分悲观，认为中小企业没有条件和能力实施客户关系管理。客户关系管理是综合性的企业应用系统，其实施不是简单的软件安装、调试，也不只是硬件的购买与调试，更不只是管理理念的灌输，企业实施客户关系管理需要对症下药，用整体规划、分步实施的原则来指导行动。另外，客户关系管理涉及企业的销售、市场、服务、生产、管理等部门，需要各个部门的通力配合，因而至少需要一个有足够权威的行政上的支持者。该支持者的主要职责是：与客户关系管理实施团队一起，制定企业客户关系管理的目标、规划和实施方案；配置和管理客户关系管理的各种资源；协调企业内部各部门的工作，保证方案有序进行；在项目出现问题时，该支持者还要激励员工、解决问题等。

2. 专注于业务管理流程

目前，不少企业都把注意力放在技术方面，这是错误的做法。实际上，好的项目小组应该专注于流程。客户关系管理的个性化较强，涉及企业深层运作机制的改变，牵涉人、流程和技术三个方面的要素，在这三者之中技术作为促进因素是排在最后的变量，只有当人和流程准备就绪以后，企业才知道用什么技术能适合企业的独特环境。如果没有识别企业业务流程存在的问题并制定改善方案，应用了客户关系管理系统后，不但不能从整体上提高企业的运作效率和经济效益，反而会成为一种障碍而使业务流程运作更加低效，成本更高。因此，好的项目小组开展工作后的第一件事就是花费时间去研究现有的营销、销售和服务策略，并找出改进方法。为

了发现现有流程的问题，项目小组应该事先分析企业是怎样营销、销售和服务的，客户在何种情况下、什么时候会购买产品。通过这些工作，项目小组将会发现要解决的问题，而且可以把项目实施前后的状况进行比较，看是否有所改观。

3. 技术的灵活运用

慕课视频

观看视频 7.1.4
客户关系管理系统
与其他系统的集成。

在那些成功的客户关系管理中，企业选择的技术总是与要改善的特定问题紧密相关的。如果在一个企业中，其业务人员在现场工作时很难与总部建立联系，这个企业很可能选择机会管理功能；如果企业处理订单时的出错率很高，该企业很可能选择配置器功能；如果销售管理部门想减少新销售员熟悉业务所需要的时间，这个企业应该选择营销百科全书功能。选择的标准应该是根据业务流程中存在的问题来选择合适的技术，而不是调整流程来适应技术要求。

虽然很多企业客户关系管理的实施是从单个部门（如营销、现场销售或客户服务）开始的，但在选择技术时要重视其灵活性和可扩展性，以满足未来的扩展需要。因为企业要把企业内的所有客户集中到一个系统中，使每个员工都能得到完成工作所需的客户信息。所以项目初期选择的技术要比项目初期所需的技术复杂，这样才能满足未来成长的需要。对客户关系管理进行评估时，企业不仅要明白客户关系管理能完成什么工作，而且要重视客户关系管理的工作机理。应该弄清软件商所编写的程序的系统框架，并根据自己的信息系统规划来选择合适的解决方案。

4. 将客户关系管理理念融入企业文化

客户关系管理项目的实施虽然在形式上表现为一些软件包的组合、调试、安装、测试和运行，但是其核心是一种新型的理念。在我们从以产品为驱动的理念向以客户为驱动的理念转变时，我们最需要的是企业组织态度上的变革。这是因为业务运作方式将从自内而外（以产品为中心）逐渐过渡到自外而内（以客户为中心）。考虑到如今的商业运作方式，在企业中培养以客户为中心的文化，其重要性不言而喻，并且它的优先级不应低于任何技术上的考虑。在过去特定的经济环境和管理环境下，企业已经形成了具有共性的企业文化，这种企业文化突出表现在将企业管理的着眼点放在内部资源管理上，而对于客户这一重要的外部资源缺乏相应的管理，所以客户对供应商或品牌的忠诚度普遍降低。因此，成功实施和应用客户关系管理系统，企业必须要把客户关系管理理念融入企业文化，否则在实施过程中必定遭遇障碍。

5. 组织良好的团队

客户关系管理的实施队伍应该在四个方面有较强的能力。

首先是企业业务流程的重组能力。因为客户关系管理并不是使企业在每个业务环节上都提高 5%，而是使企业在某几个环节上获得巨大的提高。这需要企业中对现状不满意的人根据流程的关键部分自愿进行改造，这些对企业现状不满意的人会研究企业的流程为什么是这样的，并在合适的时间和合适的地方对流程进行改变。

其次是系统的客户化能力。不论企业选择了哪种解决方案，一定程度的客户化工作经常是需要的。作为一个新兴的市场，大部分客户关系管理产品都应用了最新的技术，企业应该根据企业的工作流程对客户关系管理工具进行修改，这对获得最终用户的接受是很关键的，并且需要对系统的设计环境很熟悉的人加入客户关系管理的实施团队。系统的集成化因素也很重要，特别对那些打算支持移动用户的企业更是如此。

再次是对 IT 部门技术能力的要求，如网络大小的合理设计、对用户桌面工具的提供和支持、数据同步化策略等。

最后，实施客户关系管理需要用户有较强的适应能力。这需要实施小组具有改变管理方式的技能，为企业提供桌面帮助。这两点对于帮助用户适应和接受新的业务流程是很重要的。

调查显示，成功实施客户关系管理项目的企业对以上四个方面都非常重视。对这四个方面进行评估后，如果发现某一个环节比较薄弱，企业就应该从别的部门、咨询公司等寻找新的人员加入小组，充实这一方面的力量，从而保证实施小组能实施复杂的客户关系管理项目。

6. 重视人的因素

首先，向内部用户推销客户关系管理系统。例如，一个造纸企业为了寻求用户对客户关系管理的支持，请来了自己的供应商（这个供应商在上一一年顺利完成了客户关系管理的实施）向本企业的销售人员演示其销售过程。在造纸企业的年度销售会议上，当这个企业的销售人员做系统演示时，全场热烈欢呼，这使得项目在实施的初期就获得了销售人员的支持。

其次，这些成功的客户关系管理项目经常提到的策略是用户参与。例如，一个半导体制造商在项目的早期就选定了项目首先实施的部门，并且在所有的关键实施过程都邀请该部门的销售人员参加。这些现场销售人员初步给出了他们所发现的当前销售和服务方式方面的问题，参加与客户关系管理软件商进行的会议，评价和通过了项目的投资回报率（Return On Investment，ROI）计划，还参与了信息系统部门所进行的关于应用程序设计的联席会议，对系统的屏幕布局和流程图设计提出了自己的建议。这样，项目从始至终都有用户的参与，实际上成了用户负责的项目，他们对项目的成功承担了自己的责任。

再次，一个知名的咨询公司提供了另一种方法。不同于其他咨询公司的培训小组对用户进行系统使用方面的培训，该咨询公司把培训的职责交给了销售经理。其对销售经理进行培训，然后再由销售经理对销售人员进行培训。这样的好处在于，销售经理以外的销售人员发现销售经理熟练应用这种新的销售工具时，他们会比较容易地认识到该系统的重要性。

最后，有一个制造企业对销售人员进行了调查，发现只有 **23%** 的销售人员能够使用计算机。因此其决定，在项目开始后，利用一段时间对销售人员进行一定的计算机运用培训。结果，一些销售人员努力学习怎么使用计算机，根本没有时间和精力学习怎么使用相对复杂的销售工具。后来，他们换了一种做法，让销售人员直接使用系统，在使用系统的过程中向他们提供计算机运用培训。这样的结果是，两个月后，所有的销售人员都能熟练地使用该系统。

从上面的例子中可以看出，重视业务流程重组中人的因素对项目的成功是很重要的。如果系统的最终用户对系统不持积极态度，那些即使有最新、最有力的技术支持的业务流程，也可能会产生不理想的结果。

案例 7.2

渣打银行借助客户关系管理系统"圈地"

渣打银行成立于 1853 年，它的多项业务在香港都名列前茅。但是面对全球竞争最激烈的银行市场，为了取得一席之地，渣打银行必须面对各种挑战，诸如金融市场开放、借合并与收购活动加强竞争力、紧贴市场步伐的服务收费，以及与日俱增的客户期望等。2001 年，渣打银行的高层经过多方面考虑，决定选择一套客户关系管理系统来提高核心竞争力。

在谈到客户关系管理系统与企业业务流程两者之间的关系时，时任西贝尔（Siebel）亚太区执行主席的曾森荣表示，客户关系管理系统不仅是一个产品，它最重要的一个任务是规范和严格执行企业的流程。企业应该在理解客户关系管理理念，全面了解客户关系管理产品后，再进行业务流程的重组。而渣打银行的数据则证明了它们的流程改进取得了成功。在业务流程重组后的三年里，渣打银行在零售业务上的交叉销售比例增长了 18%，同时有 8%的交易转至成本较低的渠道，推广成功的比例上升了 56%。

一、数据积累是客户关系管理的基础

数据是企业信息化的核心，是保证企业运转的关键。同时，数据是企业的宝贵资源和财富，对数据的挖掘、分析和利用能为企业创造更大的财富。渣打银行在发展过程中积累了不少客户数据，但以前的信息化系统仅仅是将客户数据保存下来，并没有很好地利用这些数据。渣打银行在采用西贝尔的客户关系管理系统后，用了近一年时间将不完整的数据补充完整。客户关系管理系统通过自动化的文件处理使表格填写时间缩短了 60%，增加了 6%的销售机会，改善了合作伙伴、员工与企业间的关系，使员工满意度提高了 39%。

二、借助客户关系管理系统"圈地"

面对利润收窄及竞争加剧的情况，渣打银行在 2004 年收购了美国大通在香港的零售业务，需要面对大批以前没有业务往来的新客户群。在试用客户关系管理系统取得不错的效果后，渣打银行决定在香港等地的个人银行客户中推广这套系统。为了充分发挥这套系统的作用，渣打银行将它命名为 Customer One。Customer One 在原客户关系管理系统的实施中加入了资料分析的功能，能为客户提供更全面的产品或服务。凭借 Customer One，渣打银行能够更加快速地响应客户查询，避免重复拨打不必要的促销电话，大大节约了成本。

讨论：1. 渣打银行在使用客户关系管理系统后，在哪些方面取得了很好的效果？
　　　2. 渣打银行成功实施客户关系管理系统的原因有哪些？

第二节　客户关系管理战略实施中的业务流程再造

企业业务流程的变革是客户关系管理战略实施中的重要环节。企业实行客户关系管理意味着全新的经营理念。企业为了使经营活动完全与客户关系管理理念相适应，需要克服旧思想和旧业务流程的阻力。因此，企业对原有的业务流程进行变革往往不可避免，否则客户关系管理项目是无法顺利实施的。

一、业务流程再造的概念

全球经济一体化使整个世界市场和企业管理领域发生了深刻的变化。"3C"即客户（Customer）、竞争（Competition）和改变（Change），驱使企业发展进入新的阶段。首先，多元化、个性化的社会需求，使客户满意与否成为企业竞争成败的关键。其次，规模经济、多元化、多边化市场导致竞争白热化，企业必须力求完善、完美。最后，市场、客户、竞争、信息的变化乃至整个知识经济所带来的社会经济生活的变革，使传统的管理模式、经营理念不再适应快速的市场经济运行。因此，适应新的市场环境，提高企业整体绩效和核心竞争力的业务流程再造（Business Process Reengineering，BPR）理论应运而生。

> 慕课视频
> 观看视频 7.2.1
> 业务流程再造概述。

业务流程再造又被译为业务流程重构、业务流程重组，最早由美国哈佛大学迈克尔·哈默（Michael Hammer）教授提出。1993 年，迈克尔·哈默在《企业再造：企业革命的宣言书》一书中对业务流程再造所做的定义为：业务流程再造是从根本上考虑和彻底地设计企业的流程，使其在成本、质量、服务和速度等关键指标上取得显著的提高，使企业能最大限度地适应以"客户、竞争、变化"为特征的现代企业经营环境。

业务流程再造的基本思想内涵是以客户导向和战略目标为中心，以关心客户的需求和满意度为目标，对现有的业务流程进行再思考和再设计，利用先进的制造技术、信息技术及现代的管理手段，最大限度地实现技术上的功能集成和管理上的职能集成，以打破传统的职能型组织结构，建立全新的过程型组织结构，以适应快速变化的环境。

业务流程再造的核心内容可归纳为以下几点。

（1）客户导向。客户需求的内容和方式决定着企业的业务方向，客户的满意程度决定企业的盈利能力。

（2）战略目标。它提出了企业未来发展的道路、总体框架、路径选择，是企业运行的核心。

（3）过程重建。企业活动是由一件件任务构成的，而且企业活动是建立在"超

职能"的基础上，通过跨越不同职能部门或各职能部门业务过程的重建，为"客户"提供全方位的业务服务。

（4）"再造"观念。打破旧的管理理念和机制，再造新的管理程序，形成全新的企业运行模式。

（5）组织扁平化。应用现代信息处理手段达到组织扁平化的目的，在传统层级组织结构的基础上，通过计算机实现信息共享，从而增强组织对环境变化的感应能力和快速反应能力。

企业的业务流程操作主要由市场营销、销售和客户服务三部分组成，客户关系管理系统通过对其进行优化、再造，建立符合企业需要的全新功能模块，进而形成全面的企业前端业务流程闭合环路，如图 7-3 所示。

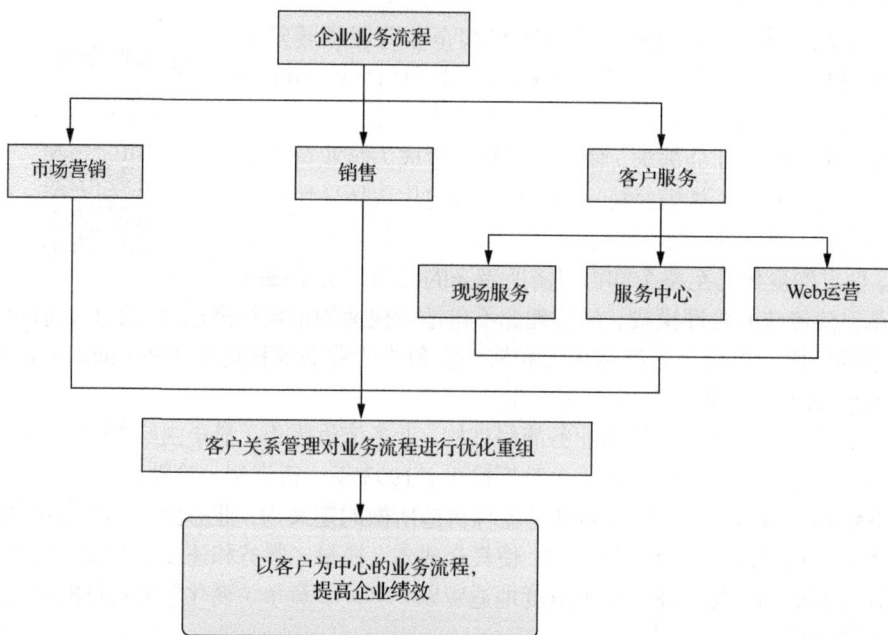

图 7-3　客户关系管理与业务流程的匹配

二、营销自动化

慕课视频

观看视频 7.2.2
业务流程自动化。

企业实施客户关系管理时需要对企业的市场营销功能进行全面的重塑。企业正面临着一种全新的竞争环境，产品或服务的生命周期越来越短、信息技术含量越来越高、客户的个性化要求越来越高，都对企业的营销策略产生了不可忽视的影响。企业必须根据市场环境和社会需求的不断变化制定针对性的营销策略。企业以客户为中心的经营理念决定了营销已成为企业业务活动的主要内容，为了能够准确、快速地满足客户需求、捕捉市场机会，企业需要构建一个信息畅通、行动协调、反应灵活的营销自动化系统。

（一）营销自动化的含义

营销自动化（Marketing Automation，MA）也称技术辅助式营销（Technology-enabled Marketing，TEM），是客户关系管理领域中比较新的功能，其通过设计、执行和评估市场营销行动及相关活动的全面框架，赋予市场营销人员更强的工作能力，使其能够直接对市场营销活动的有效性加以监视和分析，并应用工作流技术，优化营销流程，使一些共同的任务和商业流程自动化，以达到利润最大化和客户关系最优化的效果。

营销自动化系统应当包含下列模块。

1. 活动管理系统

活动管理系统（Campaign Management System，CMS）可以设计并执行单渠道或多渠道的营销推广活动，追踪细分客户对企业推广活动的效果反应；活动管理系统的功能还可以应用于销售部门，用以规划和执行部分销售活动。

2. 营销内容管理系统

营销内容管理系统（Marketing Content Management System，MCMS）可以检查营销活动的执行情况，评估营销活动收益，协调多种营销渠道，防止渠道间的营销策划发生交叉或冲突。

3. 营销分析系统

营销分析系统（Marketing Analysis System，MAS）支持营销数据的整理、控制和筛选，就结果及特别问题及时作出报告和分析；确保产生的客户数据和相关资料能够以各种有效的形式传递到各种销售渠道和决策部门，以便进一步改进营销策略。

（二）营销自动化的价值

客户关系管理的营销自动化模块能够给企业带来诸多利益，如下所示。

1. 提高营销活动的效率

营销自动化利用工作流技术将一些共同的任务和商业流程自动化，使营销过程重复进行，有助于企业管控成本和费用。企业通过营销自动化模块开发出更顺畅、更高效的流程，使企业内所有人员都有能力执行和操作。相较于手动的系统，营销自动化系统大大提高了工作效率。

2. 提高营销活动的生产率

在营销自动化出现之前，营销人员在一年内往往只能开展数量有限的广告攻势和销售促进活动。营销自动化则能够满足企业同时在多种渠道进行数十种甚至上千种的广告活动的需求。

3. 改善客户体验

企业通过营销自动化能够在正确的时间、以恰当的方式与客户沟通，为他们提供个性化的产品或服务。从客户角度来说，营销自动化意味着减少无用的垃圾信息。

4. 优化营销活动的效果

营销自动化秉承闭环式营销理念（见图 7-4），企业计划一次营销活动，执行计划，测量结果，并从结果中学习，积累经验以改善下一次相似的营销活动。闭环式的营销理念有助于企业在每一次营销活动中持续学习，从而达到更好的营销效果。

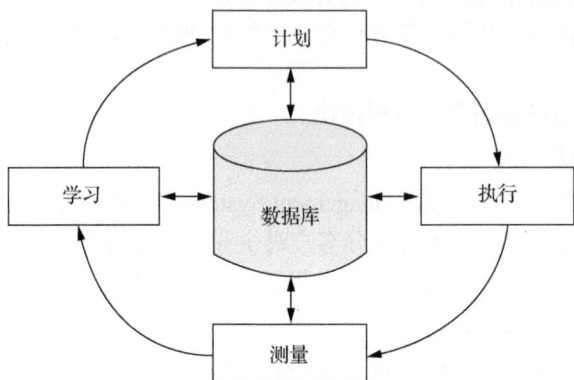

图 7-4　闭环式营销

5. 提高营销活动的敏感度

企业开展营销活动的传统做法是手动制订和执行营销计划，这就要求企业在执行广告宣传、销售促进活动或其他营销事件的数月之前做好规划，而之前做好的规划并不一定能够适应数月后的市场环境。然而，营销自动化有助于企业实现实时营销，针对一个新识别的营销机会快速做出反应。例如，当一名女性客户通过网上商店首次购买了婴儿服装时，营销人员则可以自动向她发送一份邀请她加入母婴俱乐部的邮件。这样不仅可以为新手妈妈提供更多有用的产品或服务信息，还可以使企业与客户保持更持久的关系。

6. 强化营销智能功能

营销自动化中内置的报告和分析功能可以在市场状况、客户需求、营销活动等多方面为管理者提供有价值的发现，提高营销活动的有效性和效率。

三、销售自动化

强大的销售能力是企业获利的关键。销售自动化（Sales Force Automation，SFA）是客户关系管理的应用范围之一，企业可通过再造业务流程增强企业的销售能力，同时实现销售自动化，提高销售水平。

（一）销售自动化的含义

销售自动化也称技术辅助式销售（Technology-enabled Selling，TES），它是客户关系管理的一个应用范围。它是指通过技术手段，结合良好的销售流程，在所有的销售渠道中提升销售效率。具体来说，销售自动化包括现场/移动销售（Field/Mobile Sales）、内部销售/电话销售（Inside Sales/Telesales）、销售伙伴（Selling Partner）、在线销售（Web Selling）和零售应用技术。销售自动化的目标是把技术和好的流程整合起来提高销售队伍的效率，同时平衡和优化每一个销售渠道。

与相对静态的业务流程（如服务自动化）相比，销售自动化是客户关系管理应用中最为困难的一个环节。一方面，由于销售能力关系到企业的发展速度、质量和方方面面的问题，而且销售过程本身具有动态性（如不断变化的销售模式、地理位置、产品配置等）；另一方面，企业中的销售部门往往已经习惯于传统的观念和运行方式，会抵制外部强制性改变，从而增加了销售自动化的阻力。销售自动化作为客户关系管理系统的重要组成部分，并不是一个孤立的解决方案，单从某些方面去着手无法很好地解决企业销售能力的问题。企业在开展销售自动化的进程中，要特别注意销售功能、营销功能和客户服务功能的集成。

（二）销售自动化的功能

销售自动化的功能集中体现在机会管理功能、销售预测功能和联系人管理功能等方面。

1. 机会管理功能

机会管理功能是为客户经理（或销售人员）设计的，是收集潜在客户的需求和联络资料的数据库应用系统，并能够及时向销售经理和其他销售人员提供反馈意见。客户经理（或销售人员）通过机会管理功能可以对销售机会的发现、确认、分配、评估和执行等一系列阶段进行系统、有效的管理，为最终实现销售机会中潜在的商业价值提供技术辅助支持。客户关系管理系统中的机会管理功能主要用于帮助策划复杂的销售活动。机会管理功能可以做到以下方面。

（1）记录来源于新客户或现有客户的销售机会。

（2）将销售机会分配给最合适的客户经理或代理渠道负责。

（3）更新销售机会信息。

（4）查阅与销售机会相关的所有信息（如需求产品、联系人、合作伙伴、竞争者和业务活动等）。

（5）通过销售机会评估模板对销售机会的成功率做出评估，按客户、行业、销售阶段、概率和价值等维度全方位地分析销售机会。

2. 销售预测功能

销售预测是指根据以往的销售情况及使用系统内置或自定义的销售预测模型对未来的销售情况进行预测。通过销售预测功能，客户经理定期对自己所负责的销售机会进行预测汇总和修订；销售经理通过纵向、横向对比下属提交的预测结果，评估、判断销售机会的跟进情况，有效管理团队中所有销售机会的进程。

在客户关系管理系统中，常用的销售预测工具是销售漏斗（见图7-5）。从上到下，漏斗的第一层是有购买需求的潜在用户，漏斗的第二、第三层是将本企业产品列入候选清单或正在试用的潜在用户，漏斗的第四层是将本企业产品列入优选清单的潜在用户，漏斗的第五层是基本上已经确定购买本企业的产品只是有些手续还没有落实的潜在用户，漏斗的第六层就是企业所期望成交的用户。当企业的销售标准化达到一定程度时，漏斗每个阶段的成功率是可以量化并呈稳定趋势的。基于企业的平均漏斗成功率，企业可以衡量每个客户漏斗的可能性和有效性，必要时加强监控和调整。

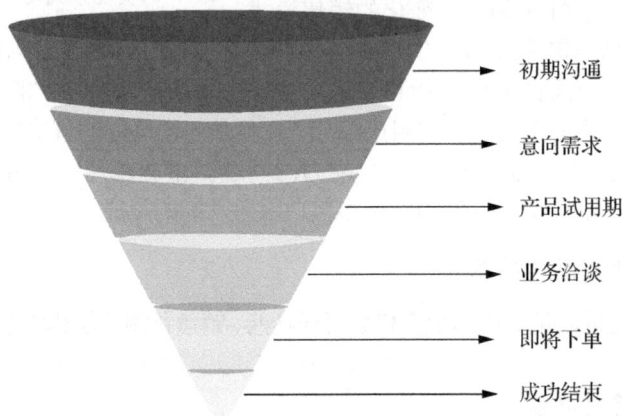

初期沟通

意向需求

产品试用期

业务洽谈

即将下单

成功结束

图7-5　销售漏斗图示

3. 联系人管理功能

联系人管理具有稳定销售和市场自动化的功能，它能够将电话等相关资料存入联系人数据库，并把举办过的活动记录及产品资料整理成可检索的数据流，生成联系人资料、日程表、工作计划。此外，该功能还支持互联网和电话主叫用户ID，可以自动访问相关 Web 网址和向客户发送 E-mail，按地址合并信息以加速处理大量信件，提高与客户的沟通效率。

～～～ **案例 7.3** ～～～

太平洋财险实施客户关系管理之销售能力自动化系统

在为什么要选择销售能力自动化的问题上，太平洋保险北京分公司认识到了保险行业最大的特点就是销售模式与其他行业完全不同：既有面对广泛个人客户的关系型销售，又有面对大客户的项目型销售；既要管理好高价值客户，把一个新保客户或转保客户发展成为续保客户，又要争取促进其他险种的销售；而对企事业单位的大型项目销售，则要通过严格的项目控制及多部门工作协同来确保销售目标。

为此，太平洋保险北京分公司决定在实施客户关系管理项目中首先选择销售能力自动化系统，改进公司的销售管理。选择销售能力自动化后，确定如下应用目标。

（1）利用销售能力自动化建设统一的保险业务销售管理平台，帮助公司统一管理客户资源。在销售能力自动化平台上，公司管理层要能全面掌握销售进展；销售人员则可有效管理销售线索，了解重要客户的近况、需求、保单执行等情况。

（2）利用销售能力自动化加强信息分析，帮助公司准确掌握销售动态。要求每个销售人员制订每日行动计划，对其绩效管理也有据可依，同时有助于管理者加强监控。

（3）利用销售能力自动化量化、跟踪销售过程，促使销售管理制度化和规范化。

太平洋保险北京分公司建设其销售能力自动化系统的成功经验包括以下几点。

（1）有效组建团队。项目负责人是电子商务部经理，多年负责出单中心业务管理及公司信息化建设，业务经验丰富；项目小组全面了解软件功能，制订可行计划；在项目推进中有效调动内部资源，真正起到了枢纽、桥梁的作用。

（2）严格项目控制。实施之初，就步骤、进度、责权、防范措施等环节进行充分沟通，制订了周密的实施计划并严格执行；对于突发事件及不确定因素的影响及时弥补，确保了系统在计划时间内上线。

（3）准确需求调研。在项目实施初期，进行了充分的客户调研，编制了详细的需求调研表，深入了解其业务流程，与不同角色人员进行沟通，最终得到了准确的应用需求报告。

（4）合理实施目标。销售能力自动化不可能一蹴而就。双方确定了可实现的目标，主要是高价值客户、管理保单理赔及管理人员绩效三个方面。清晰的预期目标利于任务按照既定方向顺利完成。

（5）有力的技术支持。在通用软件个性化和二次开发上，专门成立了维护小组，尽量满足客户的合理需求，快速响应调试、开发和试用需求，保障了销售能力自动化系统的实施和进展。

讨论：太平洋财险应用销售能力自动化系统的目的是什么？

四、服务自动化

（一）服务自动化的含义

客户服务是企业业务操作流程中与客户联系最为频繁的部门，对提升客户满意度、培养忠诚客户至关重要。有效的客户关系管理系统能够实现客户服务自动化，增强客户通过各种渠道与企业互动的能力、自我服务的能力，从而增进客户价值，为企业建立持久的客户关系。客户服务自动化（Customer Service Automation，CSA）是指通过向服务人员提供完备的工具和信息，帮助客户服务人员采用多种方式（文字、声音、多媒体等）与客户交流，从而更有效率、更快捷、更准确地解决用户的服务咨询，同时能根据用户的背景资料和可能的需求向用户提供合适的产品或服务。

客户关系管理系统中的客户服务自动化体现了网络工具和企业资源的全面整合。企业主动收集客户信息、主动为客户服务的同时，针对客户的行为模式进行分析和追踪，从而帮助企业开展进一步的业务活动，充分体现了网络工具的主动性。同时将网络工具与企业的现有资源整合起来，为客户提供多层次的互动式服务平台，从而使企业的客户服务真正成为企业业务流程中带有巨大盈利性能的组成部分。

（二）客户服务自动化的特点

客户服务自动化可以帮助企业以更快的速度和更高的效率满足客户的售后服务要求，以进一步保持和发展客户关系。客户关系管理环境下的自动化客户服务有其独有的特点。

1. 服务过程的全程性

当企业与客户第一次接触时，客户服务即随之产生。为了提高客户的满意度和忠诚度，企业必须提供主动、有创造力、全面的服务。企业需要主动联络客户、询问客户意向和产品使用情况等；或者根据客户的显性需要或潜在需要，主动创造符合其特定偏好的产品。全面服务意味着从产品设计、生产、促销、联络、维修、更新等整个交易过程，都要有客户的参与。如果企业赢得了客户的满意和忠诚，那么客户将成为企业最好的推销员，企业会拥有更多的资源和更大的发展。

2. 实时沟通

衡量客户关系管理下的客户服务的标准之一是"实时"。因为客户要求企业"及时"做出反馈，他们的"及时"，意味着"即时"和"随时"。因此，企业必须建立线上统一服务中心，将服务与销售、营销系统集成起来，方能使客户随时知道其需求在企业业务流程中的进展。

3. 系统协作

为适应快速发展的互联网环境，企业必须提高客户关系管理系统的沟通速度。因此，企业内部的管理系统必须与外部的客户服务系统协调、一致地工作。客户关系管理系统将企业的销售、市场营销、服务、电子商务和管理信息系统进行集成、整合，各功能部门和业务环节围绕客户的需要相辅相成地运作，从而达到协调企业业务流程，实现业务自动化的目标。

4. 简化客户服务过程

在客户关系管理环境下，由于信息提交方式和速度的改进，企业应简化其客户服务过程，即努力让客户提交需求的过程和企业服务客户的过程变得更加方便。例如，思科公司在客户服务中推出"自助式服务"，认为没有人比客户自己更愿意帮助自己；同时，只要客户能够得到适当的工具，他们非常愿意自己帮助自己。思科公司建立的自动化客户服务体系大获成功，既提高了客户满意度，又降低了成本，客户对这种自助式服务做出的积极回应为思科公司节省了大笔开支。

（三）客户服务自动化的功能模块

客户服务自动化系统是客户关系管理系统的核心组件之一，它着重于改善客户服务部门的工作流程，提高工作效率，提升客户满意度，使客户服务成为企业的利润中心。

客户服务自动化系统提供了从客户投诉管理、派工管理、现场服务管理、客户回访管理、备件管理、客户跟踪管理、服务费用管理等一系列完整的客户服务管理模块。这些模块通常通过呼叫中心（Call Center）环境或 Web 部署实现自助服务。它们使企业能够以更快的速度和更高的效率来满足客户的独特需求。客户服务自动化系统的流程如图 7-6 所示。

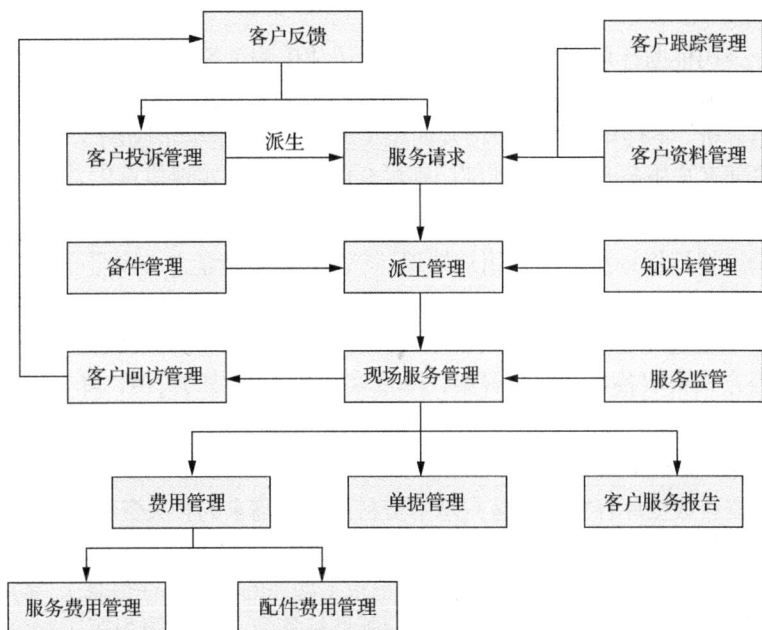

图 7-6　客户服务自动化系统流程

从流程图中可以看出，客户服务自动化系统为实现客户服务的信息化提供了完备的软件功能，囊括了客户服务中方方面面的工作，并且在呼叫中心的支持下，完全改变了传统客户服务体系手工管理的弊端，实现了客户服务的自动化和客户服务流程的优化。其主要的功能模块包括以下几个。

1. 客户投诉管理

对于客户不同主题的服务要求，如报修、投诉、赞誉、咨询等，客户服务人员可在服务界面上点击下拉列表选择服务主题，针对服务主题点击相应的服务内容，以最快的效率反应并存档。

2. 派工管理

当客户报修或须上门服务时，坐席人员应用派工管理，以互联网形式将派工单发送至客户所在地域的服务网点，由维修人员提供服务后，维修单进入工作流程（分支机构及服务网点的工作申报单、资金申报单、配件计划申报单等完全可以纳入系统工作流程，由相关职能部门进行处理）。

3. 客户跟踪管理

客户跟踪管理包括客户事件的跟踪管理（跟踪记录客户请求的处理情况，随时掌握事件的进展状况）、预约呼出及确认追踪（向客户发出会议通知或活动邀请，追踪获取客户的确认信息，并及时通告各职能部门）、客户投诉的追踪（全程跟踪客户投诉的处理情况及客户对处理的意见，直到问题得到圆满解决），客户跟踪管理有利于服务监管与考核。

4. 备件管理

各分公司根据计划向上级职能部门申领（或申购）备件，以备件申领单为中心实现进库、出库、库存的完全控制，以安装、维修单为中心实现实际使用备件的详细统计与分析。备件申请计划所涉及的相关流程及各职能部门如分公司、总部备件中心、总部客户服务及相关职能部门等可全部纳入系统实现信息化。

5. 知识库管理

知识库就是将一些常见的用户知识、产品知识进行汇总，按照产品进行分类，建立独立的分库。它的作用一是统一企业的服务口径，让客户问题的解答趋于标准化；二是通过建立这样一个知识库，为客户提供更多的自助服务，客户可以通过网页等方式获取各类问题的答案，降低客户服务人员的负担，降低客户服务的成本。

6. 客户资料管理

客户资料数据库存放所有客户基本资料及个别需求的相关资料，同时记录客户之间的关联信息。客户资料的管理包括：客户信息查询（客户呼入时的客户资料同步显示及客户信息分类查询），历史服务记录（动态的客户交往信息），客户信息的使用（可随时按比例、条件选择打印客户邮件标签及 E-mail 群发等），客户资料的统计分析，客户资料的更新（随时根据客户交互信息进行数据的更新录入）。

7. 服务监管

管理下属机构及服务网点，同时依据不同的岗位和岗位之间的隶属关系，对员工进行管理。完善权限管理功能，采用树状权限结构，渗透于整个服务体系及对所有客户服务人员的监管。例如，一线工作人员可以管理自己或工作组的工作；不同级别不同权限的管理岗位可以实时掌控所有下属岗位的工作状况（针对哪些客户做了哪些事情，正在做哪些事情，将要做哪些事情，结果怎么样等），系统会提示不同岗位人员有哪些工作还未落实，甚至可以自动通过办公电话、手机、邮件等提醒该岗位人员。

8. 费用管理

费用管理主要包括对服务的费用管理和对备件的费用管理。总部和分中心的服务费用和备件费用的结算依据是分中心提供的各种单据或者汇总单据（总部及各分中心分别对下级机构、网点所提供的各种单据进行审核，杜绝虚假单据）。对于服务费用，在不同地区，针对不同的产品、不同的服务，提供服务费用结算的标准；对于备件费用，通过出库管理，决定备件出库与结算情况及与下发服务费用进行抵扣。

9. 客户服务报告

系统提供强大的联机分析处理功能，统计指标可以按企业的需要进行灵活设置，如按不同区域、不同时段对某种型号的机型的投诉率、某个机型或部件的故障率、某个部门的投诉率、客户满意度等进行设置。统计结果以报表和图形的形式体现，为企业决策提供强大的支持。

案例 7.4

米兰婚纱践行客户关系管理，提升服务流程效率

在摄影行业中，有相当一部分订单来自老客户的重复购买和口碑推荐，而传统影楼不仅客户关系信息化管理较为落后，而且服务流程也较为繁杂，服务流程包括进店咨询、回访、拍摄、初期处理、客户选片、后期制作、二次消费七个环节，无论哪个环节的服务不当都会直接对客户体验造成不良影响，从而有可能丢失后续的订单。因此，从流程上提升客户体验、建立良好的客户关系是非常重要的问题。因此，米兰婚纱引入了客户关系管理系统，对流程进行分阶段管理，按照服务进度处理客户信息和任务分配，对确定客户需求、交付及服务等环节提供全方位的支持；同时，还利用客户关系管理系统帮助业务人员管理日常事务。由此，米兰婚纱提升了整体的品牌服务质量，提升了客户体验，进而培养了客户忠诚和实现了良好的口碑效应。

讨论：米兰婚纱是如何利用客户关系管理系统来提升绩效的？

服务自动化的应用可以提高客户和潜在客户自我服务的能力，并增强他们通过Web等渠道与企业互动的能力。服务自动化是客户关系管理系统提供的一个全过程的服务系统，具备提高客户价值的功能，能为企业创造长久的客户关系。

第三节　客户关系管理战略实施中的企业文化变革

客户关系管理实质是信息技术飞速发展的冲击下企业管理思想的变革，也是企业与客户之间建立的一种新型关系。在这种变革中，人是最重要的因素，而企业文化对人的影响是根深蒂固的。作为全体成员共同的思维和行为习惯，企业文化对企业的影响是毋庸置疑的。如何让企业的决策层、管理层及实施层都能从思维和行为习惯上真正地聚焦在客户身上，是实施客户关系管理的关键。成功地实施并应用客户关系管理系统，必须要有与之适应的企业文化作支撑，因而企业文化变革是客户关系管理战略实施中的重要一环。

一、企业文化概述

企业文化具有丰富的内涵和外延，是企业在一定的历史条件下，在物质生产过程中形成的具有本企业特色的文化形式和行为模式，以及与之相适应的制度和组织结构，是以企业管理哲学和企业精神为核心，凝聚企业员工归属感、积极性和创造性的人本管理理论，体现了企业及其成员的价值准则、经营哲学、精神道德、共同信念及凝聚力。

（一）企业文化的概念

企业文化是企业全体成员所接受的价值体系，包括思维方式、行为规范、心理预测和基本信念。它是一个企业区别于其他企业的特色，企业全体成员所拥有的价值观会渗透到企业的日常生产经营活动中，影响全体员工的日常工作行为，他们所体现的工作态度、精神风貌及经营业绩，体现了一个企业与同行业其他企业的显著区别。

企业文化有两个层面：一是表面上的可见物象和可测行为，即员工的穿着、行为方式和企业环境；二是文化中的可见因素，存在于组织成员思想中的深层次价值观，这些深层次的价值观、基本信念、思维方式才是真正的企业文化。

（二）企业文化的功能

优秀的企业文化能够有效地激发企业发展的内动力，增强企业凝聚力，提高企业对外的适应能力，从而创造巨大的物质力量，以客户为导向的企业文化的功能包括以下几种。

1. 导向功能

企业中各个员工、各个部门都有各自的目标，而组织有组织的目标，企业文化将对企业全体员工产生巨大的感召力，引导他们将自己的智慧和能力投入到企业发展的目标和方向上去，形成统一的行动。如果有一个适合的企业文化，员工就会在潜移默化中接受共同的价值观念，这是一个自然发展的过程，由此形成的企业竞争力也更为持久。企业文化就是在具体的历史环境与社会条件下，将人们的事业心、成功欲转化成具体的奋斗目标、信条和行为准则，形成企业员工的精神支柱与动力，使员工为实现企业的共同奋斗目标而努力。

2. 凝聚功能

美国学者凯兹·卡恩认为，在社会系统中将个体凝聚起来的主要是一种心理力量。社会系统的基础是人类的态度、知觉、信念、动机、习惯及期望等。

企业文化正是以大量微妙的方式来沟通企业内部人员的思想，使企业成员在统一的思想指导下，产生对企业目标、准则、观念的"认同感"和作为企业一员的"使命感"。同时，在企业氛围的作用下，企业文化使企业成员通过自身的感受，产生对本职工作的"自豪感"和对企业的"归属感"。"认同感""使命感""自豪感""归属感"的形成，将使员工在潜意识中形成一种对企业强烈的向心力。

3. 激励功能

所谓激励，就是通过外部刺激，使个体产生一种情绪高昂、发奋进取的效应。企业文化能够最大限度地激发员工的积极性和首创精神，使他们以主人翁的姿态，关心企业的发展，贡献自己的聪明才智。在企业文化的激励下，员工积极工作，将自己的劳动融化到集体事业中去，共同创造、分享企业的荣誉和成果，本身又会得到自我实现及其他高层次的精神满足，从中受到激励。所以，一种积极的企业文化具有良好的激励功能，能够满足员工的精神需要，使人产生归属感、自豪感、成就感，从而调动人的精神力量。

4. 约束功能

企业文化作为企业员工群体的行为规范，对员工行为具有无形的约束力。企业文化虽然不是明文规定的硬性要求，但它以潜移默化的方式，形成一种群体道德和行为准则的软约束。这种软约束可以减弱硬约束对员工心理的冲撞，削弱由此引起的心理抵抗力，从而产生强大、深刻、持久的约束效果。某种违背企业文化的言行一旦出现，就会受到群体舆论和感情压力的无形约束，使员工产生自控意识，达到内在的自我约束。

5. 辐射功能

企业文化一旦形成较为固定的模式，它不仅会在企业内部发挥作用，对本企业员工产生影响，而且也会通过各种渠道（如宣传、交往等）对社会产生影响。企业文化的传播将帮助企业树立良好的公众形象，提升企业的社会知名度和美誉度。优秀的企业文化也将对社会文化的发展产生重要的影响。

6. 品牌功能

企业在公众心目中的品牌形象，是一个由以产品或服务为主的"硬件"和以企业文化为主的"软件"所组成的复合体。优秀的企业文化，对于提升企业的品牌形象将发挥巨大的作用。独具特色的优秀企业文化能产生巨大的品牌效应。无论是世界著名的跨国公司，如"微软""福特""通用电气""可口可乐"，还是国内知名的企业集团，如"海尔""联想"等，它们独特的企业文化在其品牌形象建设过程中都发挥了巨大作用。品牌价值是时间的积累，也是企业文化的积累。

二、客户关系管理与企业文化的关系

客户关系管理与企业文化的关系是相辅相成、互相促进的。企业文化是影响企业能够有效地建立与客户之间良好关系的关键，是客户关系管理能够发挥效能的前提条件。同时，客户关系管理作为支持新型企业文化的有力工具，又推动了企业文化新的变革。

（一）企业文化是客户关系管理能够发挥效能的前提条件

企业文化对客户关系管理的设计、目标制定与实施有着极其重要的作用。客户关系管理实施能否成功，不仅与客户关系管理方案供应商的实施经验和技术水平有很大的关系，而且与企业自身的推进力度密切相关。成功的客户关系管理实施所关注的不仅是客户关系管理系统的安装、调试、培训等工作本身，而是把更多的精力放在理念贯彻、思想融合上。企业文化虽然不像企业制度那样对员工有强制约束力，但作为企业全体成员共同的思维和行为习惯，对企业的影响力却非常大。若要顺利实施与应用客户关系管理系统，必须要有与之相适应的企业文化作为支撑，否则在实施工作中必然会遇到障碍和阻力。

（二）客户关系管理的实施促进企业文化的变革

企业发展到一定阶段以后，企业文化会对企业的发展带来不可估量的影响。一些老牌企业，如壳牌等公司，其独特的企业文化是支撑企业不断发展的秘籍。企业文化作为企业员工共同认可的价值观念和行为规范，会为企业的经营发展带来直接影响。目前，绝大部分大公司的首席执行官（CEO）认为企业文化已经成为企业发展和核心竞争力的重要因素，因此把主要精力放在对企业文化的塑造和管理上，已成为大部分企业尤其是中小企业获得市场竞争力的理性选择。例如，通用电气公司首席执行官杰克·韦尔奇（Jack Welch）曾经发动的价值观革命，实施的新的企业文化战略，为通用电气公司的发展赢得了举世瞩目的成就。

传统企业在特定的经济环境和管理背景下，已经形成一些具有共性的企业文化，这些文化被企业大部分员工所认可，曾经为企业的发展带来了极大的帮助，现代信息技术所带来的新的管理技术和管理思想，正以前所未有的速度影响着各个企业，并深刻地改变着企业原有的文化。因此，企业必须努力实现客户关系管理实施与企业文化变革的紧密结合，对原有的企业文化进行改造，培育有利于客户关系管理实施的新的企业文化。

三、客户关系管理中的企业文化变革

企业文化作为推动企业发展的原动力之一，已成为企业核心竞争力不可缺少的构成要素。企业实施客户关系管理，将切实改变企业文化。在新经济时代，优秀的企业文化建设应树立创新、速度、虚拟、学习和服务的理念，以提升企业管理的软实力和核心竞争力。

（一）企业文化变革的理念

1. 创新理念

随着知识经济、网络经济的发展，创新的重要性已被全社会高度重视，创新的功能已得到空前强化，并已升华为一种社会主题。企业文化的独特性将越来越表现为企业的差别化战略和企业的核心竞争力，创新成为企业的生命源泉。成功者往往是那些突破传统游戏规则，敢于大胆创新、不畏风险，在思维模式上能迅速改变的人或企业。企业如果没有这种意识，没有这种准备，就意味着失去机遇，就意味着面临生存危机。所以，企业自上而下，每个毛孔都必须充满着创新，通过自主创新的确定性来应对明天的不确定性。总之，创新是知识经济、网络经济发展的第一动力，创新理念涵盖产品、管理、服务和市场等各个方面，成为企业经营活动中的主导思想。

2. 速度理念

当今的世界时刻处于变化之中，这就意味着一个公司的成败取决于其适应变化的能力。传统竞争因素的制约性在不断减弱，而现实的竞争越来越体现在时间的竞争上。在确定了目标、明确了定位以后，企业的经营活动就要紧紧围绕外界环境的变化，立即调整对策，甚至在没有变化时就实施超前措施。美国思科公司信奉的企业信条是："在未来的商场中，不再是大吃小，而是快吃慢。"这一企业文化是很值得我们思考与借鉴的。

3. 虚拟理念

经济全球化的典型产物就是与信息紧密挂钩的、高智能性的、知识密集型的产品和产业，这也导致企业经营的虚拟化，企业虚拟理念的要义在于具有灵活、柔性，合作，共享，快速反应，高效输出等方面。与此同时，它还包括创造消费、购买消费的含义。

4. 学习理念

在知识经济时代，学习已成为企业生命的源泉，企业唯有不断学习才能善于创造、寻求及转换知识，同时能根据新的知识与领悟来调整行为。知识靠积累方有收获，然而知识的积累只有靠学习。创新的起点在于学习，环境的适应依赖学习，应变的能力来自学习，这就需要企业营造一种重视学习、善于学习的氛围，因而企业成长为一个"终身学习的组织"。

5. 服务理念

现代市场发展的一个重要趋势就是强化营销服务理念，实现服务增值，即服务竞争在市场竞争中的地位和作用越来越凸显。目前，质量概念已不仅包括产品质量，还包括服务质量。企业形象从根本上说应是通过产品质量和服务质量两者的有机统一来体现的，且从某种意义上说后者更为重要。服务的永恒主题是企业同客户、用户的关系问题。它包括如何使抱怨用户转化成满意用户，使忠诚用户转化成传代用户；如何开发忠诚的客户群；如何不丢失一个老客户，并不断开发新客户；如何使营销服务成为情感式劳动，真正让用户引导决策，进而引导产品开发的问题。

（二）培育"以客户为中心"的企业文化

由于客户关系管理系统的实施，企业重新整合了各种信息资源，并使营销、销售和服务等围绕"以客户为中心"进行协调和合作，致使企业管理流程和机制都发生了巨大变化，这一切都将带来企业文化的变革。为了推动客户关系管理的顺利实施，企业应该基于企业文化变革理念从以下几个方面对企业文化进行改造。

1. 形成"客户资源是企业最重要的资产"的观念

随着经济的发展，市场已由卖方市场转为买方市场，这使客户成为企业生存和发展的动脉。失去客户就意味着企业丧失了生存的源泉，如果能留住客户进而获得忠诚客户，则客户资产将为企业带来长期、持久的效益。因此，在客户关系管理实施过程中，企业必须在内部形成真正的"以客户为中心"的企业文化和价值观念。

> **课堂讨论**
>
> 怎样理解"甲方爸爸"这个提法？

2. 树立让客户100%满意的企业价值观

企业在以前的市场竞争中，往往会形成一种以企业本身利益最大化为唯一目的的企业文化。这种企业文化因为能够有效地使企业各项资源围绕企业如何获取更多利润而展开，在很长一段时间内为企业的发展带来了帮助。于是"以营利为唯一目标"成为企业经营所恪守的一条定律，在这一思想指导下，许多企业为获利会不自觉地损害客户利益，导致客户的满意度和忠诚度降低。而客户关系管理文化倡导重视客户满意、客户忠诚和客户保留，这在成熟的市场环境中比直接以利润为中心要更有用。因为在客户得到 100%满意的同时，企业也将获得更大的利润，从而真正实现企业和客户的"双赢"。

3. 贯彻"一对一"的文化

随着个性化消费的回归，每个客户都在追求其消费的独特风格和唯一性。作为支持客户关系管理的企业文化，理应关注客户的个体需求。企业要想赢得更多客户，就必须为客户提供个性化的产品或服务，实现从传统"大规模"文化向"一对一"文化转变。"一对一"包括一对一销售、一对一营销、一对一服务。"一对一"的文化关注客户的个性化需求，即针对不同的客户应该提供不同的、符合个性需求的产品或服务，同时，"一对一"文化关心的是客户终身价值，这要求企业的服务人员不仅能识别、追踪、记录客户的个性化需求，还能与其保持长期的互动关系，这样才能达到留住客户、获得满意客户和忠诚客户的目的。

4. 培养"大客户"文化意识

这里的大客户有两层含义，一方面指客户范围大，客户不仅包括普通的客户，还包括企业的分销商、经销商、批发商和代理商；另一方面指客户的价值大，不同的客户对企业的利润贡献差异很大，20%的大客户贡献了 80%的企业利润。因此，现代企业必须在庞大的客户群体中寻找高价值客户及具有高价值潜力的客户，采取积极的营销手段，满足其特殊需求，培养与他们的长期关系。

5. 营造学习型文化

不同职能部门或同一职能部门不同岗位的员工是从不同角度、不同层面与客户接触的，他们对客户的了解是片面的、部分的，要想让企业真正、全面地了解客户，就需要在企业上下营造学习型文化，打造学习型组织，加强企业内部员工间及企业员工与客户间的沟通。

6. 培养"以客户为中心"的团队合作意识

企业实施客户关系管理需对企业资源、组织机构、业务流程等全面整合与集成，这将要求企业内部从各部门的多头作战转向团队协作，因而要培养整个企业的团队合作意识。每个部门都必须融入从市场调研到售后服务的这个营销过程，与客户打交道不再只是一个部门的事情，而是各个部门共同的事情。因此，企业中的所有部门必须保持良好的交流沟通，形成"以客户为中心"的协调合作关系。

（三）企业文化与客户关系管理的整合

客户关系管理的实施使以产品为中心的"内视型"企业文化转变为以客户为中心的"外视型"企业文化。为了保障企业客户关系管理的顺利实施，我们需要对企业文化和客户关系管理进行整合。

1. 形成从客户出发的企业经营理念

企业经营理念必须紧密结合市场需求，当市场需求发生变化时，企业经营理念应随之变革。由于"以客户为中心"的商业模式迅速来临，对许多企业而言，渐进式的改革已不足以适应市场需要，而市场需要的是对企业经营理念进行革命式再造，从根本上改变企业体系，构思一个"从客户利益出发"的企业文化体系。目前，一些创新能力强的企业，已经迅速地形成了自己全新的经营理念，如 TCL 电器的"为客户创造价值"、金蝶软件的"帮助客户成功"，这些经营理念已经成为企业全新文化体系的显著标志。

2. 建立客户导向的经营组织

生产导向型组织以分工原则设计的经营组织有利于合理利用企业内部资源，但在执行管理指令时，往往忽视了客户的需求。企业只有建立以客户为中心的客户导向型的经营组织，将焦点放于以客户为主的企业外部资源上，才能使企业的每一位员工清楚地知道企业的处境，使企业的每一个组织部门围绕客户来协调运作。唯有将客户置于企业组织的中心，以最大限度地满足客户需求作为企业运营的目标，才能使企业在激烈的竞争中立于不败之地。

3. 不断加强培训

建立"从客户利益出发"的企业理念和"客户导向"的经营组织，需要企业每一位员工的配合。企业只有让每一位员工都理解企业的新文化，才能使新文化得以贯彻。企业只有让每一位员工都在新的文化中运作自如，才能使经营组织产生最大效益。培训是让员工避免文化冲突，迅速在新经营组织中产生效益的有效途径。培训工作主要集中在理念讲解、新组织的运作方式、客户沟通技巧等方面。

总之，文化对于实施客户关系管理的企业而言，将发挥至关重要的作用。成功的客户关系管理实施所关注的不仅是客户关系管理系统的安装、调试、培训等工作本身，而是把更多的精力放在理念贯彻、思想融合，即文化体系的改造及贯彻上。只有成功实现了企业文化与客户关系管理的无缝整合，客户关系管理的实施才能真正为企业带来生机和突破。

第四节　客户关系管理实施效果及能力评价

一、客户关系管理实施效果评价

客户关系管理系统实施的目标主要有以下两个：第一，通过提供快速和周到的优质服务来吸引和保持更多的客户；第二，通过对企业业务流程的全面管理来降低企业的成本。但客户关系管理技术的实施是一件费时、费力的事情。企业要花费很多资金对客户进行研究，购买合适的硬件和软件，聘请咨询顾问，对员工进行培训，及进行其他与客户关系管理实施相关的活动。目前的研究表明，70%~80%企业的客户关系管理实施并没有获得成功。

如何判定客户关系管理的实施是否成功？标准是什么？企业怎样才能知道自己已经成功地实施了客户关系管理？怎样才能使客户关系管理系统发挥更大的效益？这些问题构成了评价客户关系管理实施效果的重要指标。

（一）客户关系管理实施效果评价的四个关键指标

虽然客户关系管理实施目标根据商业策略的不同而有所不同，但下面四个客户关系管理通用指标对大多数企业来讲是比较适用的。

1. 客户满意度提高率

相关研究表明，20%的客户创造了企业80%的利润。因此，即使在多变的网络经济条件下，客户的忠诚度仍然显得十分重要。商业公司获得一个新客户所投入的资金，要比保持现有客户所投入的资金多十倍，保持客户的满意度已成为客户关系管理实施的焦点问题。但这是一个较复杂的问题，因为它包含了各种各样的因素，如产品或服务质量、交易过程、与消费相关的舒适水平、交往中所花费的时间和所做出的努力等。在大多数情况下，客户往往是通过呼叫中心与公司进行交涉的，所以对大部分客户来说，一个完整的商业处理过程经常决定了客户的满意度。客户满意度的提高，可以帮助企业留住更多的老客户，并吸引更多的新客户。因此，增加客户满意度并不仅仅是呼叫中心的任务，也是整个企业的任务。

2. 客户交涉的操作费用减少率

呼叫中心的建设及良好运作，可以减少客户的相关操作（交易）费用。呼叫中心可以通过有效地使用电子邮件和 Web 站点等形式，减少交易费用。交易费用的减少有助于呼叫中心和客户进行更好的交流。

3. 促销及市场运作效率

呼叫中心是进行交叉销售和上行销售的理想场所。客户接通呼叫中心后，销售人员就可以在客户挂机之前推断出要销售的商品类型，了解客户以往的交易习惯，增加销售成效。企业要有目的、有针对性地采取分层次、按类别、划区域等形式，以呼叫中心为纽带，根据客户的文化差异、收入水平、消费习惯与倾向开展有效的促销活动，提高系统的运行效率，增加客户的满意度和舒适度，创造良好的市场发展环境。

4. 整个组织的效率提升率

提升组织效率有两个途径：一是商业过程流线化，企业提供给雇员合适的工具，通过这些工具提高雇员的工作效率，尽可能多地收集客户的资料；二是借助技术为客户提供自我服务的机会。

（二）客户关系管理实施效果评价的四个重要标准

对客户关系管理实施是否成功进行评估的重要一点，就是要分析企业在多大程度上实现了初期制定的具体目标。下面列举的几种标准可以用于评价实施效果。

但需要强调的是，无论在实施之前或实施之后，企业都必须遵守这些标准。通过比较实施客户关系管理前后的效果，就可以评估出企业在哪些方面得到了改善。例如，在实施客户关系管理前评估出客户的满意度，在实施客户关系管理后就可以评测出客户满意度的增加值。前提是实施客户关系管理前必须对客户的满意度做出评估，否则就失去了评判的标准。

1. 客户调查的手段和成效

企业可以通过调查来测试客户需求的满足程度、客户的满意度和新市场的运作。企业可以通过很多方式和手段对客户进行调查，如通过 Web 站点就是一个很好的方法。通过 Web 站点，让客户回答一些简单的问题，诸如"你对我们提供的服务满意程度如何""你愿意把你的朋友推荐给我们吗""你喜欢采用什么样的付款方式"等。这些问题的设计对公司了解客户的体验与感受有很大的帮助。需要注意的是，这些问题必须根据企业期望得到的目标数据而设置。

2. 呼叫中心性能指示器

客户满意程度可通过呼叫中心性能指示器来表达，如排队的平均时间、呼叫拒绝率、客户解决　个问题需要的呼叫次数等。除了这些常规的测量，企业还需要利用 Web 站点、电子邮件、社交媒体等进行其他额外的测量，如 Web 站点上经常被问的问题的频度、Web 站点交流转变为电子邮件和电话交流方式的数目等。这些参数有助于判断整个组织的效果。进一步来说，就是客户关系管理的成功实施可以使客户满意度的提高直接正比例地反映到组织效率的提高上。

3. 交易指示器

客户满意程度可以通过交易指示器来表达，如分析企业的平衡表可以判断操作费用是否降低了。同时，评测企业的收入和利润的增减是对客户关系管理效果进行评估的关键。

4. 交易评测指标

交易评测对客户关系管理成功实施的评价有很大的影响。这些评测因行业的不同而不同。有代表性的评测指标是：在给定的时间段内，某一产品的订单数目增加的百分数、和去年同期相比订单数目的增加量和销售机会转变为订单的数目等。

评测客户关系管理的实施效果时，我们需要避免以下三个错误。

第一是目标含糊。不要笼统地指明"要增加客户的满意度"，企业必须确定具体的目标数字，制定在多少秒或分钟内有百分之多少的呼叫必须被应答，在多少小时内电子邮件必须被回复等。换句话说，就是必须建立向客户提供明确量化服务的体系。通过建立这些详细的目标之后，再评测客户关系管理的实施是否成功就要容易许多。

第二是目标独立。制定的目标不能相互独立，否则它们之间就很容易相互抵触。例如，为了增加客户的满意度，采取减少呼叫中心排队等待时间的措施，这样公司就要给呼叫中心分配更多的资源，也会相应地增加部分费用。也就是说，既要提高效率又要减少操作费用这样的目标是不可行的，因此在制定这些目标时需要进行综合考虑。

第三是误解标准。在评测性能时错误地使用评测标准是常见错误。例如，在评测客户的数目时，一次销售活动中吸引的客户数目并不是最终购买公司产品的客户数目。因此正确地使用标准是做出正确决策的基础。

最后需要说明的是，评测一家企业是否正确实施客户关系管理解决方案并获得成功的关键，是看企业整体利润能否得到提高，这一点也是实施客户关系管理的最终目标。随着人们对客户关系管理的逐步理解，客户关系管理在企业日常经营中的地位会变得越来越重要。相信每个企业都可以建立起成功的客户关系管理系统。

二、客户关系管理能力评价

（一）客户关系管理能力的概念

客户关系管理能力是指企业以实施客户关系管理为导向，在经营活动中配置、开发和整合企业内外部的各种资源，主动利用、分析和管理客户信息，迅速满足客户个性化需求，从而建立、发展和提升客户关系，并形成竞争优势的知识和技能的集合。

通过对企业客户关系管理能力的界定，我们还可以认识到企业客户关系管理能力的强弱受到企业每一个职能部门的影响，它不仅仅与营销、销售和客户服务部门有关。首先，企业与客户关系的好坏源自企业能够为客户创造的价值的大小，而影响客户需求、创造客户价值需要所有职能部门的参与，营销、销售和客户服务部门所做的工作仅仅是企业创造和传递客户价值的一部分；其次，企业的客户关系管理能力不是一种单一的能力，而是许多种能力的集合，换句话说，企业的客户关系管理能力包括多种子能力，而建立、保持和发展客户关系需要所有部门的参与，所以这种能力包含了企业内外部的多种资源，融合了企业的多种能力；最后，每个企业的客户关系管理能力都是异质的，如果企业的客户关系管理能力是其他企业难以模仿的，成为所有能力中的核心和根本部分，就可以影响其他能力的发挥和效果，成为企业的核心能力，为企业带来长久的竞争优势。

（二）客户关系管理能力的构成

客户关系管理能力可划分为三种能力：客户洞察能力、创造和传递客户价值的能力及管理客户生命周期的能力。这三种能力既密切联系又保持相对独立。

1. 客户洞察能力

客户洞察能力是指企业通过各种行为特征识别客户、分析客户偏好和行为习惯，并从中得到有价值的决策信息的能力。由于客户洞察过程涉及数据、对数据的分析和对分析结果的理解，故企业的客户洞察能力受到数据资源、数据分析能力和对分析结果理解力的影响。例如，数据挖掘技术就包含了各类统计分析工具，我们只需具备一定的统计知识，借助强大的数据挖掘技术就能轻松完成复杂的数据分析工作。因此，客户洞察能力与客户识别和企业客户关系管理是密切相关的。

2. 创造和传递客户价值的能力

创造和传递客户价值的能力可以理解为在客户购买产品或服务的过程中，使客户价值和企业价值最大化的能力。无论是吸引客户的营销能力，还是生产和提供客户所需要的产品的能力，以及协同关系网络伙伴快速传递产品或服务的能力，都属于创造和传递客户价值能力的一部分。

创造和传递客户价值的能力首先取决于员工的观念和素质，员工的表现直接影响企业为客户创造价值的大小和价值的实现，因而必须将员工表现和客户满意度结合起来，对员工进行再教育或再培训。创造和传递客户价值的能力要求企业各部门之间甚至企业和企业之间有效地协同工作，企业内各部门的协同工作能够提高为客户服务的效率，从而增加为客户提供的价值。企业间的协同工作主要指与供应商、分销商及其他合作伙伴建立良好的合作关系。例如，企业的供应商需要理解其服务的对象，以便对客户需求变化做出快速反应，企业必须与分销商合作，形成强大的、各有所长的分销网络，及时进行信息交流、提供技术支持，及时、快捷地运输产品。为了加强创造和传递客户价值的能力，企业应该将供应商、分销商及其他合作伙伴紧密结合起来，更好地满足目标客户群的需求。

3. 管理客户生命周期的能力

管理客户生命周期的能力可以理解为与目标客户发展和保持良好关系的能力。如果说创造和传递客户价值的能力是让目标客户满意的能力，那么管理客户生命周期的能力就是培养目标客户忠诚的能力。为此，企业不仅应当具备与客户充分交流的能力、追踪客户的能力，还应当具备根据交流和追踪的结果为不同客户提供个性化、情感化服务的能力。为客户提供个性化、情感化服务主要是进行客户关怀和产品关怀。

根据以上分析，我们可以看到这三种能力是密切相关的，其中，客户洞察能力为提高创造和传递客户价值的能力及管理客户生命周期的能力提供了支持，创造和传递客户价值的能力和管理客户生命周期的能力的提高也为收集到更多更有价值的客户数据从而提高客户洞察能力提供了便利。同时，这三种能力的独立性则表现在它们之间不存在必然的因果关系，也没有固定的发展顺序，企业可以根据实际情况优先发展其中任何一种能力，其结果都能够提升企业的客户关系管理能力，获得竞争优势。

（三）客户关系管理能力评价指标

评价客户关系管理能力有利于进一步探讨客户关系管理水平与企业绩效的关

系，推断企业在未来竞争中的地位，从而确定提升客户关系管理能力的紧迫性和需要投入的资源，为提升客户关系管理能力奠定基础。

课堂讨论

企业客户关系管理能力的评价指标能否用于评价员工个人（业务员）的客户关系管理能力？

需要特别注意的是，企业客户关系管理能力不是简单地根据直觉评价，因为直觉评价不可避免地带有很强的主观性、片面性，其结果也不一定准确。企业应该通过科学的方法建立合理的指标体系，然后根据评价的要求划分评价等级、构造评语，根据一定的方法对各个指标进行评价，根据实际情况确定各个指标的权重，最后运用数学方法计算得出评价结果。由于整个流程的每一步都有科学依据和比较成熟的操作方法，所以得出的结论也更为科学、客观和有效。在这里，我们介绍国内学者邵兵家等提出的客户关系管理能力评价体系。

1. 评价体系的构建依据

客户关系管理能力可划分为三种能力，即客户洞察能力、创造和传递客户价值的能力及管理客户生命周期的能力。其实这种划分方法也为客户关系管理能力评价体系的构建提供了一个框架。客户关系管理能力是一种结合企业多种资源，集成多种子能力的复杂体系，将客户关系管理能力分为三个方面进行评价，不仅能够全面地反映客户关系管理能力，而且能够简化客户关系管理能力的评价，使企业能够及时发现哪一方面的能力需要改善和提升，这对于评价客户关系管理能力是一个可行的方案。

利用这一思想可以将客户关系管理能力的三个方面设计成一级指标，即客户洞察能力、创造和传递客户价值的能力、管理客户生命周期的能力。在三类一级指标之下，结合客户关系管理流程和所涉及的部门，分别设计分指标，以反映客户关系管理能力的强弱。

客户关系管理能力实际上涉及企业所有的部门，同时，企业所有的活动都应该围绕着客户展开，其中涉及的最重要的几个部门分别是现场销售、市场销售、产品开发、定制化生产、物流配送及高层管理部门。企业可以根据自身的实际情况，结合上述指标体系设置的依据，构建适合本企业的客户关系管理能力评价体系（见表7-2）。

表7-2　客户关系管理能力评价体系

准则层	指标层	衡量标准
客户洞察能力	市场信息反馈能力	市场信息的反馈速度
	对客户的了解程度	企业根据对客户的了解程度做出决策的有效性
	客户信息分析能力	处理客户信息的速度、准确性和有价值的分析结果占分析结果总数的比例
	关键客户的识别能力	采用了相应的措施之后，企业的黄金客户份额和销售利润是否有明显的增长

准则层	指标层	衡量标准
创造和传递客户价值的能力	定制化生产能力	定制化产品或服务的宽度，完成定制化产品所需的平均时间，提供定制化产品或服务所花费的成本
	员工的服务水平	员工的服务态度、与客户情感交流的技巧、对客户情感变化的感知、反应速度及创新能力
	交货能力	交货的速度和灵活性
	销售渠道的多样性	销售渠道的多少
	客户使用产品的方便性	本企业的产品是否易于操作、易于维护
	品牌管理能力	保持品牌的吸引力和美誉度；增强相关品牌系列效应；利用创新加强品牌组合
管理客户生命周期的能力	对客户关系的把握能力	维护客户关系的投入和取得的效果之比
	关注客户变化的能力	从发现客户变化迹象到客户真正改变的时间长短及客户的流失速度
	处理客户抱怨的能力	解决客户抱怨的平均时间和客户对解决方案的满意程度
	交流渠道的多样性	提供多种交流渠道
	交流的及时性	客户平均等待时间；客户放弃率
	交流的有效性	解答客户问题所花费的平均时间和交流人员的友好性、机敏性、见识性

2. 评价指标

（1）客户洞察能力指标。客户洞察主要是对有价值的客户的识别和对客户需求进行深入分析。综合考虑了客户洞察活动的过程，同时参照了部分对客户关系管理系统的评价指标，提出以下几个方面的二级指标：市场信息反馈能力、对客户的了解程度、客户信息分析能力和关键客户的识别能力来衡量企业的客户洞察能力。

（2）创造和传递客户价值的能力指标。创造和传递客户价值的过程涉及研发、生产、销售和配送等部门，因此将定制化生产能力、员工的服务水平和品牌管理能力作为衡量创造和传递客户价值的能力的部分指标。此外，考虑到客户在购物的同时享受到的便利，又增加了三个指标：客户使用产品的方便性、销售渠道的多样性和交货能力。

（3）管理客户生命周期的能力指标。几乎所有对客户关系管理的研究都认为，企业与客户的交流和互动是维系客户关系的重要手段，企业与客户交流的能力是管理客户生命周期的能力的重要组成部分。因此，可以用交流渠道的多样性、交流的及时性和交流的有效性表示企业与客户交流的状况。同时，考虑到客户需求的差异化，企业与不同的客户互动时，必须有不同的服务，可将企业对客户关系的把握能力作为管理客户生命周期的能力的指标。此外，关注客户变化的能力和处理客户抱怨的能力这两个方面的能力也是衡量管理客户生命周期的能力的重要指标。

本章小结

本章主要介绍了客户关系管理战略的实施，客户关系管理战略实施中的业务流程再造、企业文化变革，客户关系管理实施的效果及能力评价等内容。

思考与练习

一、选择题

1. 客户关系管理是一个（　　）过程。
   A. 战略　　　　　B. 策略　　　　　C. 分析　　　　　D. 决策
2. 一个完整、有效的客户关系管理战略一般包含（　　）。
   A. 战略远景与目标　　　　　B. 战略核心活动
   C. 战略实施基础　　　　　　D. 战略实施评价
3. 客户关系管理战略的核心活动包括（　　）。
   A. 客户接触管理　　　　　　B. 客户服务质量管理
   C. 客户生命周期管理　　　　D. 客户智能管理
4. （　　）是创新和使用客户知识，帮助企业提高优化客户关系的决策能力和整体运营能力的概念、方法、过程及软件的集合。
   A. 数据分析　　　B. 客户管理　　　C. 客户智能　　　D. 数据挖掘
5. 客户关系管理战略实施过程中的业务流程再造主要涉及（　　）。
   A. 营销自动化　　B. 销售自动化　　C. 分析自动化　　D. 服务自动化
6. 销售自动化的功能包括（　　）。
   A. 库存管理功能　　　　　　B. 机会管理功能
   C. 销售预测功能　　　　　　D. 联系人管理功能
7. （　　）是企业全体成员所接受的价值体系，包括思维方式、行为规范、心理预测和基本信念。
   A. 企业形象　　　B. 企业目标　　　C. 企业品牌　　　D. 企业文化
8. 客户关系管理实施评价的关键指标包括（　　）。
   A. 客户满意度提高率　　　　B. 客户交涉的操作费用减少率
   C. 促销及市场运作有效率　　D. 整个组织的效率提升率
9. （　　）是指企业以实施客户关系管理为导向，在经营活动中配置、开发和整合企业内外部的各种资源，主动利用、分析和管理客户信息，迅速满足客户个性化需求，从而建立、发展和提升客户关系，并形成竞争优势的知识和技能的集合。

    A. 客户关系管理效率   B. 客户关系管理能力

    C. 客户关系管理评价   D. 客户关系管理策略

10. （   ）是指企业通过各种行为特征识别客户、分析客户偏好和行为习惯并从中得到有价值的决策信息的能力。

    A. 客户洞察能力   B. 创造和传递客户价值的能力

    C. 管理客户生命周期的能力   D. 客户关系盈利能力

11. 一体化过程中，驱使企业发展进入新阶段的"3C"指的是（   ）。

    A. 客户（Customer）   B. 竞争（Competition）

    C. 改变（Change）   D. 沟通（Communication）

二、名词解释

业务流程再造   销售自动化   企业文化   客户关系管理能力

三、简答题

1. 客户关系管理战略实施的关键点包括哪些？

2. 简述客户关系管理战略的实施步骤。

3. 客户服务自动化的功能模块包括哪些？

4. 简述客户关系管理与企业文化的关系。

四、讨论题

1. 客户关系管理为什么是企业的战略，而不是策略？

2. 如何评价企业的客户关系管理能力？

3. 为什么在客户关系管理的过程中往往伴随着企业文化变革？

4. "以客户为中心"的企业文化有什么样的特点？

五、案例分析

    中国人寿福建分公司打破传统思维和现有框架制约，充分有效整合公司资源，重新构建业务整体流程框架，紧紧依托高新技术手段，大力改造系统设计思维，提升系统后台智能化、专业化支持，追求五个"最"，即流程最精简、作业最高效、管控最严密、服务最人性、客户最满意，打造中国人寿运营服务核心竞争力。

    （1）以客户身份识别为基础，整合建立客户个人档案库。现行新单承保环节虽然实现了客户信息的验证归集，但客户每次投保仍需要填写大量的重复信息，如健康状况、账户信息等，而这些信息大多又要重复录入系统。以客户为中心，一是为客户建立专属的个人信息档案，准确记录、汇总其提供的所有相关信息，包括个人健康状况、习惯爱好、账户信息、家庭成员关系、受益人信息等，并及时补充、更新维护；二是建立客户综合授信机制，根据客户投保缴费、健康告知、保全及理赔历史情况，综合确定客户授信额度，实现以客户为中心的差异化风险选择和个性化服务标准。在此基础上，公司还可进一步拓展延伸为客户提供以家庭为单位的整合信息管理，促进客户资源再开发。

（2）以客户需求为导向，整合业务受理作业。随着居民经济水平的提高和保险业的高速发展，大多客户均持有多份保单，服务需求也越来越频繁。客户对于保险的服务需求主要集中在保障兑现、资金周转、权益变更几大方面，且其所需办理的业务项目往往具有关联性、连带性。以客户为中心，一是实现同一客户多保单、多业务项目的整合受理，要打破保单界限，紧扣客户需求，实现客户一步申请到位；二是实现业务处理关联提示，客户临柜查询或办理任何业务时，系统均能自动提示客户还有哪些保单权益、哪些关联业务可以或需要一并办理，而不是被动地由客户逐一发出需求申请；三是实现全国网点统一受理服务，实施全国数据逻辑集中，客户在任一网点都能即时查询和办理保全、理赔、收付款等业务，为客户提供近在身边的贴心服务。

（3）以客户体验为根本，拓宽业务受理渠道。以客户为中心，就应当致力于提升客户服务体验，为客户提供最为便捷、高效的服务手段。公司应积极拓展互联网受理、手机 App 受理、微信受理、电话受理、自助终端受理、银邮网点代受理等多种新兴形式的业务受理渠道，主推客户最为便捷、成本较低的互联网、手机 App、微信受理，借助身份认证、保单密码验证、短信即时校验等安全管控手段，实现多渠道业务受理，为客户提供"掌上营业厅"，让客户充分感受科技手段带来的"服务随身行""足不出户轻松办理业务"等优质服务体验，有效分流临柜客户，进一步释放柜面服务效能，节约公司的运营服务网点和人力成本。

（4）以客户权益为核心，实现收付款清算整合。通过建立保险统一清算账户，支持同一客户名下多份保单应交保费、利息、借款及垫交还款等应收款项与满期金、生存金、红利、借款、理赔金等应付款项的自动对抵清算，这可大大减少客户与公司之间因不同保单、不同收付款项产生反复资金往来，只需定期核对保险权益账单即可一目了然。

（5）以客户体验为出发点，整合通知服务。公司在服务过程中的短信或信函通知，如新单生效、理赔报案、业务受理、款项到账、红利通知等均能以客户为单位进行整合通知，既可免去客户频繁收到公司通知的烦恼，亦可降低公司的服务成本。

讨论： 中国人寿福建分公司重新构建了哪些业务流程？为什么？

📔 实训项目

1. 设计一个 CRM 系统实施效果的评价体系。

（1）**实训内容：** 设计一个科学、全面的 CRM 系统实施效果的评价体系。

（2）**确定要求：** 我们可以借助 DeepSeek 来辅助设计一个 CRM 系统实施效果的评价体系，帮助企业准确评估 CRM 系统的实施效果。

（3）**发送要求：** 打开 DeepSeek 页面，在底部的文本框中输入要求并按 "Enter" 键发送，查看回复，如图 7-7 所示。

客户关系管理（慕课版）

以下是为企业设计的科学、全面的客户关系管理（CRM）系统实施效果评价体系，涵盖**5个一级维度、18个二级指标及具体评价方法**，兼顾短期业务提升与长期战略价值：

一、客户维度

1. 客户满意度
   ○ 指标：净推荐值（NPS）、客户满意度指数（CSI）、投诉解决率与平均响应时间
   ○ 评价方法：
      ■ 通过短信/邮件/APP推送标准化问卷（每月抽样10%活跃客户）
      ■ 结合客服系统自动统计投诉处理时效（如24小时解决率）

2. 客户忠诚度
   ○ 指标：复购率、会员消费占比、客户流失率（分新客/老客）
   ○ 评价方法：
      ■ 分析CRM系统中的消费频次数据（如季度复购≥3次客户比例）
      ■ 监控会员积分兑换率与高价值客户留存周期

3. 客户获取效率
   ○ 指标：获客成本（CAC）、新客转化率、潜客线索利用率
   ○ 评价方法：
      ■ 对比营销活动投入与新客增长量（如社交媒体广告ROI）
      ■ 统计CRM线索池到成交客户的转化路径效率

二、运营效率维度   ∨

4. 流程优化效果

◎ DeepSeek 发送消息

⊜ 深度思考 (R1)   ⊕ 联网搜索   🔗 ✳

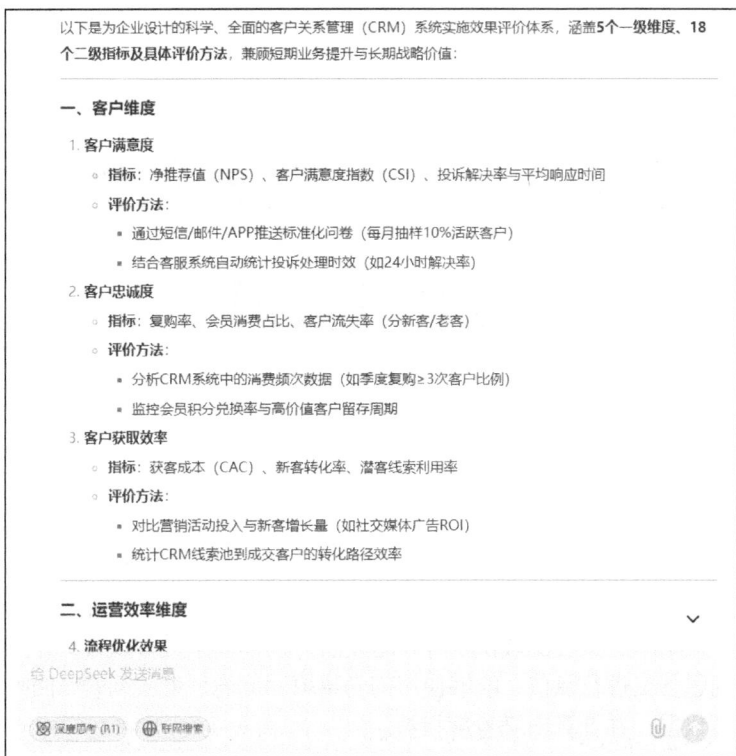

图 7-7　DeepSeek 回复设计 CRM 系统实施效果的评价体系

2. 联想在收购 IBM 的 PC 事业部的同时，将 IBM 的近 100 个全球大客户的 PC 业务也收入囊中。这些全球大客户属全球 500 强企业，在全球经济中拥有行业领导地位，但这些全球大客户的业务遍布全球，如果按照传统模式（见图 7-8）的采购、生产、运输等流程，联想将无法快速、准确地履行客户的订单并及时收回货款。

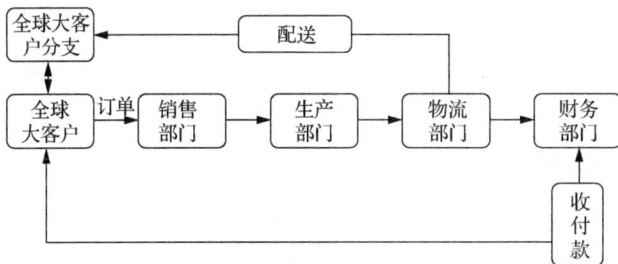

图 7-8　传统业务流程

（1）请你指出传统业务流程的优缺点。

（2）为更好地履行订单及收回货款，请你优化该流程，并画出流程图。

第八章 客户关系管理综合实训项目

实训项目一：客户满意度测评

一、实训目的

通过本实训项目，读者能够使用 ACSI 模型设计客户满意度测评指标体系；根据指标体系设计制作针对特定客户进行的满意度调查问卷；能够理解、掌握并正确运用客观赋权法中的直接比较法、对偶比较法对指标体系进行赋权，并使用李克特量表等对问题答案进行赋值；能够使用问卷星填写问卷、发放问卷、回收问卷；能够分析问卷数据，并计算出满意度指数。

本项目培养读者从设计、实施到分析客户满意度的整体流程中的各项技能，为今后进行市场调查、客户分析奠定扎实的基础。

二、建议实训学时及实训类型

实训学时：3 学时。
实训类型：设计型。

三、实训知识准备

开展该实训项目，读者应具备市场营销学、消费者行为学的基本知识，并学习本课程关于客户满意度测评的相关理论知识内容。

四、实训内容及步骤

实训任务一　客户满意度测评指标体系设计

步骤 1：自选分组（4 人及以下，1 人即可成组）。
步骤 2：围绕学校图书馆/餐厅/实验室等区域，选择满意度测评的主体、客体。
步骤 3：撰写调查说明，明确调查目的。
步骤 4：在四种常用客户满意度指数模型的基础上，根据此次调查主客体的特点，设计满意度指数模型，并构建测评指标体系。
步骤 5：学习并掌握赋权的基本方法。

步骤 6：选择合适的赋权方法（直接比较法、对偶比较法），对指标体系中的二级标题进行赋权计算。

实训任务二　问卷设计

步骤 1：了解并掌握问卷星的基本使用方法。

步骤 2：根据指标体系内容设计问卷（问卷体系完整），并录入问卷星平台后导出。

步骤 3：对导出的问卷内容进行赋值。

步骤 4：设计问卷发布海报、问卷发布具体要求，并发布问卷。

实训任务三　调查分析

步骤 1：使用问卷星回收调查问卷。

步骤 2：使用问卷星对问卷结果进行分析（计算满意度指数）。

步骤 3：总结满意度存在的问题。

步骤 4：针对存在的问题提出对策建议。

步骤 5：编写×××满意度调查报告。

五、思考题

客户满意度测评的方法还可以运用到哪些市场调查中？

六、实训成绩计算标准

该项目实训成绩以报告成绩为准，实训报告成绩采用百分制，其中测评指标体系占 25%，指标体系的赋权与赋值占 15%，调查问卷设计占 20%，问卷的发放、回收占 10%，问卷的分析及报告撰写占 30%。

实训项目二：客户关系管理系统模块认知

一、实训目的

通过本实训项目，读者能够了解客户关系管理系统的一般模型，理解客户关系管理系统各模块间的联系、系统设计的理论与技术基础，能够说出超兔（XTools）客户关系管理系统各个模块的功能和作用，能够分析一款客户关系管理系统软件的功能特点与优劣，为接下来的软件综合实训打下坚实的基础。

二、建议实训学时及实训类型

实训学时：1 学时。

实训类型：研究型。

三、实训知识准备

开展该实训项目，读者应具备市场营销学、计算机基础、数据库基础的相关知识，并学习本课程关于客户关系管理系统的相关知识内容。

四、实训内容及步骤

步骤1：教师申请超兔教学免费试用账号，登录系统并分配学生账号。之后依照客户关系管理业务流程，分步骤、分岗位讲解系统功能模块。

步骤2：学生分组成立公司，设置岗位，明确职能。

步骤3：学生登录个人账号，查看操作台页面，明确操作台页面各个选项的用途。

步骤4：学生查看小组不同成员操作台页面的异同，并解释其存在差异的原因。

步骤5：通过网络查找并了解其他客户关系管理软件，总结超兔客户关系管理系统的特点，并对该系统做出评价。

五、思考题

客户关系管理系统应采用哪种方式建设？

六、实训成绩计算标准

读者按照各自角色特点对客户关系管理系统功能做出对应的思维导图（60%），同时查找其他客户关系管理软件进行对比（40%）。

实训项目三：客户关系管理软件综合实训

一、实训目的

该实训项目依托超兔客户关系管理系统，通过教师设计的实训背景及流程，使读者能够在客户获取、客户分析、客户互动、客户销售、客户维护等各个环节使用客户关系管理系统进行软件操作，更好地理解客户关系管理软件在客户关系管理工作业务流程中的作用，让读者从理念、技术、实施三个维度运用客户关系管理课程内容。

二、建议实训学时及实训类型

实训学时：4学时。

实训类型：综合型。

三、实训知识准备

开展该实训项目，读者应具备市场营销学、消费者行为学、市场调查与预测、会计学等课程的基本知识，并学习本课程关于客户分类与识别的相关理论知识内容。

四、实训内容及步骤

实训任务一　制定产品策略

假设各小组是代理销售移动设备（手机和平板电脑）的企业，请以"双11""6·18"产品促销活动为实训项目背景，以在校大学生为目标客户群体，选择企业促销产品品牌与型号。

通过本实训项目，读者能够通过对目标客户群体的识别、客户需求的调查来合理选择企业的产品。

步骤1：设计企业名称与Logo。

步骤2：分析目标客户群体，选择产品大类，手机或计算机。

步骤3：通过访谈或问卷形式进行调查，了解目标客户群体对产品的具体需求。

步骤4：根据调查结果，合理选择企业促销活动中的产品品牌和型号，列出主打产品、配合产品、周边产品与赠品。

步骤5：将促销活动中的产品及赠品录入产品库。

实训任务二 制定采购策略

假设以学生月平均生活费的2~3倍作为个人电子产品购买可供支配额度，企业活动全部预算（包括产品采购）不超过20万元，分组进行采购计划的制定。本实训项目在对目标客户群体的识别、客户需求调查的基础上，分析客户需求及市场容量，合理制订采购计划。

步骤1：根据市场调查结果，确定企业促销活动产品（从企业产品库中选择）及数量。

步骤2：按照活动预算，制订企业促销活动采购计划。

步骤3：将企业采购信息录入系统，并进行入库操作。

实训任务三 制定及实施促销策略

各小组企业以11月10日和6月17日两天作为促销活动时间，设计促销活动具体方案，列出促销活动具体费用。本实训项目在对目标客户群体的识别、客户需求调查的基础上，合理选择企业校园内促销的地点、促销方式，制订促销活动的具体内容，并明确计算促销费用。

步骤1：设计企业促销活动方案。

步骤2：计算促销活动费用。

步骤3：将促销方案、活动费用录入系统。

步骤4：根据采购计划、入库产品、客户信息、促销活动方案，制作企业促销活动推广PPT。

步骤5：到指定班级开展推广活动，包括PPT宣讲、促销活动介绍、客户推销与答疑等。

步骤6：客户填写订单信息汇总表，各小组核对订单信息，将客户信息录入系统。

步骤7：企业将订单录入系统。

实训任务四 企业财务核算

各小组梳理活动中各项支出及收入，进行财务核算，并根据利润贡献为客户分级，复盘活动效果。本实训项目在对各组活动成本、收入及利润进行核算的基础上，完成活动复盘及客户分级。

步骤1：根据订单信息，在系统中进行发货、出库、开票操作。

步骤2：计算企业成本、收入及利润。

步骤3：按照客户订单价值、客户利润贡献分别对客户进行排序。

步骤4：各小组讨论企业经营情况。

步骤5：教师公布各组盈利排名，各小组交流实训心得。

步骤6：各小组提交实训总结。

五、思考题

客户关系管理系统在企业客户关系管理全过程中的作用是什么？

六、实训成绩计算标准

该软件综合实训项目成绩由个人软件实训成绩和小组实训成绩构成，个人软件实训成绩由教师根据实训课堂表现、软件操作材料进行评分，小组实训成绩按照企业盈利排名进行评分，排名第一的小组的组长100分，成员95分，依次递减。